MOEWIG

EIN PLAYBOY TASCHENBUCH
IM MOEWIG VERLAG

Zum Buch

Von Wolfram Siebeck zu lernen ist stets ein Vergnügen. Wer wüßte auch so gescheit, so temperamentvoll kämpferisch und so witzig übers Kochen wie übers Essen und Trinken zu schreiben? Wer sich zum Feinschmecker ausbilden oder als Feinschmecker vervollkommnen will, für den ist dies genau das richtige Buch. Es enthält Grundsätzliches für den Hobbykoch, für den Feinschmeckerqualitäten anstrebenden Gast eines Restaurants („Was jeder Gast vor dem Horsd' œuvre wissen sollte"), es bietet Erfahrungen, die Siebeck bei berühmten und weniger berühmten Köchen mit deren Küche gemacht hat, es enthält „Kostproben von unterwegs", u. a. aus der Schweiz und aus Frankreich, aber auch aus deutschen Landen, und mancher Koch hat dem professionellen Topfgucker Siebeck ein für seine Küche besonders typisches Rezept verraten. Und man erfährt, wie man's selber besser machen kann, wo gut gekocht wird und wie die großen Köche es machen, daß einem das Wasser im Mund zusammenläuft. Die Zeichnungen von Roland Topor sind ein zusätzliches köstliches Gewürz.

Wolfram Siebeck

Kulinarische Notizen

PLAYBOY

LifeStyle

PLAYBOY Band Nr. 6593
Verlag Arthur Moewig GmbH, Rastatt
Lektorat: Anne Kaiser

*Für Barbara, ohne die ich mich
an keinen der hier beschriebenen
Tische gesetzt hätte.*

Copyright © Nymphenburger Verlagshandlung GmbH, München 1980
Genehmigte Taschenbuchausgabe
Umschlagfoto: Creation/Abels u. Partner, Frankfurt a. Main
Umschlagentwurf und -gestaltung: Franz Wöllzenmüller, München
Verkaufspreis inkl. gesetzl. Mehrwertsteuer
Auslieferung in Österreich:
Pressegroßvertrieb Salzburg, Niederalm 300, A-5081 Anif
Printed in Germany 1986
Druck und Bindung: Elsnerdruck, Berlin
Dieser Titel erschien erstmals bei Moewig als Band Nr. 3148
Adressen und Telefonangaben ohne Gewähr
ISBN 3-8118-6593-5

Inhaltsverzeichnis

Inhalt

Kostproben von unterwegs

Kulinarische Nachlese

Zum guten Schluß geht's in die Luft

Statt eines Vorwortes

In meiner Schulzeit, die in eine spartanische Epoche deutscher Geschichte fiel, brachte man mir bei, daß die alten Römer an ihrer Dekadenz zugrunde gegangen seien. Der Begriff Dekadenz war mir nicht ganz klar, damals. Ich vermutete dahinter monströse Ausschweifungen sexueller Art und geheimnisvolle Laster, an deren Existenz ein Zwölfjähriger ja gern glaubt, auch wenn er sie sich konkret nicht vorstellen kann. Jedenfalls brachte die Dekadenz der Römer meine Phantasie auf Hochtouren und verschaffte mir eine wohlig-gruselige Gänsehaut.

Irgendwann kam ich natürlich dahinter, was mein Geschichtslehrer unter römischer Dekadenz verstand: Verweichlichung und Genuß. Für ersteres standen die perversen Zentralheizungen der Römer; letzteres wurde symbolisiert durch ihre Entschlossenheit, sich nicht mit Hirsebrei zufriedenzugeben, sondern, wenn es möglich war, ein frisches Huhn oder auch einen fetten Hammel zu braten. Zu allem Überfluß aßen sie auch noch Austern. Solche Darstellungen vom folgenschweren Leben und Treiben einer Nation, die dann auch prompt aus der Weltgeschichte verschwand, konnten in einer Zeit, in der das Kommißbrot als Delikatesse galt und Weltgeschichte identisch war mit nationaler Größe, auf jugendliche Zuhörer tatsächlich verabscheuungswürdig wirken – eine gewisse Bereitschaft zur Verdummung vorausgesetzt. Ich

nenne es Verdummung, weil dieser Begriff plastisch und bequem ist. Sehr präzise ist er nicht; denn der bereitwillige Verzicht auf Genuß – und um nichts anderes handelte es sich in meiner Kindheit, und um nichts anderes handelt es sich auch heute noch oft genug – hat selbstverständlich noch andere, kompliziertere Ursachen. Diesen nachzugehen würde hier zu weit führen, obwohl es mehr als interessant wäre, zu erfahren, wieso eine Gesellschaft, die nicht einmal angesichts einer sie bedrohenden Energiekrise einen Konsumverzicht auf sich zu nehmen bereit ist, wieso sie bei eben diesem Konsum offenbar keinen Wert auf Genuß legt, wo der doch allein in der Lage wäre, hemmungsloses und kritikloses Konsumieren in so etwas wie Lebensqualität zu verwandeln. Eine der Ursachen für den Genußverzicht war und ist das schlechte Gewissen des Genießers.

Ob man den Teufel selber fürchtete, mit dem schlemmenden Sündern gedroht wurde; ob der wehrkraftzersetzende Wunsch nach „guter" Butter den Volksgenossen zum Volksfeind stempelte; oder ob die Hungernden der dritten Welt anklägerisch beschworen werden, sobald nicht mit Kümmel gewürzt wird, sondern mit Trüffel – immer noch gilt Genuß beim Essen als ähnlich obszön, wie für viktorianische Heuchler der Spaß im Bett ein schockierendes Verbrechen war. Es ist leider so, daß die Opferbereitschaft der Deutschen, die Hitlers Eintopfsonntag widerspruchslos hinnahmen und den Kommißbrot-Heroismus feierten, längst nicht so sang- und klanglos verschwunden ist, wie das eigentlich zu erwarten gewesen wäre in jenem Moment, als die Metzger wieder fragen lernten, ob's vielleicht ein Stückchen mehr sein dürfte.

Vor dem Hintergrund des untergehenden römischen Reiches war Genuß dekadent; angesichts der Millionen Hungernden auf der Erde wird er unsozial genannt. Beide Bezeichnungen haben mit den wirklichen Ursachen für den Untergang bzw. den Hunger nichts, aber auch gar nichts zu tun. Daß man sie dennoch fast automatisch mit kulinarischem Genuß in Verbindung bringt, daß als Luxus bezeichnet wird, was nichts anderes ist als eine

Verbesserung der kulinarischen Lebensqualität, diesen Umstand halte ich für ein bedenkliches Symptom unserer Gesellschaft. Eine Selbstbeschränkung auf das gerade noch Ausreichende ist dort selbstverständlich, wo es um knapper werdende Rohstoffe geht. Beim Kulinarischen („Hauptsache satt") ist sie weder moralisch, noch hat sie einen volkswirtschaftlichen Nutzen. Sie beweist lediglich unser Versagen vor dem Qualitätsanspruch.

Denn das müßte doch klar sein, daß nur eines die Konsumkritiker ins Unrecht setzen kann: die Qualität des Konsums! Und um Qualität dreht es sich ausschließlich, wenn von Genuß die Rede ist. Wie kann ich einen Wein genießen, dessen klebrige Süße von der Zuckerrübe stammt? Wo bleibt der Genuß, wenn das Huhn, das ich im Topf habe, nach Fischmehl schmeckt? Solange wir uns jeden Ramsch andrehen lassen, solange wir uns mit dem ersten besten Produkt begnügen, anstatt nach dem besseren zu suchen, solange haben jene Kritiker recht, die uns verächtlich als Konsumtrottel bezeichnen. Dabei sind wir diese Trottel nicht immer und überall. Bei den Gebrauchsgütern verhalten wir uns kritisch, da sind wir anspruchsvoll und mäkeln und reklamieren und verlangen beste Qualität. Warum geben wir bedenkenlos dreißigtausend Mark für ein Auto aus, wo ein halb so teures auch nicht unpraktischer wäre, während gleichzeitig die Ausgabe für ein Austernfrühstück als verdächtiger Luxus angesehen wird?

Freud hat das Entstehen von Kultur mit Triebverzicht erklärt. Es scheint, daß er den Begriff Eßkultur nicht kannte. Diese konnte nur entstehen, weil es Genießer gab, die alles andere als Verzicht im Sinne hatten, und sie kann nur existieren, wenn ihre Weiterentwicklung durch ständige Verfeinerung gekennzeichnet wird. Außerdem ist es unbestreitbar, daß in der europäischen Geschichte kulturelle Leistungen in überwiegend jenen Epochen – oder in jenen Kreisen – entstanden, wo kulinarischer Genuß als selbstverständlicher Bestandteil menschlicher Existenz angesehen wurde. Zwar ist auch im Zeichen des Puritanismus manches erreicht worden, aber die Kulturgeschichte weist letzten Endes doch mehr Rotwein- als Schweißflecken auf. Es ist ebenso absurd, sich Goethe als Asketen vorzustellen, wie Hitler sicherlich nicht von ungefähr Abstinenzler war. Man darf getrost behaupten, daß die Genies, auf die wir uns voller Stolz berufen, von Platon bis Lichtenberg, von den anonymen Chronisten der Gotik über Rembrandt zu Dali, daß sie die Freuden des Genusses deshalb so freimütig und liebevoll gepriesen haben, weil er für ihr Schaffen notwendig, ja unentbehrlich war.

Natürlich ist das Bekenntnis zum Genuß nicht automatisch auch eine Versicherung gegen Blitzschlag und Hagel. Unsere Gesellschaft kann untergehen, wie die Römer untergegangen sind, ja, es ist sicher, daß sie es eines Tages tun wird. Aber wenn man uns dann nachsagen kann, wir seien an unserer schändlichen Dekadenz untergegangen, die darin bestanden habe, daß wir Verfeinerung im kulinarischen Genuß suchten, dann, meine ich, haben wir wenigstens als Kulturnation gelebt. Wenigstens?

Viele Zeitgenossen, die nicht an die Lernfähigkeit der Menschheit glauben, meinen, daß wir uns eines Tages mit einem großen, ordinären Knall selbst aus der Geschichte hinausbeförderten. Sie mögen recht haben. Gegen Dummheit hilft auch nicht der Rotwein zum Käse, bleibt selbst Jahrgangschampagner ein wirkungsloses Mittel. Diese Dummheit politisch zu bekämpfen, wo immer sie sich zeigt, ist Notwehr und daher unerläßlich. Ebenso sollte es uns auf die Barrikaden treiben, wenn versucht wird, unsere kulinarische Lebensqualität aus Profitgier oder Dummheit zu mindern. Wenn wir schon nichts als Konsumenten sind, so sollten wir doch die Macht, die wir haben, nicht ungenutzt lassen. Wie wirkungsvoll das sein kann, läßt sich mit zwei simplen, aber hoffnungsvollen Beispielen belegen: Vor wenigen Jahren war es praktisch unmöglich, in der Bundesrepublik Schalotten aufzutreiben, jene Edelzwiebeln, die hier genausogut wachsen könnten wie in Frankreich. In der deutschen Küche war eine Zwiebel eine Zwiebel. Und damit basta. Wer den Handel vermessen nach der besseren Abart fragte, erntete ein gleichgültiges Achselzucken. Mit der Zeit fragten aber immer mehr Konsumenten, und bald tauchten die ersten Schalotten auf den Märkten auf. Heute gibt es sie praktisch das ganze Jahr.

Ebenso unmöglich war es vor einigen Jahren, einen deutschen Wein aufzutreiben, dessen Gärung nicht gestoppt und der nicht unnatürlich gesüßt war. Wieder reagierte die einschlägige Branche zunächst achselzuckend, wenn qualitätsbewußte Weintrinker nach naturreinen Weinen fragten. Folgerichtig stieg die Einfuhr trockener Weine aus dem Ausland. Doch nun macht die gleiche Branche, die noch vor nicht langer Zeit auf jede Kritik an ihren Süßwaren geradezu aggressiv reagierte, mit schönster Unschuldsmiene Propaganda für trockene deutsche Weine! Und produziert sie in steigender Menge.

Ich bin so optimistisch, zu hoffen, daß eines Tages auch wieder Hartkäse in den Geschäften auftaucht, der nicht nur nach Kunststoff schmeckt. Ich glaube an die Zukunft des wurmstichigen Apfels, weil Äpfel, die von Würmern verschmäht werden, auch für Feinschmecker auf die Dauer nicht gut genug sind. Ich sehe zuversichtlich dem Tag entgegen, da zum erstenmal in einem deutschen Ratskeller mit seinen Holzschnitzereien, Schmiedeeisen und Zinngeschirr, daß in diesen Bastionen der kulinarischen Unkultur nach den Richtlinien einer anspruchsvollen und modernen Feinschmeckerküche gekocht wird, wie das inzwischen schon in dreißig oder vierzig, wahrscheinlich sogar schon in fünfzig vorzüglichen Restaurants in der Bundesrepublik geschieht. Ich bin deshalb zuversichtlich, weil ich glaube, daß man zwar vielen Menschen eine Zeitlang einreden kann, kulinarischer Genuß sei Sünde und Luxus, daß man aber nicht allen Menschen für immer den Anspruch auf kulinarische Verfeinerung verweigern kann.

Kulinarische Grundeinsichten

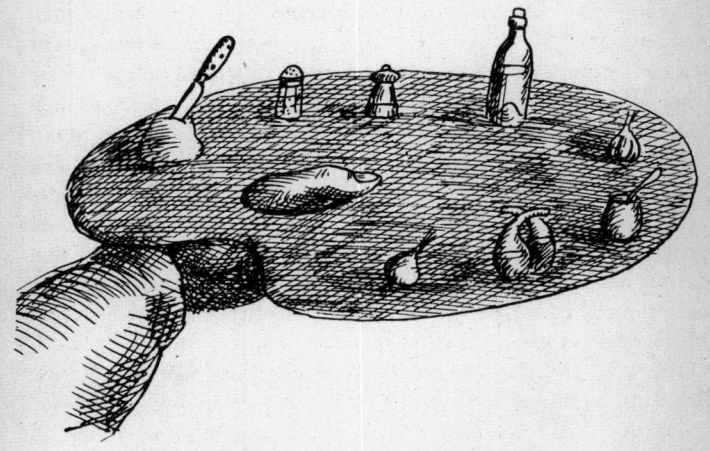

Was jeder Gast vor dem Hors d'œuvre vom Essen wissen sollte

Jeder Bürger wird, bevor er sich als Autofahrer ins Verkehrsgewühl wagt, einer strengen Prüfung unterzogen. Jeder Koch muß, bevor er in einer Restaurantküche zur Pfeffermühle greifen darf, eine fachliche Ausbildung nachweisen können. Nur vom Gast, der im Feinschmecker-Restaurant essen will, wird nichts verlangt. Eine gefüllte Brieftasche ersetzt ihm den Befähigungsnachweis; das Gefühl, es sich leisten zu können, macht ihn glauben, daß er etwas leiste. Hier liegt die Ursache für ein Dilemma, das von Küchenkritikern gern übersehen wird (und den Köchen den Schlaf raubt): Jede Küche ist nur so gut wie ihre Gäste.

Wenn man vor diesem Hintergrund den Aufschwung betrachtet, den die deutsche Gastronomie in den letzten Jahren genommen hat, kann der deutsche Gast so schlecht nicht sein, sollte man meinen. Doch dieser Aufschwung – von vier guten zu vierzig sehr guten Restaurants – ist nur rechnerisch so spektakulär. Vierzig sehr gute Restaurants in einem Land von sechzig Millionen Einwohnern, die sich für qualitätsbewußt halten, weil sie bereit sind, ein Jahr und noch länger auf ein Auto zu warten, dessen Blech langsamer rostet als die Bleche sofort lieferbarer Autos, diese vierzig Restaurants sind zwar ein Beweis dafür, daß in Deutschland genausogut gekocht werden kann wie in Frankreich. Aber um den gastronomischen Zustand der Bundesrepublik insgesamt für befriedigend zu halten, sind es zu wenig. Außerdem fehlt die solide Mittelklasse völlig.

Hinzu kommt, daß von diesen Restaurants die Hälfte am Rande des Ruins arbeitet, und zwar aus folgenden Gründen:

Erstens: Weil sie nicht zu den berühmten gehören, in die zu gehen eine Prestigefrage ist und die deshalb als einzige jeden Abend ausgebucht sind.

Zweitens: Weil sie sich in abgelegenen Dörfern befinden, wo sie auf jene wenigen Feinschmecker angewiesen sind, die einen Umweg wegen eines guten Essens für lohnend halten.

Drittens: Weil sie zu niedrig kalkulieren, um sich gegen die billige Konserven- und Tiefkühlkost-Gastronomie von nebenan behaupten zu können.

Jeder dieser Gründe ist ein weiteres Indiz dafür, wie abhängig das Niveau der Gastronomie vom Niveau der Gäste ist. Dennoch bedeutet das nicht, daß die Wirte – die besseren, von denen hier ausschließlich die Rede ist – im alleinigen Besitz der Wahrheit sind und die Gäste ein Haufen von Konsumtrotteln; dennoch ist es vorstellbar, daß in der Küche ein Genie arbeitet, dessen Meisterwerke jedoch durch schlampige Kellner oder andere Unannehmlichkeiten im Restaurant um ihre Wirkung gebracht werden, so daß der Gast den Laden in der Überzeugung verläßt, in einem schlechten Restaurant gegessen zu haben. Hat er recht oder unrecht? Um diese Frage zu beantworten, muß man bei den Gästen zunächst zwei Sorten von Feinschmeckern unterscheiden.

Da ist die eine Gruppe, der es ausschließlich um das geht, was sie auf dem Teller hat. Das sind die Saucen-Süchtigen, die mit geschlossenen Augen schlürfen und schnüffeln und denen es wurscht ist, ob auf sie Musik herabrieselt wie im Kaufhaus oder ob unter ihnen die Kegelbahn rumpelt. Die andere Gruppe genießt empirisch: Was die Küche leistet, wie die Kellner es servieren; ob die Möbel ihren Schönheitsvorstellungen entsprechen, und wer am Nebentisch sitzt. Die zweite Gruppe ist sicherlich in der Mehrzahl, und ihr Anspruch an noch so nebensächliche Details eines Essens weist sie als qualitätsbewußte Konsumenten aus. Ob sie auch die besseren sind, bleibt dahingestellt. Denn die Vorliebe für oder die Abneigung gegen eine bestimmte Art von Dekoration – Musik, Publikum – beweist lediglich, daß der Gast einen persönlichen Geschmack hat. Dieser kann ebensogut ein schlechter sein. Wer Zinnteller an den Wänden bevorzugt, beim Schlemmer-Menü aber avantgardistische Malerei vor Augen hat, wird, wenn er zur zweiten Gruppe gehört, das Essen möglicherweise – ganz unbewußt – nicht so toll finden.

Ja, ich möchte behaupten, daß die Mehrzahl jener Gäste, die sich in einem anerkannt guten Restaurant beim Kellner über das Essen beschweren, in Wirklichkeit aus einem anderen Grund unzufrieden sind. Vielleicht war es ihnen zu hell und zu fein (sie sitzen lieber bei Kerzenlicht in einem rustikalen Tonnengewölbe), vielleicht war der Kellner zu hilfreich (auf nicht sehr erfahrene Gäste wirkt die Überlegenheit des beratenden Kellners oft arrogant), vielleicht hatten sie Freunde zum Essen eingeladen und die Preise unterschätzt (die Erkenntnis, fünfzig Prozent mehr ausgeben zu müssen, als man sich vornahm, kann eine sanfte Gänseleber in bittere Galle verwandeln) – kurzum, vom Gefühl, falsch angezogen zu sein, bis zu einer heraufziehenden Gewitterfront gibt es für das Unterbewußtsein genügend Anlässe, die rational gesteuerte Erkenntnisfähigkeit auszuschalten: Der ganze Laden paßt ihm heute nicht; der Gast ist einfach im falschen Lokal.

Das sind wohl die schlimmsten Erlebnisse für einen ehrgeizigen Koch. Auch wenn der Gast offenkundig Ignoranz bewiesen hat, der Stachel bleibt: könnte nicht doch etwas dran sein? Dazu die Gewißheit, daß der Unzufriedene bestimmt nicht wiederkommen und, was gravierender ist, wahrscheinlich andere Leute von einem Besuch des „miesen Ladens" abhalten wird. Die wenigsten Gäste machen ihre Blamage so publik wie jene Dame, die nach einem Besuch in einem bekannten *Nouvelle-Cuisine*-Restaurant einen empörten Leserbrief an eine Fachzeitschrift schrieb, in dem sie sich beklagte, man habe ihr halbrohen Fisch vorgesetzt.

Der Besuch in einem Feinschmeckerrestaurant verlangt vom Gast also zunächst einmal einige Vorleistungen. Er sollte darüber informiert sein, was ihn erwartet. Wer dort, wo ein Koch bestrebt ist, kulinarische Wunder zu vollbringen, ein Rinderfilet bestellt (mag es auch *Tournedo Rossini* heißen), den kann man mit jenem Kunden vergleichen, der bei Cartier nach einer Sicherheitsnadel fragt. Wenn schon das Wort „Eßkultur" kein leerer Begriff sein soll, dann müssen auch die Konsequenzen akzeptiert werden, die damit verbunden sind: ein Lernprozeß ist nötig. Um in den vollen Genuß eines Feinschmecker-Menüs zu gelangen, bedarf es einer kulinarischen Bildung, analog zu jener musikalischen, die für den Besucher eines Symphoniekonzerts notwendig ist. Das mag man für elitär halten; solange Kultur nicht per Schluckimpfung erworben werden kann, gibt es keinen anderen Zugang zu ihr.

In der Praxis bedeutet dies, daß der Gast zunächst einmal wissen muß, ob das von ihm ins Auge gefaßte Etablissement tatsächlich in die Kategorie der Feinschmecker-Restaurants gehört. Sodann ist eine telefonische Tischbestellung auf jeden Fall unerläßlich. Wer jemals eine halbe Stunde und länger an einer unbequemen Bar gesessen und mit knurrendem Magen gewartet hat, bis andere Gäste ihr Dessert gelöffelt, ihre Zigarren zu Ende geraucht haben, wird das nicht mehr vergessen. Aber auch mittags, wenn man sicher ist, daß das betreffende Lokal halb leer sein wird, sollte man telefonieren. Gerade weil normalerweise keine Gäste erwartet werden, könnte der Küchenchef den leichtfertigen Entschluß fassen, ins nahegelegene Schwimmbad zu gehen. Die Gewißheit jedoch, daß erfahrene Esser kommen – die telefonische Anmeldung verrät es ihm –, wird ihn an seinem Platz festhalten.

Nun gibt es viele vorstellbare Katastrophen, die den geplanten Restaurantbesuch im letzten Moment verhindern können (männl. Midlife-Crisis; weibl. Selbstverwirklichung, etc.). Ganz gleich aber, wie tragisch sich solche Ereignisse momentan ausnehmen, der emanzipierte Esser muß, und sei es mit letzter Kraft, in letzter Minute, die Tischbestellung wieder rückgängig machen. Für ein Restaurant mit dreißig Plätzen kann dieser eine Vierertisch, den der Wirt frei hält, genau den Gewinn des Abends erbringen. Die Absage ist also mehr als ein Akt der Höflichkeit; sie hilft sehr oft, materiellen Schaden verhüten. Andererseits verlange ich aber auch, daß der Tisch, den ich für 20 Uhr 30 bestellt habe, tatsächlich frei ist, wenn ich komme. Wirte, die um 19.00 Uhr die ersten Gäste an meinen Tisch bugsieren in der Hoffnung, sie mögen neunzig Minuten später wieder gegangen sein und mich dann um fünf Minuten Geduld bitten müssen (es werden mindestens fünfzehn Minuten daraus, bis ich auf meinem angewärmten Platz sitze), sehen mich so bald nicht wieder.

Auch in einem gutgeführten kleinen Restaurant ist es selbstverständlich, daß jemand den Gast empfängt und an seinen reservierten Tisch bringt. Sitzt man dann, möchte man um die Speisekarte nicht extra bitten müssen; daß zunächst die Frage nach einem Aperitif gestellt wird, ist üblich. Ein gutes Restaurant wird für diese Gelegenheit Champagner glasweise anbieten. In der Gegend von Bordeaux ist es nicht ungewöhnlich, statt dessen ein Glas eiskalten *Haute Sauternes* zu trinken. Es ist aber überhaupt nichts dagegen zu sagen, wenn der Gast gleich um die Weinkarte bittet und statt Aperitif einen Weißwein aussucht, den er später zu Vorspeisen und Fisch weitertrinken kann. Auf jeden Fall sollte er sich an die spöttische Bemerkung Fernand Points erinnern: „Wer Whisky als Aperitif trinkt, der wird Füllhaltertinte für einen *Château Margaux* halten." Wenn auch normalerweise die Weine danach ausgesucht werden, wie sie zu den bestellten Speisen passen, so ist auch die umgekehrte Reihenfolge denkbar: Wer unbedingt einen 1928er *Mouton-Rothschild* trinken will, wird vernünftigerweise das Essen auf diesen kostbaren Wein abstimmen.

Hat er die Speisekarte in der Hand, ist für den passionierten Esser der erste Höhepunkt des gastronomischen Abenteuers gekommen. Es ist seine Lieblingslektüre, die ihn für die nächsten Minuten die Umwelt vergessen läßt. Die Speisekarte verrät ihm über den Küchenchef genausoviel wie ein Theaterspielplan über den Intendanten aussagt: ob Klassiker den Schwerpunkt bilden oder Avantgardisten; ob Komödien gespielt werden, Tragödien oder sozialkritische Stücke, alles das findet seine Entsprechung in der *Ente à l'Orange,* den *poissons cru,* dem Anteil der Innereien, der Schalentiere und im Angebot der Desserts. Da bilden die vielen Variationen des Rindersteaks eine Analogie zu der Zitatensammlung in Schillers „Räuber", wirkt ein „Steinbutt mit 2 Saucen", wie wenn sich die Keßler-Zwillinge die Rolle des Hamlets teilten. Überhaupt die Darsteller! Auf vielen Speisekarten wimmelt es von prominenten Namen: die Dubarry neben der Schönen Helena, Demidoff, Marie Louise, Henri IV. und seine

Reine Margot, Murat und Walewska, der adelige Condé und die bürgerliche Müllerin, à la Nicoise, à la Normande, en Tortue und Newbourg. Hier handelt es sich um die Vokabeln der Küchentechnik, sie informieren über die Art und Weise, wie die Seezungen, die Hühner und Hummer zubereitet werden. Es sind die klassischen Bezeichnungen der Großen Küche. Wo die Methoden der Neuen Küche den Stil bestimmen, wird man sie kaum noch finden. Doch auch diese hat inzwischen ihre eigenen Erkennungszeichen, die dem Kenner sagen, worum es sich da handelt: *à la vapeur, au trois purees, au vinaigre de framboise, salade ma folle.* Bezeichnungen wie ,,Nach Art der Caprifischer'' oder ,,à la Münchhausen'' verraten lediglich, daß unsere Feinschmecker im falschen Restaurant sitzt. Zumindest sind Befürchtungen angebracht, daß hier ein Koch seinem Kreationsdrang zu leichtsinnig nachgibt, was im Hinblick auf die so selten gelungenen Neuschöpfungen alarmierend wirken muß.

Hingegen ist es keineswegs mehr problematisch, eine große Auswahl an Seefischen vorzufinden, auch wenn das nächste Meer tausend Kilometer entfernt ist. Die modernen Transportmittel machen es möglich, daß die Seezunge in München genauso frisch ist wie die in Dieppe – eventuell stammen beide vom Pariser Großmarkt. Allerdings bekommen viele Restaurants den Fisch nur einmal in der Woche geliefert, nämlich mittwochs oder donnerstags, Dienstag ist dagegen Schlachttag, da sind Kalbsbries und -nieren frisch. (Deshalb ist Montag der häufigste Ruhetag.)

Dort wo es nicht nur hochkulinarisch, sondern auch fein zugeht, werden auf einigen Speisekarten die Preise verschwiegen; das sind die sogenannten Damenkarten. Ein Wunder, daß emanzipationsbewußte Frauen dagegen noch nicht Sturm gelaufen sind. Ich halte diese Unsitte für weitaus entwürdigender als die Abbildung von nackten Mädchen auf Illustriertentiteln. Denn hier wird doch erwartet, daß das Dummchen Kaviar für billig halten und eine doppelte Portion bestellen möge. Auf jeden Fall impliziert es, daß *sie* eingeladen wird, während *er* zu zahlen hat. Eine selbstbewußte Frau sollte solche Speisekarten zurückweisen.

In den meisten guten und besseren Restaurants sind Speise- und Weinkarte zwei verschiedene Dinge. Ich weiß nicht warum; praktisch ist es nicht. Daß auch eine riesige Auswahl an Weinen sich komplett und übersichtlich auf der Speisekarte unterbringen läßt, beweist das Pariser *Taillevent* auf vorbildliche Weise. Hat das Etablissement gar einen Weinkellner, einen Sommelier, dann wünsche ich mir das Nichtbetroffensein des Abstinenzlers, um angesichts dieser autoritären Erscheinung gleichgültig bleiben zu können. Da kommt er, der gütige Mensch, in einer grünen Schürze an meinen Tisch, manchmal baumelt ihm eine silberne Probierschale am Gürtel, und in der Hand hat er – trägt er behutsam! – das einzig vorhandene Exemplar der Weinkarte, ein Buch, *sein* Buch, das er um nichts in der Welt aus der Hand gibt. Er weiß, was ich essen werde, und davon ausgehend beginnt er, mir sachkundige Ratschläge bezüglich des dazu passenden Weins zu geben. Daß er nie sagt, wieviel diese Weine denn kosten, die er da vorschlägt, ist wohl das Ungeheuerlichste an dieser umständlichen Einrichtung. Denn gerade die Gäste, die seine Beratung nötig haben und sie als hilfreich empfinden, werden kaum eine Vorstellung von den jeweiligen Preisen haben. Erfahrene Weintrinker aber interessieren sich nicht nur für den einen oder die zwei Weine, die sie hier und jetzt trinken werden, sie interessieren sich, und zwar brennend, für alle Weine, die das Haus zu bieten hat; sie interessieren sich für Raritäten und die Weine der Region, für deren Alter und Preise, sie wollen einen Gesamtüberblick über alle möglichen Herrlichkeiten, weil auch das zu einem vollkommenen Essen in einem Feinschmeckerrestaurant gehört; sie lesen die Weinkarte mit der gleichen Faszination wie ein Philatelist den Briefmarkenkatalog. Der gütige Mensch mit der Probierschale frustriert sie deshalb zutiefst.

Zu den Aufgaben des Weinkellners gehört es auch, dafür zu sorgen, daß die Gläser nicht leer werden. Ich halte es nicht für tragisch, wenn ich dann doch einmal vor einem leeren Glas sitze – vorausgesetzt, ich habe Gelegenheit, mir selber nachzufüllen. Meistens aber steht der Eiskübel mit dem Weißwein außer

Reichweite, liegt der Rote im Körbchen auf einer entfernten Anrichte. Soll ich mich nun aufrappeln und den Versuch machen, schneller zu sein als der Kellner, der natürlich genau in dem Moment erscheint, da ich mit der tropfenden Flasche zum Tisch zurück will, und sie mir mit unbarmherziger Hilfsbereitschaft aus der Hand windet? Wie dem auch sei, das Essen muß unterbrochen werden, der Genuß ist gestört.

Die Frage, ob Rotweine dekantiert werden müssen, läßt sich eindeutig nicht beantworten. Während man das bei roten Bordeaux wahrscheinlich grundsätzlich bejahen kann – vor allem wenn sie älter sind und Depot haben –, werden Burgunder in Burgund, wo man es ja wissen müßte, nur im Körbchen serviert.

Schließlich muß ich noch einmal – immer wieder! – auf die Temperatur der Rotweine zu sprechen kommen. Sogar bei den berühmtesten Köchen sind mir schon ziemlich edle Weine bei 21 Grad serviert worden, was ich für genauso schändlich halte wie eine eiskalte Fischterrine. Lieber 2 Grad zu kühl, nämlich 14, 15 Grad; im warmen Restaurant erwärmt der Wein sich schnell im Glas. Wer in diesem Punkt empfindlich ist – und ich meine, es ist eine verständliche Empfindlichkeit, wenn ein 90-Mark-Wein so warm serviert wird, daß er kaum den Einkaufspreis wert ist –, sollte sich ein Weinthermometer zulegen, das verkürzt die oft fruchtlosen Diskussionen mit den Kellnern ungemein.

Beim ersten Probeschluck erlebt man nicht selten eine unangenehme Überraschung. Der Duft, der dem schnüffelnden Weinfreund da in die Nase steigt, ist penetrant und hat mit Wein nicht das geringste zu tun: Unser Gast hat sich leichtsinnigerweise die Hände gewaschen. Und der Wirt, der auf seiner Weinkarte vielleicht eine stolze Rubrik „Aus unserer Schatzkammer" eingerichtet hat, findet nichts dabei, seinen Gästen auf der Toilette eine ordinär stinkende Seife hinzulegen, deren Fünfzig-Pfennig-Parfüm mühelos den feinsten *Puligny Montrachet* erschlägt.

Damit der Gast die Wartezeit nicht ausschließlich mit Händewaschen oder dem Suchen nach der Quelle des unangenehmen Durchzugs ausfüllen muß, aber auch, um ihn, der eventuell schon den ganzen Tag dieser festlichen Stunde entgegengehungert, nicht noch kurz vor dem Ziel vor Schwäche zusammenbrechen zu sehen, servieren gute Restaurants sofort nach der Bestellung ohne Berechnung sogenannte *amuse gueule*. Das sind oft kleine Blätterteighappen, gefüllt oder belegt mit salzigen Dingen: meistens ist es Weißbrot (hoffentlich ganz frisch!) und Butter dazu (hoffentlich gesalzen!), und manchmal sind es ganz exquisite und ausgefallene Delikatessen. Später, zum Dessert oder zum Kaffee, werden noch einmal kleine, kostenlose Extras aufgetischt. *Petit fours* oder hausgemachtes Gebäck oder Pralinen. Wenn sowas letzten Endes auch nicht verschenkt wird, so sind Gäste, die das alles ratzekahl aufessen, doch nur die Karikatur von Feinschmeckern; ganz zu schweigen von den Damen, die die handlichen Süßigkeiten in ihre *Hermés*-Taschen stecken, „für die Kinder".

Passionierte Feinschmecker sind immer neugierig, sie wollen alles probieren, keine mögliche Delikatesse auslassen. Die Versuchung ist daher groß, daß vier Personen vier verschiedene Vorspeisen, vier verschiedene Zwischengerichte und vier verschiedene Hauptgerichte bestellen. Dann wird beim Nachbarn probiert, und Teller werden ausgetauscht: Welche Freude, auf diese Art und Weise in den Genuß eines zwölffachen Gaumenkitzels zu kommen. Ich muß gestehen, ich habe großes Verständnis dafür. Besonders, wenn jemand weit gereist ist, um einmal bei einem berühmten Koch dessen berühmte Kreationen zu probieren. Und dennoch, es ist nicht fair gegenüber der Küche. Es beweist zwar das große Interesse des Gastes an den Schöpfungen des Kochs, aber auch seine Unkenntnis von der Situation am Küchenherd. Denn das erwartet doch jeder mit Recht, daß alle Gerichte eines Gangs gleichzeitig aufgetragen werden, und zwar frisch aus dem Ofen und nicht warmgehalten. Wie das aber bewerkstelligt werden soll: eine Kalbsniere, eine Entenbrust, eine gefüllte Taube und ein Lammkotelett, alles in derselben Sekunde fertig – darüber haben die, die das bestellen, nicht nachgedacht. Bei kalten Vorspeisen ist das natürlich kein Problem, aber zwei, höchstens drei verschiedene warme Gerichte an einem Tisch sollten die oberste Grenze sein, auch und gerade, wenn dort acht Feinschmecker versammelt sind. So weisen sie sich als Kenner aus, die bei aller selbstverständlichen Genußsucht es nicht an Respekt vor der Küche fehlen lassen.

Im übrigen hat es die Neue Küche möglich gemacht, daß wir heute wieder Sieben- oder Acht-Gänge-Menüs essen können wie unsere vielfressenden Vorfahren, ohne jedoch wie diese apoplex vom Stuhl zu fallen. Gerade in den besten der nach den neuen Methoden kochenden Restaurants werden solche Menüs aus vielen Gängen in kleinsten leicht verdaulichen Portionen zusammengestellt. *Menu surprise* oder *Menu dégustation* wird das genannt, und es macht dem Feinschmecker die Wahl leicht. Und wenn er sich dann noch in Gesellschaft von sechs Gleichgesinnten befindet und damit die Chance hat, zu jedem Gang einen anderen, optimal passenden Wein zu trinken, dann hat er eines dieser wunderbaren Erlebnisse, die nur möglich sind, weil es einige wunderbare Restaurants gibt, in denen wunderbare Köche dafür sorgen, daß auch in unserem konfektionierten Konsumentenalltag subtile kulinarische Genüsse noch existieren können.

Darf's ein bißchen milder sein?

„Warum ist die Banane krumm und rot die Apfelsine?" sang man in den dreißiger Jahren. Die Frage läßt darauf schließen, daß man damals mit dem Obst gewisse Probleme hatte. Haben wir heute auch; und nicht nur mit importierten Früchten, sondern auch und vor allem mit Produkten der heimischen Landwirtschaft: Anspruchsvollen Essern sind deutsche Viktualien nicht gut genug.

Diese unbelehrbaren Zeitgenossen glauben immer noch, es dürfe von einem Volk, das keinen Rasierapparat kauft, ohne ihn vorher von unabhängigen Testern an tausend Stachelschweinen ausprobieren zu lassen, und bei seinen Stereoanlagen pingelig auf Ohm, Sinus und HiFi-Qualitäten schaut, auch bei den Nahrungsmitteln nur Erstklassiges produziert und verbraucht werden.

Doch für unsere Gärtner und Bauern gibt es keine Zweifel. Für sie ist Sauerampfer ein Unkraut, das ausgerottet werden muß, und die mehlige Kartoffel ein Grundpfeiler ihrer Existenz, an dem nicht gerüttelt werden darf.

Es darf auch sonst nicht gerüttelt werden. Wer auf dem Markt die Festigkeit eines Salatkopfes mit den Fingern prüfen will, sich vom Reifegrad eines Camemberts überzeugen möchte oder – wenn er den Mut aufbringt – den Metzger nach einem Rumpsteak fragt, das mindestens drei Wochen abgehangen ist, der riskiert nicht nur massiven Händlerzorn, der stellt den Fortschritt in Frage. Fortschritt ist, wenn es maximal nur noch vier Äpfelsorten gibt, die sich allenfalls in der Farbe unterscheiden (grün, gelb, rot, gelb-rot gefleckt), sich im Geschmack und in der Größe aber so ähnlich sind wie ein VW dem anderen. Fortschritt ist, wenn Konservenerbsen der Güteklasse ,,Extra fein'' subjektiv besser schmecken als jene eine, murmelgroße, dickschalige, mehlige Sorte, die man frisch kaufen kann.

Es ist dies das Resultat von modernem Obst- und Gemüseanbau, von Rationalisierung, pharmazeutischer Behandlung und rücksichtsloser Ausrottung aller anderen Sorten. Wo sind sie geblieben, die verschiedenen Äpfel, die in Großmutters Garten reiften? Sie sind einem Ausleseprinzip zum Opfer gefallen, das nur noch gelten läßt, was nachweislich zur Handelsklasse A gehört. Handelsklasse A aber bedeutet in der Praxis, daß eine Frucht oder eine Pflanze gleichmäßig groß und rund zu sein hat und daß sie gleichmäßig nach schwach gesüßtem Wasser schmeckt (Tomaten, Apfelsinen, Kirschen, Kohlrabi, Erdbeeren). Der Tag, an dem man auch die Kartoffel in diese Liste aufnehmen kann, ist wahrscheinlich nicht mehr fern. Es scheint die Zugehörigkeit zur Handelsklasse A von Designern der Hochschule für Gestaltung bestimmt zu werden. Daß all die gleichmäßig schönen Produkte (,,Vor dem Verzehr gründlich waschen!'') früher einmal einen spezifischen Eigengeschmack hatten, halten selbst skeptische Verbraucher für ein Gerücht. Auch den hypertrophierten Bohnen, den wässerigen Gurken und den elastischen Karotten ist jene alles ausgleichende, alles ersetzende, an nichts erinnernde, nach nichts schmeckende „Milde" zu eigen, die so etwas wie ein Symbol für den Geschmack unseres Jahrzehnts zu werden droht.

Fast nichts ist, wie es sein könnte, sein sollte. Daß Freilandtomaten in unseren Breitengraden nur in ausgesprochenen Sonnenjahren eine Chance haben, zur Schmackhaftigkeit heranzureifen, weiß jeder Kleingärtner. Warum dann aber die importierten Tomaten zusammen mit ebenfalls aromafreien Paprikaschoten und Weintrauben ausgerechnet aus den Treibhäusern nördlicher EG-Staaten zu uns kommen, ist schon weniger einzusehen. Gar nicht einzusehen ist aber die Weigerung unserer Landwirte, jene dünnen, grünen Bohnen anzubauen, die in der Gastronomie *haricots verts* genannt werden und die sich zu den handelsüblichen Bohnen verhalten wie der Spargel zur Schwarzwurzel.

Es wird gern die süffisante Bemerkung Talleyrands zitiert, wonach die Engländer dreihundertsechzig Religionen, aber nur drei Saucen hätten, während es in Frankreich umgekehrt sei. Als deutscher Konsument vergeht einem jedoch die Freude über diese Bosheit, wenn man in unseren Supermärkten mühelos zwölf Margarinesorten findet, aber nur zwei Sorten Butter.

Bei der Sahne ist die Situation noch deprimierender: Mit wenigen Ausnahmen nur eine einzige Qualitätsgruppe; aber Joghurtsorten so viele, daß man den Überblick verliert. Und selbstverständlich sind die Verkaufsgondeln gefüllt mit Hunderten von Artikeln, die alle gekauft und geknabbert, gelutscht, gelöffelt, genascht und geschleckt werden und die letzten Endes total überflüssig sind. Vor allem aber verhindern sie die Besinnung des Verbrauchers auf die wenigen Grundstoffe, die wir in der Küche brauchen und deren Zustand mehr über die Qualität der Küche entscheidet als all der eingefärbte, aromatisierte Schnickschnack.

Übrigens wandert dieses überflüssige Zeug vorwiegend in die Einkaufstaschen gerade jener Hausfrauen, die am Wirtschaftsgeld sparen müssen und sich deshalb mit dem „Huhn" genannten Eisklumpen aus der Kühltruhe begnügen, weil sie sich den höheren Preis für ein frischgeschlachtetes, luft- und nicht wassergekühltes

Masthuhn, wie man es auf den Wochenmärkten noch findet, nicht leisten können.

Wenn es nicht möglich wäre, aus unseren heimischen Erzeugnissen ebenso hervorragende Speisen herzustellen, wie es – zum Beispiel – die Franzosen können, denen ja in ihrer klassischen Küche auch keine anderen Dinge zur Verfügung stehen (nur eben in bester Qualität!), so würde ich über die Misere unserer landwirtschaftlichen Produkte kein Wort verlieren und jedem anspruchsvollen Esser nur raten, sein Glück ausschließlich jenseits der Landesgrenzen zu suchen.

Aber es ist möglich! Es ist möglich, einen Allgäuer Emmentaler herzustellen, der nach Käse schmeckt, als trüge er den Aufdruck „Switzerland". Ich weiß, es sind in den letzten Jahrzehnten Millionen Bundesbürger herangewachsen, die nicht wissen, was hier gemeint ist. Für sie ist das vakuumverpackte Produkt, das sie da aus der Plastikhülle ziehen – diese weichen, gummiartigen, zum sofortigen Verzehr bestimmten, hellgelben Scheiben, die man genau so gut mit Marmelade wie mit Senf essen kann, die sich aber auch zur Abdichtung eines defekten Fahrradreifens eignen würden – dieses Produkt also ist für Millionen genau das, was sie erwarten, wenn sie Allgäuer Emmentaler kaufen.

Um es klar zu sagen: Damit sind ebenfalls die unter Tilsiter, Holländer, Limburger und anderen unverbindlichen Namen bekannten Käsesorten gemeint! Ihnen allen ist gemeinsam, daß sie während der Herstellung drei Tage zu wenig im Salzwasser gelegen haben. Nur drei Tage länger, und es wäre Käse aus ihnen geworden, der seinen Namen verdiente!

Es liegt also nicht an unseren Kühen und nicht am Futter. Es ist wieder einmal die Ignoranz vor der Tatsache, daß es Qualitätsunterschiede gibt – und Konsumenten, die in der Lage sind, diese festzustellen. Doch das wird schlicht geleugnet: „Der Verbraucher will seinen Käse milde!" Es ist der gleiche Einwand, mit dem unsere Weinproduzenten den Ruf des deutschen Weins in der Welt lächerlich gemacht haben: „Der Konsument will einen ‚lieblichen' Wein!"

Dabei gibt es sie, diese vielen anderen, die ihren letzten Urlaubstag in der Schweiz oder in Frankreich in den Lebensmittelgeschäften verbringen und sich dort mit allem eindecken, was sie zu Hause in solcher Qualität nicht finden: mit Gemüse, Obst, Wein, Käse und Butter.

Es gibt sie, und sie sind so zahlreich, daß sie eine lohnende „Zielgruppe" bilden, Ihr Hersteller und Händler! Wenn Ihr schon auf die Wünsche dieser potentiellen Kunden keine Rücksicht nehmt, so denkt wenigstens an Euren Profit! Der Dank aus deutschen Landen ist Euch gewiß.

Saucen und Soßen

Im Mittelpunkt der feinen europäischen Küche stehen die Saucen. Sie und nichts anderes sind das Lustobjekt jedes wahren Feinschmeckers, an ihnen erkennt er, ob in der Küche ein Handwerker oder ein Künstler arbeitet. Aber auf ihnen lastet ein schrecklicher Fluch: Man kann sie nach deutschem Sprachgebrauch auch Soßen nennen. Und meistens werden sie auch so gekocht. Der Weg von der Soße zur Tunke ist nur scheinbar ein Weg, die beiden sind identisch: Die Soße ist die Tunke ist die Soße. Für immer aneinandergeleimt, um Angst und Schrecken über die Welt der Feinschmecker zu bringen, bescheren sie uns diesen Ozean an dicker, brauner Brühe, in der der Ruf unserer Gastronomie ertrunken ist und immer wieder neu ertrinkt, weil er wie die Leber des Prometheus nachwächst, um aufs neue gräßlich zu enden. Wie oft, wieviel tausendmal hat es das gegeben, daß ein Feinschmecker sich mit tropfendem Leckermaul dem Ziel seiner Träume näherte, wo, wie er hat sagen hören, ein begnadeter Koch den Löffel schwingt, daß sich ihm die Lämmer, die Hühner und die Kälber unter den Händen in seligmachende Köstlichkeiten verwandeln. Doch als er dann endlich am Tisch saß, als die Kellner die dampfenden Platten anschleppten und seinen Teller füllten, da ging es ihm wie dem chinesischen Dichter, der den Mond küssen wollte und dabei ins Wasser fiel: Was da zum zarten Lamm, neben die Poularde oder übers Kalbfleisch geschüttet wurde, was da an sein Gemüse schwappte, die Kartoffeln durchnäßte und die Augen beleidigte, war Soße. Die Augen, nicht aber die Nase. Denn im Gegensatz zu Saucen haben Soßen einen Duft. Wenn wir mittags durch die Straßen der Innenstadt gehen, und es duftet – ich gebe es unumwunden zu: appetitanregend – vor den Gaststätten zwischen den Kaufhäusern, wenn die Nase ausschlägt wie die Astgabel eines Wünschelrutengängers bei der Ortung einer klaren Quelle, dann handelt es sich um nichts anderes als den braunen Schandfleck unserer Küchengeschichte. Wieso sogar ein konsequenter Feinschmecker bei dem künstlich-penetranten Soßengeruch nicht scheut wie ein Pferd, sondern den ordinären Odeur wollüstig in die Nüstern einzieht, bleibt wohl für immer ein Rätsel. Es ist ein klassisches Beispiel für perfekte Verführung. Die Sirenen des Odysseus können nicht wirkungsvoller gesungen haben, als Soßen duften – bevor die Verführten ins Elend stürzen. Denn außer ihrem Duft fehlt ihnen jegliche Attraktivität. Schon der bloße Anblick macht schaudern; kommt gar die Zunge damit in Berührung, kann die Wirkung bei einem sensiblen Gourmet so furchtbar sein, daß er ächzend zu Boden sinkt. Nur weil wir gelernt haben, unsere Empfindungen zu beherrschen, wird in der deutschen Durchschnittsgastronomie zur Essenszeit so selten nach dem Sanitäter gerufen.

Dabei sind Soßen nicht immer braun. Es gibt sie auch in einer relativ klaren Version, Bratensaft genannt; besonders häufig sucht diese den Esser in England unter dem Namen *gravy* heim. Ihr Horror besteht in der unendlichen Langeweile, die sie verbreitet, mag ihr auch die schockierende, braune Mehlschwitze fehlen. Auch sie wird mit jedem Feinschmecker spielend fertig. Die wohl schrecklichste von allen aber ist die Weiße Soße. Sie duftet nicht einmal und besteht nur aus Mehl. Sadistische Hausfrauen schütten sie mit Vorliebe über Blumenkohl, Reis und andere Viktualien und wundern sich, wenn die Kinder das Elternhaus vorzeitig verlassen und der Vater hemmungslos der Midlife-Crisis frönt. Diese weiße Version ist so schrecklich, daß ich schon beim Gedanken an sie das Zittern kriege.

Es ist an der Zeit, die Schreibweise zu ändern. Reden wir von den Saucen. Das Hauptmerkmal einer Sauce ist ihre Logik. Die Sauce ist die logische Fortsetzung des gebratenen Fleisches im flüssigen Zustand (des gekochten Fischs etc.). Deshalb ist sie typisch für die mitteleuropäische Küche. In Asien, wo die Logik nicht die gleiche Bedeutung hat wie bei uns, gibt es keine logischen Saucen. Die Sojasauce und die anderen, ob süßsauer, pfefferscharf oder safrangelb, sind willkürlich. Wenn wir ein Huhn schmoren, dann basiert die dazu servierte Sauce auf einem Hühnerfond; für eine *Sauce Nantua,* die zu Fischen und Hechtklößchen serviert wird, werden Krebsschalen ausgekocht. Es gibt unzählige Variationen von Seezungen-Saucen, aber in ihrem Anfangsstadium sind sie alle gleichermaßen auf einem Fischfond aufgebaut, in dem Seezungenhäute eine wichtige Rolle spielen. Und so weiter. Nur ein Verrückter würde eine Forelle mit einer Tomatensauce servieren, nur ein Scharlatan präsentierte Kalbsnieren mit einer Grünen Sauce. Sie, die von Goethe so geliebt wurde, paßt zwar – im Sommer – ganz gut zu gekochtem Fleisch, aber zur feinen Küche gehört das schon nicht mehr. In ihrem Fall ist es allerdings eher die Deftigkeit als die fehlende Verwandtschaft zum gekochten Fleisch, die ihr den Zugang zu den raffinierten Küchen verwehrt. Andere haben ihn geschafft, obwohl sie ebenfalls „willkürlich" sind: *Sauce hollandaise, Beurre blanc, Sauce bordelaise.* Doch das sind Ausnahmen, die übrigens von der Genialität ihrer Erfinder zeugen.

Ein weiteres Merkmal der Saucen in der feinen Küche ist nicht weniger charakteristisch, für den Amateurkoch allerdings Anlaß zu ständigem Kummer: Sie lassen sich auch nach der ausführlichsten Beschreibung niemals gleich, das heißt gleichmäßig schmekkend hinkriegen. Das ist es auch, was eine Feinschmecker-Reise für den Gourmet so spannend macht: Wo er sich auch niederläßt, welchen großen Koch er auch aufsucht, eine Morchelsauce zum

Huhn, eine Trüffelsauce zur Taube oder eine *Chablis*-Sauce zum *Turbot* wird jedes Mal ein wenig anders schmecken. Große Köche sind nämlich nicht deshalb groß, weil sie das Huhn, die Taube oder den *Turbot* perfekt zubereiten – das ist leicht erlernbar. Ihre Größe besteht in der Größe ihrer Saucen. Worauf es dabei ankommt, was die entscheidende Zutat, der wichtige Handgriff ist, das läßt sich einfach nicht erklären. Wohlgemerkt: Geheimnisse gibt es beim Kochen nicht! Alles ist festgelegt, jeder Hilfskoch kann zusehen, wie der Chef die Sauce montiert. Und dennoch ...

Wer sich die Mühe – nein, den Spaß macht und eine Freßreise durch die Bresse und die umliegenden Ortschaften unternimmt, wo in jedem Restaurant das klassische Gericht dieser Region, *Poulet de Bresse aux morilles,* also Bressehuhn mit Morchelsauce, auf der Karte steht, und dieses Gericht in sechs verschiedenen Restaurants ißt, der wird sechs verschiedene Morchelsaucen probiert haben. Die Unterschiede sind minimal; aber letzten Endes entscheiden in der feinen Küche immer nur Nuancen. Übrigens ist eine Morchelsauce relativ deftig im Geschmack; es kann sie also eigentlich auch jemand herstellen, der nicht die Zunge eines Alain Chapel oder das Fingerspitzengefühl eines Paul Bocuse besitzt. So wird sie gemacht:

Wie der Name sagt, bilden Morcheln, und zwar getrocknete, die es in Feinkostgeschäften zu kaufen gibt, die Grundlage. Man benötigt pro Person zirka 20 Gramm. Beim Kauf darauf achten, daß es Spitzmorcheln sind und möglichst große Exemplare (2–4 cm). Die werden in Wasser eingeweicht, zwei, drei Stunden lang. Herausfischen und unter fließendem Wasser sehr gründlich waschen, da sie sehr sandig sind. Sanft ausdrücken. In einer Pfanne in Butter leicht anbraten. Dabei geht es nicht darum, daß sie braun werden (das sind sie von Natur), sondern daß sie möglichst viel Feuchtigkeit verlieren. Salzen und mit Alkohol ablöschen. Hier sind die ersten Variationen möglich. Dieser Alkohol kann Vermouth sein oder Sherry; weißer, trockener Portwein oder *Vin Jaune.* Ein bißchen Cognac ist ebenfalls möglich, und schließlich kann man mehrere Alkoholika zusammengießen. Dazu ein wenig

Hühnerfond, wenn die Morchelsauce ein Huhn begleiten soll; sie paßt auch zu Kalbfleisch, dann wird der Hühnerfond durch einen *fond blanc* (vom Kalb) ersetzt. Schließlich vom Einweichwasser der Pilze vorsichtig (Sand!) eine Suppenkelle voll dazugeben. Darin die Pilze garkochen (ungefähr 20 Minuten), wobei die Flüssigkeit ziemlich verkochen soll, damit der verbleibende Rest einen kräftigen, ja, einen fast zu kräftigen Geschmack bekommt. Denn jetzt gießt man die Pilze mit dicker Sahne auf, das reduziert die Schärfe. Abschmecken, vielleicht noch etwas einkochen und abschließend aromatisieren mit ... ja, womit, das ist wieder so eine Sache, von der jeder Saucier seine eigene Vorstellung hat. Da kann einer etwas Tomatenmark einrühren, Zitrone verwenden, Madeira nehmen, noch mehr Sahne; ein anderer greift erst jetzt zum Cognac oder zum Sherry, der dritte nimmt statt dessen *Haute Sauternes;* auch spielt die Pfeffersorte eine Rolle. All das ist keine Alchemie, sondern beschreibt das Unbeschreibbare bei der Herstellung einer Sauce. Wichtig ist allenfalls die Grundregel, die für jede Kocherei gilt, die zu mehr führen soll als zur Hausmannskost: Nie viele Gewürze gleichzeitig verwenden. Daß es sonst wenig gibt, woran der Amateur sich halten kann, mag auf verzagte Charaktere abschreckend wirken. Und doch ist es dieses Unabwägbare, was das Kochen zu einem spannenden Abenteuer macht. Ich glaube, das sind nicht die schlechtesten Köche, die sich an den Herd stellen, wie andere auf die Rennpiste gehen.

Vorgeschrieben bei der Morchelsauce ist eigentlich nur ihr Aussehen: Sie sollte sämig sein und eine Farbe haben, die von dunkelgelb bis hellbraun reicht. Unter den vielen Geschmacksnuancen, die sie haben kann, ist eine milde, nußartige Süße wichtig. Und, natürlich, der Geschmack der Morcheln, dieses unverwechselbare, einmalige Aroma.

Ich habe hier mehrmals den Fond erwähnt, er ist die Ausgangsbasis für die meisten Saucen und gleichzeitig das, was diese auf natürliche Weise mit dem Fleisch (bzw. Fisch) verbindet. Ein Fischfond zum Beispiel entsteht aus ausgekochten Gräten, Köpfen und Häuten von Fischen sowie etwas Lauch und einigen Champignons. Gegebenenfalls – wann der jeweilige Fall aber gegeben ist, das ist wiederum eine von diesen vertrackten Entscheidungen, für die es keine festen Regeln gibt –, gegebenenfalls also können auch eine Zwiebel, eine Karotte oder ein Stück Sellerie, alles in kleine Würfel geschnitten, mitgekocht werden. Und weiße Pfefferkörner. Die Kochflüssigkeit besteht normalerweise aus 1/4 Weißwein und 3/4 Wasser. Aber: was heißt schon normal! Wer seinen Fischfond ausschließlich aus Wein herstellt, ist zwar ein Verschwender, erzielt aber wahrscheinlich(!) ein besseres Resultat als ein Knauser, obwohl ein Fischfond ohne Wein mit ziemlicher(!) Sicherheit ebenfalls gelingt. Und so geht es weiter bei der Saucenherstellung: *wahrscheinlich; unter Umständen; je nachdem; möglichst; eventuell; gegebenenfalls; nicht unbedingt; wäre denkbar; kann nicht schaden . . .*

Unumgänglich allerdings ist das Einkochen eines Fonds, das Reduzieren. Auch noch zum Schluß, wenn die Sauce fast fertig ist: immer wieder aufs Feuer, immer wieder etwas einkochen lassen, den Mengenverlust immer wieder ausgleichen, indem man neue Sahne, neuen Wein oder was es gerade sein soll, anschüttet. Auch dabei gibt es Grenzen. Besonders ein Fischfond verträgt es nicht, wenn er endlos eingekocht wird. Ist er zu stark, zu konzentriert, macht er die Sauce klebrig; man merkt das an den Lippen. Zwar schmeckt der Wein dann besonders gut, aber eine klebrige Fischsauce ist eine schlechte Sauce. Wann nun ein Fischfond genug ausgekocht ist, das läßt sich wieder einmal nicht mit Bestimmtheit sagen; viel hängt von der Sorte und Menge der Fischabfälle ab. Man muß es ausprobieren. Und das, Gott sei Dank, ist nun viel einfacher, als es nach all diesen unvollkommenen Anweisungen, diesen Wenn und Aber erscheinen mag. Man stellt sich an den Herd, läßt das Zeug auskochen (auf kleiner Flamme, circa 20 Minuten), gießt es durch ein Sieb, läßt einkochen, probiert, würzt nach – und irgendwann hat man das Gefühl: So, jetzt ist's gerade richtig. Runter vom Feuer.

Damit ist zwar der Fond perfekt, aber Sauce ist das noch nicht. Die allerdings läßt sich nun leicht herstellen. Kommt nur darauf an, was für eine Sauce das werden soll. Das einfachste ist eine Buttersauce. Dazu rührt man mit dem Schneebesen abseits vom Feuer eine größere Menge eisgekühlter Butterstückchen in den Fond. Dabei findet ein chemischer Prozeß statt, der dafür sorgt, daß der Fond weißlich und dick wird. Nochmals mit dem Finger rein, abschmecken, nochmals etwas nachwürzen mit Salz, Pfeffer, Zitrone, Wein – was immer Sie glauben, das es sein muß –, und die Sauce ist endgültig fertig. Wieviel Butter Sie da reingerührt haben, hängt selbstverständlich von der Zahl der benötigten Portionen ab sowie davon, ob Sie eine sehr buttrige, also nicht gerade leichte, oder eine mehr zarte, elegante Sauce haben wollen. (Deftige, klotzige Saucen gelingen leichter!) Im Durchschnitt rechne ich mit 1 Eßlöffel Butter pro Portion. Übrigens darf eine Buttersauce nie wieder aufkochen, sie fiele sonst auseinander. Raffinierte Köche haben eine *Sauce hollandaise* vorbereitet (Rezept steht in jedem Kochbuch), von der sie jetzt einen gehörigen Klacks unter die Buttersauce ziehen: Man muß das probiert haben, um es so leicht nicht zu vergessen. Andere haben neben dem Herd einen kleinen Eimer mit dicker *Crème fraiche,* woraus sie schöpfkellenweise die leicht säuerliche, unglaublich dicke Sahne in die Fischsauce heben. Das ist nicht gerade die moderne leichte Küche, aber es schmeckt göttlich.

Auch was Sie auf diese Art und Weise zusammengebraut haben, kann durchaus eine jener Supersaucen sein, für die man in guten Restaurants einen speziellen Saucenlöffel neben den Teller gelegt bekommt. Denn der feine Mann wischt die Kostbarkeit ja nicht mit dem Brot vom Teller; und der feine Koch denkt nicht daran, Ihnen zum Fisch mit seiner wunderbaren Sauce auch noch so etwas Vulgäres wie Kartoffeln oder Reis aufzutischen. Die schönen Ausnahmen von dieser Behauptung finden Sie im Elsaß, wo Fische in dicker Sahnesauce oft mit Nudeln serviert werden ...

Das große Saucenbad, das in den Privatküchen jeden Sonntagmittag angerichtet wird, läßt sich nur aus einem Schmorbraten gewinnen, also aus dem großen, klassischen Stück Fleisch, das ebenso unvermeidlich zur bürgerlichen Küche gehört, wie es in der feinen Küche nicht vorkommt. Letzteres liegt übrigens nicht so sehr an der kulinarischen Qualität eines Bratens, als vielmehr an der Praxis der guten Köche, stets nur Einzelportionen *à la minute* zu kochen, das heißt, sie erst bei der Bestellung frisch zuzubereiten. Und ein Rinderbraten läßt sich nicht ruckzuck herstellen. Aus einer Taube, aus Lammkoteletts oder einem Rinderfilet aber läßt sich mit gutem Gewissen nicht mehr Sauce gewinnen als gerade ein, zwei Eßlöffel. Auch dazu braucht man einen vorbereiteten Fond aus Fleischabfällen und Knochen nebst dem Grünzeug, bei dem diesmal die Zwiebel eine dominierende Rolle spielt. Dank der Generosität unserer Metzger haben wir ja an Fleischabfällen keinen Mangel, wenn wir ein Stück Filet oder einen Lammrücken kaufen. Diesmal werden Fleischstücke und Knochen vor dem Auskochen angebraten, damit der Fond eine braune Farbe bekommt. Auch genügen beim Fleischfond keine 20 Minuten, drei Stunden dürfen es schon sein. Aber dann ist alles wie gehabt: durchsieben und einkochen, einkochen.

Nehmen wir an, Sie haben Lammkoteletts oder eine Kalbsniere in der Pfanne gebraten. Die nehmen Sie heraus, stellen sie warm. Das Bratfett in der Pfanne gießen Sie weg. (Stark erhitzte Fette sind ungesund und schmecken nicht.) Nun löschen Sie den Bratensatz auf dem Boden der Pfanne mit Rotwein ab und kratzen ihn mit einem Holzlöffel los. Einkochen und den vorbereiteten Fond in die Pfanne gießen, wieder einkochen. Für diesen letzten Arbeitsgang brauche ich ungefähr 5 Minuten. Es sind die wichtigsten Minuten beim Kochen, es sind die letzten Meter vor dem Ziel, auf denen die Entscheidung über Sieg oder Niederlage fällt. Denn erst jetzt wird die Sauce geboren. Ich probiere mindestens ein halbes Dutzend Mal. Es soll Köche geben, die das so in den Fingerspitzen haben, daß sie in diesen letzten Minuten nicht abschmecken. Aber die Chefs, denen ich bei der Arbeit zusah, hatten alle ihre Finger mehr in der Sauce als draußen. Wie sonst sollte jemand auch diese sublime Raffinesse in dieses bißchen Flüssigkeit hineinkriegen, wenn er sich mit einer einmaligen Prise Salz oder Pfeffer zufriedengäbe! Was da im einzelnen vor sich geht, mit welchen Zutaten Sie die Sauce abrunden und zur Vollkommenheit bringen, entzieht sich wieder einmal der Beschreibung, da ja nicht einmal ein Fond dem anderen gleicht!

All das soll Sie nicht entmutigen. Denn es ist gar nicht so viel, was da gebraucht wird: Butter, Sahne, Wein, Madeira, Thymian, Knoblauch, Estragon, Basilikum, Salbei, Senf, Zitrone, grüner Pfeffer, schwarzer Pfeffer, Cayenne-Pfeffer, Paprika sowie noch eine Handvoll anderer Dinge, die Sie alle verwenden können, um Ihr Meisterwerk zu krönen – doch um Gottes willen nicht gleichzeitig! Daß Mehl dabei tabu ist, muß ich wohl nicht extra erwähnen.

Um das alles selbst zu bewerkstelligen, muß man natürlich eine Vorstellung davon haben, wie eine Supersauce überhaupt schmeckt. Und da ist es wie mit dem Wein: Man lernt nur, indem man probiert! Also ist es zunächst wichtig, dorthin zu gehen, wo es solche Saucen gibt: in den guten, den besten Restaurants. Das deutsche Küchenwunder hat uns in den letzten Jahren davon eine stattliche Anzahl beschert; ihre Namen sind den Feinschmeckern bekannt, erst recht die der klassischen französischen Freßhochburgen. In manchen – besonders bei jungen deutschen Chefs – wird allerdings der *Nouvelle Cuisine* in einer übertriebenen Form gehuldigt, worunter besonders die Saucen leiden, weil nämlich extrem magere Saucen auch extrem unbefriedigend sind. Die Quark- und Joghurtfanatiker unter den Modeköchen mögen zwar eine Zeitlang das Interesse einiger Esser auf sich lenken, auf die Dauer aber frustrieren sie mit ihren kalorienarmen Brühen die Mehrzahl der Gäste. Andererseits muß gesagt werden, daß erst die moderne Küche unserer Tage die Saucen so wunderbar verfeinert hat, wie wir das heute genießen können. Die älteste Sauce, von der wir die ungefähre Zusammensetzung kennen (sie hieß *garum,* und die Römer aßen sie, bevor·sie untergingen), muß ein grauenhaftes, salziges Gebräu gewesen sein. Später, als die Küche der Reichen in unsinnige Luxusfressereien ausartete, waren auch die Saucen unsinnig, das heißt, total überwürzt. Süß, sauer, salzig, scharf, alles wurde zusammengemischt, so daß es völlig egal war, ob eine Sauce zu Fleisch, Fisch oder Weihnachtsgebäck gegessen wurde. Die Saucen unserer Urgroßeltern zeichneten sich durch eine Üppigkeit aus, die den Leuten dermaßen in die Knochen fuhr, daß die Gicht zur Nationalkrankheit wurde. Bis zu 10 Pfund schieres Fleisch wurde ausgekocht, um einen halben Liter Sauce zu gewinnen. Die Eigelbe, die zum Dicken verwendet wurden, taten ein übriges, um die Fresser auf die Bretter zu schicken. Nicht umsonst gibt es aus der „Guten alten Zeit" so viele Karikaturen, auf denen Ärzte mit Klistieren auf ihre Patienten losgehen. Die Saucen unserer großen Köche sind also in zweifacher Hinsicht ein Fortschritt: Sie schmecken natürlich und eindeutig, und sie sind entschieden bekömmlicher, als es Saucen jemals waren. Wahrscheinlich war es nie zuvor für so viele Menschen so einfach, in den Genuß von kulinarischen Wunderwerken zu kommen wie heute. Wahrscheinlich war unsere mitteleuropäische feine Küche noch nie auf einem so hohen Niveau – trotz Kantinen, Autobahnraststätten und Schaschlikbuden! Die feinen Saucen der großen Köche überstrahlen mühelos die finsteren Gebirge von Pommes frites und Pizzas.

Wie die Saucen der Zukunft aussehen werden, ist natürlich nicht vorauszusehen. Aber ich bin ziemlich sicher, daß die pessimistischen Prognosen, in denen von Pillen- und Tubennahrung die Rede ist, nicht zutreffen. Gewiß wird es die Tunken und die Soßen, diese abscheulichen Zwillinge, immer geben. Gewiß werden weiterhin wichtige Bereiche der Eßkultur der Rationalisierung zum Opfer fallen. Aber ganz gewiß wird es immer wieder Köche geben, die nicht einsehen, daß das Gute, das Feine vollständig aus der kulinarischen Welt verschwinden muß. Und das Mittel, mit dem sie die Unzufriedenen locken und die Gleichgültigen auf ihre Seite ziehen werden, das sind diese sanften, diese eleganten, diese wunderbaren Saucen.

Pürees und andere Pampen
Eine Küchenmode für Zahnlose

Man sollte sich darüber klar sein, daß unsere Eßgewohnheiten ebenso der Mode gehorchen wie die Rocklängen oder die Hosenweiten unserer Kleidung. Und wie in der Textilmode, sind auch in der Küche die modischen Eigenarten um so ausgeprägter, je berühmter die betreffenden Köche sind. Doch muß man weder für die Haute-Couture nach Paris fahren noch für die *Nouvelle Cuisine;* in den Genuß der Neuen Küche, die von tonangebenden französischen Meisterköchen kreiert wurde, kommt man dank einiger junger und ehrgeiziger Köche inzwischen auch bei uns zu Lande.

Vieles an der Neuen Küche ist zweifellos ein großer Fortschritt, sowohl vom gesundheitlichen Standpunkt wie auch in kulinarischer Hinsicht. Ob das jedoch auf alle Attribute der Neuen Küche zutrifft, möchte ich bezweifeln. Insbesondere die modischen Gemüsepürees und Schaumfarcen – *Mousse* – halte ich eher für Torheiten als für notwendige Weiterentwicklungen der Küchenmode, im Fall der Pürees sogar für eine Rückentwicklung. Denn was da für erwachsene Esser aus frischen Gemüsen hergestellt wird, ähnelt eher dem, was man zahnlosen Kleinkindern zu verabreichen pflegt – Babynahrung.

Einen vernünftigen Grund, Gemüse durchzudrehen und mit oder ohne Sahne in einen Brei zu verwandeln, gibt es eigentlich nur dann, wenn das Gemüse im Naturzustand zu schwer oder zu deftig ist. Deshalb ist durchpassierter Rosenkohl, mit Zitrone, Salz, Muskat, Pfeffer und Sahne verbessert, eine sanfte und delikate Beilage zu Bratfleisch. Auch ein Selleriepüree kann das sein, vorausgesetzt, daß es noch nach Sellerie schmeckt. Ehrgeizige Köche vergreifen sich aber auch an Artischockenböden. Man kann zwar sagen, deren Nimbus sei sowieso größer als ihr Eigengeschmack (was stimmt), aber man muß schon ein ziemlicher Modenarr sein, um die breiige und letzten Endes undefinierbare Pampe einem intakten Artischockenboden vorzuziehen. Vollends zur Torheit wird die Püreemanie bei Karotten, die sich nun tatsächlich nicht mehr von der bekannten Babynahrung in den kleinen Gläsern unterscheiden.

Diese Konzession an Zahnlose finde ich noch unsinniger bei Fisch und Fleisch. Einzig der Hecht mit seinen vielen tückischen Gräten ist genießbarer, wenn sein Fleisch durchgedreht und mit Sahne und Ei gargekocht wird. In dieser Form ist er schon seit Jahrhunderten in besseren Kochbüchern als „Hechtklößchen" vertreten. Nun werden aber in der Neuen Küche auch die edelsten Fische ohne ersichtlichen Grund zu Mus gemacht. In diesem Zustand ist ein Steinbutt kaum noch von einer Forelle zu unterscheiden. Lachse, Petersfische, Drachenköpfe *(Rascasse)* und sogar die seltenen und edlen Saiblinge enden unter den Händen begabter Köche als locker gekochter Fischschaum und zusätzlich in einer aromatischen Sauce, die das bißchen Fischgeschmack, das vielleicht übriggeblieben sein könnte, endgültig erstickt.

Die das machen, sind keineswegs Ignoranten. Es handelt sich fast immer um die besten Köche im Lande. Nur, es folgen diese ehrgeizigen Chefs unkritisch einem Modetrend, den sie besser vermeiden sollten, auch wenn die Modemacher der gastronomischen Gilde ihnen solchen Unsinn vorkochen.

Wie absurd diese Mode ist, zeigt das Beispiel Geflügel. Wenn sich junge Köche auf umständlichen Wegen solche Raritäten besorgen wie Drosseln, Schneehühner, Auerhähne oder Fasane und diese dann in ein Sahnemus verwandeln, so daß man glaubt, eine ungezuckerte *Mousse au chocolat* auf dem Löffel zu haben, jedenfalls nicht mehr herausschmecken kann, was das denn ursprünglich einmal war, so steht das in eklatantem Gegensatz zu einer der Hauptforderungen der Neuen Küche, daß nämlich die Dinge nicht verkünstelt werden, sondern ihren Eigengeschmack behalten sollen.

Sicherlich ist es bewundernswert, wenn ein junger Küchenchef sich für alle Neuerungen auf seinem Gebiet interessiert und sein Handwerk so gut beherrscht, daß er komplizierte Kreationen der

Neuen Küche kopieren kann. Applaus aber nur für jene Köche, die zusätzlich noch so viel Verstand besitzen, um zwischen Modetorheiten und Verbesserungen unterscheiden zu können.

Zwischen Kult und Kunst: Das Steak

Um es gleich zu sagen: Ich gehöre nicht zu den Steakfreunden; ich mache mir überhaupt nicht viel aus Rindfleisch. Ich halte die Kuh für ein Tier mit sanften Augen, dessen Vorzug die Milchproduktion ist. Die Beliebtheit des Rindersteaks, der fast weltanschauliche Kult, der in große Bevölkerungsgruppen, ja, in ganzen Kontinenten mit einem mehr oder weniger verbrannten Stück Ochsenfleisch getrieben wird, erscheinen mir schwer verständlich angesichts der Tatsache, daß die meisten Menschen ihr Steak in einer unvollkommenen Form essen. Das heißt: Die Fleischqualität ist meistens unzureichend, die Zubereitung mangelhaft und die Beilagen sind auf eine Weise unpassend, die oft ans Primitive grenzt. Nicht umsonst ist der Begriff „Steak und Pommes frites" zum Synonym für die internationale Misere des lieblos zubereiteten, kulinarisch anspruchslosen Einheitsessens geworden. Daß auch hier, wie in vielen Bereichen des Konsums, das Dilemma sich beim Endverbraucher konzentriert, verwundert nicht. Man weiß nur nicht, liegt es daran, daß die Metzger so zynisch sind oder die Käufer so dumm?

Wenn man beobachtet – und das gilt sicherlich nicht nur für die Bundesrepublik –, was das für Steakfleisch ist, das da verkauft wird: kaum abgehangen, von einer minderwertigen Rinderrasse und mit allen Sehnen, Häuten, Knorpeln und Fettstellen, die doch der Metzger eigentlich abschneiden müßte, bevor er dafür Geld kassiert – wenn man das sieht, dann verdichtet sich beim Gourmet der Verdacht, daß die Beliebtheit des Steaks vor allem auf seiner mühelosen und schnellen Zubereitung basiert.

Natürlich gibt es Mastochsen, deren Fleisch von einer so

erstklassigen Qualität ist, daß es durchaus berechtigt erscheint, wenn dennoch von Gourmandise gesprochen wird. Man erkennt es an dem feinmarmorierten Fettgewebe, von dem es gleichmäßig durchzogen ist. Doch das bekommen nur wenige Glückliche zu sehen. Nicht einmal Köche mit guten Verbindungen sind in der Lage, sich solches Ochsenfleisch zu besorgen. Es stammt von Tieren aus Burgund (Charollais), und auch in Jugoslawien werden sie gezüchtet und exportiert (wohin?). Möglicherweise grasen auch auf den saftigen deutschen Weiden Rinder von Züchtern, die aus Tradition oder Berufsstolz Spitzenqualitäten produzieren. Doch diese Züchter spielen für den Markt genausowenig eine Rolle wie die wenigen Winzer, die ihren Wein durchgären lassen und ihm keine Süßreserve zusetzen. Für den Ruf der Produkte aus deutschen Landen spielen beide jedoch eine große Rolle. Es ist die Rolle des einen Gerechten, der die Untaten von tausend uneinsichtigen Sündern aufwiegt.

Den Durchschnittskonsumenten interessiert das leider nur wenig, und der anspruchsvolle Verbraucher muß, wenn er auf erstklassigem Rindfleisch besteht, wieder einmal die westlichen Staatsgrenzen überschreiten. Vom Charollais-Rind findet er erst in guten französischen Restaurants die begehrten Stücke.

Die Misere ist übrigens nicht neu. Bis ins 18. Jahrhundert hinein war Rindfleisch – im Ganzen am Spieß gebraten – ein Festessen nur fürs gewöhnliche Volk. Die feinen Herrschaften aßen es nicht, ihnen war Wild eine standesgemäßere Nahrung. Verständlicherweise; denn damals mußten Rinder zuerst einmal beim Bauern hart arbeiten. Es müssen superzähe Brocken gewesen sein.

Gesellschaftsfähig machte sie erst der Marschall Richelieu, ein Urenkel des berühmten Kardinals, der im Krieg einige ostfriesische Prinzen gefangen genommen hatte und ihnen ein standesgemäßes Essen vorsetzen wollte. Außer der verpönten Kuh war aber nichts aufzutreiben. Da entwarf der Marschall für seinen Koch ein Menü, das vom ersten bis zum letzten Gang aus Rindfleisch bestand. Es war der Beginn einer Entwicklung, die zu der wichtigen Entdeckung der Fleischbrühe als Saucengrundlage führte und deren derzeitiger Endpunkt durch einen abwegig hohen Kilopreis für das Ochsenfilet markiert wird.

Die Beliebtheit des kurzgebratenen Steaks nimmt bezeichnenderweise dort zu, wo das allgemeine kulinarische Niveau eindeutig abfällt: im Norden Deutschlands, in England, in Amerika. Überhaupt scheint das Eldorado der Steakfreunde in Übersee zu liegen. Das argentinische Ochsenfleisch soll von unerreichter Qualität sein und die dortigen Steakportionen von unvorstellbarer Größe – was allerdings im Hinblick auf die Kochkunst eher alarmierend wirkt. Schließlich haben auch die Japaner das Steakessen den Amerikanern mit gewohnter Perfektion nachgemacht.

Es wundert nicht, daß das, was wir meistens nur mit Hilfe von Zahnstochern zu uns nehmen, von der Idealvorstellung „Steak" noch weit entfernt ist. Daß Steakfreunde trotzdem nicht verzweifeln müssen, verdanken sie gewissen Gastronomen, die das, was sie beim Metzger kaufen, erst einmal drei bis vier Wochen in den Kühlraum hängen, bevor sie es weiterverarbeiten. So wird Rindfleisch wenigstens mürbe.

Zu diesen Gastronomen gehören vor allem Spezialisten, die Rindersteaks in erstaunlich vielen Variationen für ihre Gäste anbieten. Ein kleinerer Teil besteht aus Köchen der Spitzenklasse, bei denen ein Steak so gut ist, wie es den Umständen entsprechend überhaupt sein kann; nur servieren sie es ungern und haben es oft nicht einmal auf der Speisekarte.

Die Gründe für solche Enthaltsamkeit sind hier bereits angedeutet. Da sie Steakfleisch der allerersten Güteklasse nicht bekommen, verzichten ehrgeizige Köche lieber ganz darauf. Außerdem gehört zu einem Rinderfilet, das sie ja im Ganzen kaufen, auch die Filetspitze. Daraus aber läßt sich kaum etwas anderes machen als das bekannte Filetgulasch Stroganoff – womit sich ein ambitionierter Küchenchef kaum identifizieren möchte.

Sein Ehrgeiz wird aber auch nicht befriedigt, wenn er ein erstklassiges Stück Filet in der Pfanne hat. Und hier vor allem erklärt sich der große Widerstand – bei Köchen und bei den

Feinschmeckern – gegen Rindersteaks: Um ein Steak perfekt zu braten, ist der Koch als Künstler nicht gefragt, dazu muß er nicht bei Bocuse gelernt haben. Und der kundige Gast, der von einem Meisterkoch Höchstleistungen erwartet, wird auch nicht ausgerechnet das bestellen, was er sich zu Hause eventuell genausogut selber machen kann.

All diese Einwände ändern natürlich nichts an der Tatsache, daß es durchaus möglich ist, bei *Maxim's* in Paris oder in Ettlingen im *Erbprinz* ein Steak zu bestellen. Eckart Witzigmann von der Münchner *Aubergine* kommentiert das so: „Einem Gast, der sein Essen mit einer Terrine beginnt, als Fisch vielleicht eine pochierte Seezunge ißt oder gar eine gefüllte Lachsschnitte, dann aber nicht schließen möchte, weil zu seiner Vorstellung von einem festlichen Menü auch ein Fleischgang gehört, einem solchen Gast wird jeder Chef zugestehen, daß er ein leichtes und kalorienarmes Fleischgericht wählt, zum Beispiel ein Rinderfilet. Deshalb haben wir – manchmal – Steak auf der Karte. Wer jedoch zu uns kommt und nach dem Appetizer zum Cocktail gleich ein Filet will, der sollte besser in ein Steakhaus gehen. Dort sind sie auf sowas spezialisiert, und das Fleisch ist dort bestimmt nicht schlechter als bei uns, sicherlich aber billiger."

Auch das ist nicht zu bezweifeln, daß die Kalorienarmut des Ochsenfleisches eine Rolle bei der Bedeutung der Steaks in der modernen Küche spielt. Denn ohne Frage ist ein Filet eine angenehmere Diät als Knäckebrot mit Magerquark. Doch bei der Feinschmeckerei – und um die geht es hier ausschließlich – ist das genauso unerheblich, wie beim Autokauf das Argument keine Rolle spielt, auf einem Lastwagen sei für vier Personen mehr Platz als in einer Komfortlimousine. Das soll nun nicht bedeuten, daß Gourmets das Recht hätten, sich rund und dick zu fressen. Im Gegenteil: Ein wirklicher Feinschmecker wird immer schlank sein, weil er sich den Genuß nicht durch Völlerei verderben will und Qualität und Quantität unterscheiden kann. Deshalb spielt die Kalorienfrage für ihn nur eine untergeordnete Rolle.

Abgesehen also davon, daß das Steak für die einfache, alltägliche Küche ein ideales, wenn auch kostspieliges Gericht ist, hat es bei einem festlichen Essen genau den Platz, den ihm der Küchenchef der *Aubergine* einräumt. Ich möchte hinzufügen: Es ist auch deshalb wichtig, weil ich nach Vorspeisen und Fisch endlich einen Grund haben möchte, zum Rotwein überzugehen.

Krill, Keks und Konsorten

Wenn jemand seine Gäste zum „Spaghetti-Essen mit bloßen Fingern" auffordert, kann man das unkonventionell nennen. Auch die Oben-ohne-Kellnerinnen in amerikanischen Restaurants brechen mit gewohnten Konventionen. Ladet aber der Bonner Forschungsminister zu einem „unkonventionellen Mittagessen" ein, handelt es sich selbstverständlich um eine weniger lustbetonte Nahrungsaufnahme. Da heute kein verantwortungsvoller Mensch, und schon gar nicht ein Minister im Wahljahr, einen Löffel Suppe ißt, ohne an die hungernden Millionen der Dritten Welt zu denken, waren die Gäste des Ministers nicht überrascht, als ihnen ein Essen serviert wurde, dessen Bestandteile zum großen Teil aus wissenschaftlich erschlossenen Nahrungsquellen stammten. Bei der Verknappung der natürlichen Nahrungsmittel kann das in Zukunft für einen Teil der Weltbevölkerung durchaus lebenswichtige Bedeutung haben. Es scheint also unangemessen, „unkonventionelle Eiweißplätzchen" aus dem Bioreaktor nach kulinarischen Kategorien zu beurteilen. Doch sogar der Minister wies einsichtsvoll darauf hin, derartige Ernährungsmöglichkeiten würden nur dann überzeugen, „wenn es auch schmeckt".

Wie also schmeckt der Krill, dieser in ungeheuren Mengen verfügbare, als Walfischnahrung bekanntgewordene Kleinkrebs aus der Antarktis? In Bonn schmeckte er nicht schlechter als viele andere Massenprodukte der Nahrungsmittelindustrie. Also mäßig. Der Name Krebs darf einen Feinschmecker nicht verleiten, so etwas wie einen Flußkrebs zu erwarten. Das antarktische Walfischschmankerl ist winzig; an einem Kartoffelchip hat man mehr zu beißen. Deshalb bleibt den Köchen kaum eine andere Möglichkeit, als den Krill zu Paste zu verarbeiten. In dieser Form war er beim Ministeressen auf ein altbackenes Stück Weißbrot geschmiert und, wohl um bei den Gästen keinen kulinarischen Übermut aufkommen zu lassen, mit gehackten Zwiebeln bestreut. Man kann nur hoffen, daß später, wenn die natürlichen Nahrungsmittel so knapp sind, daß wir uns von dieser Krillpaste ernähren müssen, auch Zwiebeln so selten werden, daß wir sie uns roh gehackt nicht mehr leisten können.

Später gab es Krill noch einmal als Suppe. Wer jemals eine ostpreußische Krebssuppe oder den herrlichen Sud löffelte, in dem die Elsässer ihre Flußkrebse kochen, dem wurde bei der Krillsuppe wieder einmal klar, daß die Zukunft trübe sein wird.

Kühlt man die bei Kernkraftwerken entstehende Abwärme im Boden ab, anstatt damit die Flüsse aufzuheizen, könnte man, zum Beispiel in der Rheinebene, tropische und subtropische Produkte anbauen. Als erstes Resultat dieses Agrotherm genannten Verfahrens ließ der Minister geröstete und gesalzene Sojabohnen servieren. Wenn später damit die halbe Welt vor dem Hungertod bewahrt werden wird, ist gegen diese Knabberchen natürlich nichts zu sagen. Sollten sie aber aus marktwirtschaftlichen Gründen nur als zusätzliches Fernseh-Naschwerk in den Supermärkten der Industrienationen auftauchen, wäre ihre Produktion nicht so vordringlich. Sie sind stark proteinhaltig; damit ist ihr Vorzug erschöpfend beschrieben – was sich später noch einmal bestätigte, als frische Sojabohnen als Salat angerichtet wurden. (Wozu man gerechterweise sagen muß, daß sie mit einer besseren Vinaigrette kaum schlechter geschmeckt hätten als ein Salat aus weißen Bohnenkernen.) Ähnliches läßt sich von dem grünen Algenbrot sagen. Das gab es zur Suppe und sah aus wie lustiger Kinderkeks. Aber als Hexenhausbelag hätte es Hänsel und Gretel nie in Versuchung geführt. Überhaupt fragte sich der Bonner Gast bereits bei Beginn des „unkonventionellen Mittagessens", ob nicht ein anderer Koch, als er dort zur Verfügung stand, bessere

Resultate erzielt hätte. Gewiß waren viele der verarbeiteten Fische tiefgefroren. Aber so trocken wie die exotischen, zum *Hors d'œuvre* kalt servierten Tilapa und Grasfische aus der ministeriellen Aquakultur müssen sie wohl doch nicht sein. Auch die Kartoffeln aus der Agrothermanlage hatten ihre dicke Haut nur, weil sie viel zu lange vorgekocht worden waren.

Zum Kaffee gab es Spritzgebäck, das aussah wie von der Großmutter gebacken. Es bestand neben Mehl, Butter und Zucker unter anderem aus Methanol, Methan, Paraffine, Cellulose, Lignin und kohlehydratreichen Abwässern, was man gottlob nicht herausschmeckte. Wenn ich daran denke, daß meine Großmutter ähnliche Plätzchen – wenigstens eine Zeitlang – aus gemahlenem Malzkaffee gebacken hat, so war das Kaffeegebäck an der Bonner Ministertafel sogar ein eindeutiger Fortschritt.

Daß die Zukunft schon längst begonnen hat, demonstrierte dem heimkehrenden Gast aber die Lufthansa, die ihm zum Tee im Plastikbecher ein flaches, verschweißtes Kunststoffbriefchen überreichte, dessen Inhalt, ein weißes Pulver, laut Aufdruck aus „aufgeschlossenem Milcheiweiß, Pflanzenfett, Trockenglucosesirup, Zusatz von Glycerinmonostearat und Calciumphosphat" bestand, „Alpenschnee" benannt war und – o heilige Forschung! – den Tee weiß färbte!

Ihre Rohheit bitten zu Tisch

Es war entsetzlich! stöhnten die Schiffbrüchigen nach ihrer Rettung, wir mußten uns von rohem Fisch ernähren! – Es war wunderbar, schwärmten die Feinschmecker, als sie *Le Duc* verließen, und so zart, so leicht! Sie hatten ebenfalls rohen Fisch gegessen.

Nun macht es verständlicherweise einen erheblichen Unterschied, ob man rohen Fisch in einem schwankenden Rettungsboot auf hoher See oder in einem Pariser Feinschmeckerlokal ißt. *Le*

Duc am Boulevard Raspail ist nicht das einzige, das diese extravagante Neuheit der *Nouvelle Cuisine* auf der Karte hat. Aber während bei anderen Köchen roher Fisch meistens nur ein *Hors d'œuvre* unter vielen anderen Vorspeisen ist, haben sich Paul und Jean Minchelli, die Besitzer von *Le Duc,* auf die fischige Rohkost spezialisiert. In der Pariser Gastronomie sind sie für *poisson cru* so ungefähr das, was der *Haxnbaur* in München den Freunden der gegrillten Schweinshaxe bedeutet. Mit einem Unterschied: Wer das kleine, wie eine Schiffskajüte dekorierte Restaurant hinter dem Montparnasse nach einem Drei-Gänge-Menü verläßt, fühlt sich leicht und unbeschwert, ja, wahrscheinlich ist der nicht einmal richtig satt geworden.

In Tokio passiert das dem Esser täglich. Roher Fisch ist zwar auch dort ein Zeichen für gehobenen Geschmack, weil er zu den teuren Delikatessen gehört, aber dennoch keine Neue Küche und schon gar nicht ungewöhnlich. *Sashimi* haben die Japaner schon immer gegessen, und ein Festessen ohne rohe Fische ist für den japanischen Feinschmecker undenkbar. Ich habe einmal im obersten Stockwerk des 45stöckigen *Keio Plaza Hotels* in Tokio von Paul Müller, dem deutschen Küchenchef, dem die neun Restaurants des Hotels unterstehen, ein mit rohen Fischstücken und -scheiben beladenes Miniaturschiff serviert bekommen, das war so kunstvoll verziert wie bei uns höchstens mal eine Geburtstagstorte. Allerdings hätte ich für den Preis dieser eßbaren Skulptur in einem Pariser Luxusrestaurant ein vollständiges Menü bestellen können. Daß roher Fisch übrigens nicht gleich roher Fisch ist, bewies mir die Kreation des Paul Müller außerdem: So zarte Thunfischstücke, derartig auf der Zunge schmelzende Heilbuttscheiben hatte ich selten probiert. Vor allem beim Thunfisch reichen die Qualitätsmerkmale von butterweich bis gummiartig.

Das mag sich anhören, als sei roher Fisch eine Extravaganz elitärer Feinschmecker. Dabei haben wir alle, haben schon unsere Eltern und Großeltern rohen Fisch gegessen, und nicht etwa in Notzeiten, sondern im richtigen Bewußtsein, einen Leckerbissen auf der Gabel zu haben: Matjeshering! Wahrscheinlich wissen die meisten gar nicht, daß diese alte Delikatesse in der säuerlichen Marinade oder in dicker, milder Sahne schieres, rohes Fischfilet ist. Weil sie es nicht wissen wollen. Denn die Vorstellung, etwas Rohes zu essen, gehört nicht zu den epikuräischen Phantasien zivilisierter Mitteleuropäer. Wahrscheinlich weil wir, als wir noch nicht so zivilisiert waren, *alles* roh gegessen haben. Auch Fleisch. Schließlich stand den Menschen das Feuer nicht von Anfang an zur Verfügung. Günter Grass hat ja anschaulich beschrieben, an welcher delikaten Stelle ihrer Anatomie die dreibrüstige Aua die glühenden Glutstücke versteckte und sie den Kaschuben brachte.

Dabei essen wir rohes Fleisch noch heute, oder schon wieder – wie man will. Ich meine hier nicht das populäre Tatar, dem der Naturgeschmack ja durch Zwiebeln und scharfe Gewürze ziemlich radikal ausgetrieben wird. Ich meine auch nicht das kurzgebratene Rinderfilet, also *bleu,* wie es in der Küchensprache heißt, was bedeutet, daß es innen noch dunkelrot, nämlich roh und fast kalt ist. Ich meine Fleisch, das erst gar nicht in die Nähe eines Ofens kam. Zum Beispiel schinkendünne, rohe Roastbeefscheiben mit Pfeffer und einer Zitronensauce. Man findet sie gelegentlich in der Münchner Gastronomie auf der Speisekarte, aber die Bezeichnung dieser Spezialität verrät die italienische Herkunft: *Carpaccio alla Cipriani. Cipriani* ist ein bekanntes Restaurant bei Venedig, und tatsächlich ist die Zitronensauce (kalt; eine Art von Marinade) dort erfunden worden. Doch um ein extravagantes Gericht handelt es sich dabei keineswegs. Man bekommt es – ohne die Sauce, nur mit Zitrone und Pfeffer – in vielen kleinen Trattorias –, wenn man den Wirt danach fragt. Und in Süditalien stammt das Fleisch dann auch schon mal von der Pferdehüfte. So kühn ist nicht einmal die französische *Nouvelle Cuisine.* In Paris gilt Entenbrust als der letzte Schrei bei den fleischfressenden Rohköstlern. Nicht blutig oder halbroh gebraten, wie das bei besseren Köchen schon lange selbstverständlich ist, sondern so roh, wie eine kalte Entenbrust nur sein kann, die Hitze nicht einmal vom Hörensagen kennt. Diese Spezialität lernte ich im *La Ciboulette* kennen, in der Rue

Rambuteau, beim Centre Beaubourg, dem neuen Supermuseum für moderne Kunst. Jean Pierre Coffe, der bärtige Wirt mit dem hemdartigen Kittel und dem starkduftenden Mundwasser, der sich zu jedem Gast setzt, um lange und ausführlich darüber Auskunft zu geben, was denn heute frisch und besonders zu empfehlen sei, dieser kauzige Typ ist auch in der Küche originell und weiß, was er der Mode schuldig ist. So findet man auf seiner Karte neben der rohen Entenbrust auch rohe Entenstopfleber.

Nun muß man wissen, daß der Vorzug der rohen Fische und des rohen Fleisches nicht nur die Abwechslung ist, die diese Zubereitungsart zur herkömmlichen Küche bietet. Fisch und Fleisch sind roh einfach leichter verdaulich und bekömmlicher als in geschmortem oder gebratenem Zustand. Es stellt sich jedoch auch die Frage: Wie steht es mit dem geschmacklichen Gewinn? Und da muß ich bekennen: teils, teils. Es kann zwar ein Rinderfilet oder eine Entenbrust, wenn sie von bester Qualität sind, das heißt, von jungen Tieren stammen, durch Kochen bzw. Braten nicht verbessert werden – was die *Zartheit* des Fleisches angeht. Aber der Kochvorgang, und sei er noch so kurz, aktiviert das dem Fleisch innewohnende Aroma. In manchen Fällen fördert er es überhaupt erst zutage. Mit anderen Worten: Rohes Fleisch schmeckt oft nach nichts. Deshalb ist es gar nicht einfach, eine dünne Scheibe roher Entenbrust von einer dünnen, rohen Filetscheibe zu unterscheiden! Denn wie letzten Endes auch viele Gemüse zuerst einmal nur „grün" schmecken, bevor man sie mit Butter oder in Bouillon gart, so hat Fleisch erst spezifische Geschmacksmerkmale, wenn es – auf welche Art auch immer – der Hitze ausgesetzt wird. Um es kraß zu sagen: Ein mit den Kräutern der Provence bestreuter und gegrillter Lammrücken schmeckt mir besser, als wenn er mir in dünne, kalte und rohe Scheiben geschnitten serviert wird; mag er auch mit Zitrone beträufelt und mit Pfeffer gewürzt sein.

Mit der erwähnten Entenstopfleber ist das nicht anders. Dieses denaturierte, gemästete Organ der Ente kann eine der herrlichsten Delikatessen sein, wenn es vorsichtig aromatisiert und leicht im Wasserbad pochiert wird. Innen darf die Leber, soll sie sogar einen rohen Kern haben. Aber vollständig roh? Nein. Ich glaube, auch der Adler des Prometheus sehnte sich manchmal nach Gesottenem. Eine rohe *Foie gras de canard,* wie man sie im *Ciboulette* essen kann, ist ungefähr so fett wie reine Butter, und die mag ich auch nicht löffelweise. Mit einer normalen Kalbsleber ist das anders. Doch davon später.

Dieser fehlende oder nur geringe Eigengeschmack bei rohem Fleisch ist auch ein Merkmal der Fische. Gewiß gibt es Unterschiede. Und es kommt natürlich darauf an, was man vorher und was man nachher ißt, um die kühlen, feucht-glatten Stücke zu einer kleinen Attraktion zu machen. Das sind dann im *Le Duc* die in Scheiben geschnittenen Filets des Petersfisches *(Saint Pierre),* nur mit Zitronensaft beträufelt. Und ohne Zweifel muß man die rohen Jakobsmuscheln *(Coquilles St. Jacques)* der Gebrüder Minchelli fast sensationell nennen. Allein die Idee, sie in geradezu durchsichtig dünne Scheiben zu schneiden und damit den Boden und die Wände eines tiefen Tellers auszulegen und sie lediglich mit grobem Pfeffer zu bestreuen – allein diese Konsequenz, ein Nichts an Speise anzubieten, das gleichzeitig schon wieder aufwendig zu nennen ist, während es nicht im geringsten sättigt, ja, der Zunge auch nicht annähernd jenen Lustgewinn verschafft, wie es die Jakobsmuscheln in hohem Maße vermögen, wenn sie, leicht pochiert, in einer *warmen* Sauce serviert werden –, diese Konsequenz allein ist bewundernswert. Sie verleiht den rohen Muscheln die Bedeutung der Blasen im Champagner: in materieller Hinsicht fast nichtexistent. Aber was wäre Champagner ohne Blasen?

Dennoch – die Vorstellung, was ein Koch, der sich nicht auf dem Rohkost-Trip befindet, mit den *Coquilles St. Jacques* anstellen kann: nur ganz kurz (aber eben doch!) in einer *Court-Bouillon* pochiert und dann mit einer Chablis-Sahne-Sauce, oder *à la nage* mit einer *Sauce Mousseline* serviert, vielleicht mit einer Prise Safran gewürzt oder ... aber halt! Ich stelle fest, daß mir bei dieser Aufzählung das Wasser im Mund zusammenläuft, daß ich schwach werde, und bekenne also: Wenn ich schon ausgehe, um bei einem Meisterkoch zu essen, dann will ich nicht das Gefühl haben, in einer sogenannten Schlankheitsfarm mit meinem Übergewicht zu kämpfen; wenn ich den berühmten, sich lohnenden Umweg mache, dann nicht, um am Ziel meiner Träume die Kalorientabelle neben den Teller zu legen! In einem Gourmet-Tempel möchte ich Gaumenzeuge sein, wie ein Meister durch seine Kunst ein schlichtes Rohprodukt in eine verführerische, unwiderstehliche Delikatesse verwandelt, die in mir die Leidenschaft des genußfreudigen Essers weckt und den nüchternen Gesundheitsapostel zum Schweigen bringt. Gefastet wird zu Hause.

Das scheint mir überhaupt die bessere Lösung: Installieren wir doch die magere, die Neue Küche zu Hause! Ich praktiziere das bereits. Das erste Mal war es, als mir mein Fischhändler einen herrlichen, irischen Lachs besorgte, fangfrisch, und ein Festessen für acht Personen. Die lud ich auch ein. Aber in der Küche, beim Präparieren des Fisches, erlag ich der Versuchung und biß in den rohen Fisch. Da ich meine freudige Überraschung über die Zartheit einerseits und den Geschmack andererseits – der Lachs ist nicht nur im gekochten Zustand einer der feinsten Fische, sondern auch roh! – nicht verbergen konnte, wollte auch der erste Gast mal probieren (sie standen alle in der Küche herum), dann probierte der zweite, und schließlich hatten wir eine gewisse Ähnlichkeit mit den Schiffbrüchigen, die sich heißhungrig über einen rohen Fisch hermachen. Was übrig blieb, reichte dann nicht mehr für acht Personen.

Dieses Ereignis in der eigenen Küche war folgenschwer. Denn seitdem esse ich die rohen Fische und das rohe Fleisch zu Hause, aber wenn ich ins Restaurant gehe, dann genieße ich die raffinierten, komplizierten, manchmal auch etwas kompakten Gerichte der Kochkünstler, dann darf es auch mal ein Gang mehr, dürfen es 500 Kalorien zu viel sein. Ich will damit um Gottes willen keine Lanze für die klassische Küche der Escoffier und anderer Bechamelkönige brechen. Deren Zeit ist endgültig vorbei; jedenfalls haben sie in den Küchen meiner Lieblingsköche keine Spuren hinterlassen.

Was nun kann man, wie soll man es roh essen? Fische, gewiß.

Aber die mageren schmecken längst nicht so gut wie Fettfische. Also Lachs, Lachsforelle und Forellen an erster Stelle. Ob man das Fischfleisch in dünne Scheiben oder würfelig schneidet, ist theoretisch egal. In Japan habe ich gesehen, daß beides möglich ist. Bei zwei verschiedenen Fischen, die beide weißes Fleisch haben, ist es wegen der Unterscheidung ratsam, den einen so, den anderen so zu schneiden. Neben den Fettfischen eignen sich auch Fische mit festem Fleisch sehr gut, wie Aalrutten *(lotte)*, Seewolf *(loup)*, Heilbutt und natürlich Schalentiere wie Hummer und Langusten. Von Schellfisch und Kabeljau bin ich nicht sehr begeistert, ihr Fleisch ist grobfaserig, das gibt Schwierigkeiten beim Schneiden und sieht auch nicht gut aus. Das Wichtigste aber ist die Frische. Die ist natürlich immer wichtig. Aber wenn man schon bei einem Kochfisch größten Wert darauf legt, daß sein Fleisch noch schneeweiß ist und er nach Meer duftet, aber nicht nach Fisch riecht, dann kann man gar nicht pingelig genug sein, wenn man ihn roh essen will. Man darf ihn auch nicht zurechtschneiden und dann warten, bis die Gäste kommen, sondern es darf die Zubereitung erst in allerletzter Minute vorgenommen werden. Da die ja nur darin besteht, ihn zu enthäuten und zu tranchieren, ist das weiter kein Problem. Und das bißchen Marinade schon gar nicht. Ich beträufele die Scheiben leicht mit Zitronensaft und etwas Olivenöl. Dann einige grüne Pfefferkörner darauf zerdrückt – fertig. Kein Salz. Eine leichte saure Sahnesauce mit gehacktem Schnittlauch paßt ebenfalls, und wenn ein trockener Weißwein dazu nicht falsch ist, so hat hier der Champagner endlich einmal Gelegenheit, sich als schlechthin ideales Begleitgetränk zu erweisen! Wer die Diät nicht übertreiben will und noch eine Beilage dazu verlangt, darf sich ruhig auf unsere Großeltern und ihren Matjeshering berufen: Heiße Pellkartoffeln schmecken dazu immer gut! Liebhaber der fernöstlichen Küche können die Fischstücke einfach in Sojasauce tunken, so machen es die Japaner. Ich finde es nicht so ideal; der Geschmack der Sauce ist mir zu stark. Außerdem deklassiert sie jeden Wein.

Was nun das Rohfleisch angeht, so gibt es neben den Tatar-

Freunden noch eine Gruppe, eine sehr kleine Gruppe, wie ich zugeben muß, für die sind all diese Nachrichten über den neuesten Trend der *Nouvelle Cuisine* ein alter Hut. Das sind die Leber-Freunde. Sie essen Kalbsleber schon immer roh, und zwar ohne jegliches Gewürz und nicht einmal in dünne Scheiben geschnitten, sondern in mundgerechte Würfel. Nur so, versichern sie überzeugend, käme man in den Genuß einer spezifischen Eigenschaft der Kalbsleber, nämlich ihrer von anderem Fleisch sehr unterschiedlichen Konsistenz, jener Knackigkeit, die man ähnlich auch bei einigen (rohen) Pilzen findet. Alles wahr, und gesund dazu. Anfänger sollten es aber besser erst einmal mit dünnen Leberscheiben versuchen und mit einer Sauce aus Olivenöl, Senf und Zitrone plus grobem Pfeffer, die ihnen eine neue kulinarische Welt eröffnen können. Eine Welt, in der das Rohe Verfeinerung bedeutet und die vielleicht über *Carpaccio alla Cipriani,* Entenbrust und Kalbsfilet führt bis zu einem raffinierten Salat aus halbrohen *haricots verts,* braunem Blattsalat *(romaine),* rohen Trüffelscheiben, roher Gänseleber und in Streifen geschnittenen, rohen Rebhuhnbrüsten. Dann allerdings sind sie bereits auf den Spuren von Alain Senderens *(Archestrate),* einem der derzeit progressivsten und genialsten Köche von Paris. Mehr kann man nicht erhoffen.

Köche und Küchen

La Vie en Rose zum Fisch
Maxim's nach dem Verlöschen der Sterne

Sie müssen sich das so vorstellen: Sie nähern sich Paris von Osten, sagen wir auf der A 4, aus Richtung Reims kommend, und wenn Sie noch ungefähr 25 km von der Innenstadt entfernt sind, sehen Sie vor sich am Horizont eine Rauchwolke. Müllkippe, würden Sie normalerweise denken. Aber heute fällt Ihnen ein, daß auch eine angebrannte Erbensuppe ähnlichen Rauch verursachen könnte.

Zehn Minuten später sind Sie an der Porte de Charenton, deren Name Sie an Marat erinnert, beziehungsweise an Peter Weiß, der damals das Stück mit dem wunderbar langen Titel geschrieben hat, und diesmal riechen Sie ganz deutlich, daß da etwas angebrannt ist oder fault. Schließlich sehen Sie – Sie sind inzwischen in der Gegend des Hotel de Ville Teil einer Verkehrsstauung geworden und haben Zeit, die Trottoirs zu beobachten – Sie sehen einen Mann, dem ganz offensichtlich übel ist. Gewiß sieht er nicht aus, als habe er gerade mit Lady Diana Cooper geluncht; genau betrachtet, gleicht er eher einem Clochard als einem Bonvivant – und doch, und doch, der Zweifel ist geweckt: Könnte er nicht aus dem *Maxim's* kommen, der Unglückliche?

Den Zweifel hat der „Guide Michelin" geweckt, der, wie wir alle wissen, dem Luxusrestaurant einen seiner drei Sterne entzog, worauf es das *Maxim's* vorzog, überhaupt nicht mehr im roten Freßführer vertreten zu sein. Man muß schon weit in die französische Geschichte zurückgehen, um einen vergleichbaren Verlust zu entdecken: Sedan; vielleicht Algerien. Aber die herzzerreißenden Szenen, die sich jetzt im *Jockey Club* abgespielt haben, können damals nicht bewegender gewesen sein.

Das alles ist nicht ohne Einfluß auf Ihre Erwartungen, wenn Sie in die Rue Royale einbiegen. Sie waren inzwischen im Hotel und haben sich umgezogen. Nicht gerade Smoking, den verlangt man im *Maxim's* nur am Freitagabend, aber selbstverständlich dunkel;

nach 6 Uhr nachmittags trägt der Herr schwarz, womit die Schuhe gemeint sind. Sie kommen also näher, schnuppern noch einmal mißtrauisch nach links und rechts, vergewissern sich, daß Sie Brieftasche und Begleiterin bei sich haben und betreten das Lokal in der kühnen Hoffnung, die Degradierung könnte bei den *Maxim's*-Köchen neuen Ehrgeiz geweckt haben.

So ohne weiteres betreten Sie das Lokal natürlich nicht. Sie treten ein, oder besser noch, Sie treten auf. Es wachen nämlich vor dem Eingang diese beiden großen Kerle in den langen Mänteln, die gut die Enkel jener Knechte sein könnten, die schon dem Prince de Polignac den Kutschenschlag aufrissen. Doch als Sie Ihre Begleitung auf diese historische Arabeske aufmerksam machen, sagt sie ernüchternd: ,,Wieso zwei? Ich sehe nur einen!" Tatsächlich! Der Verlust der Sterne symbolisiert sich also schon auf der Straße! Betrübt gehen Sie durch die Tür, die der Übriggebliebene vor Ihnen aufreißt, und werden Ihr erstes Trinkgeld los.

Im Austausch gegen Ihren Zylinder erhalten Sie an der Garderobe eine billige Pappmarke mit aufgemalter Zahl; dann steht der Restaurantdirektor vor Ihnen. Er wenigstens ist derselbe, dieser bekannte, ja berühmte Mensch, der seit Jahrzehnten die Prominenz empfängt, wie heißt er noch, ist auch egal, er kennt Sie nicht, also brauchen Sie seinen Namen auch nicht zu wissen. Er bringt Sie an Ihren Tisch, rechts im kleinen Saal, wo man sitzen muß, wenn man mittags hier ißt. Aber jetzt ist Abend, und zu früh sind Sie auch. Nur wenige Tische sind besetzt, und links, im großen Saal, wo später eine kleine Kapelle Operettenmelodien dudeln wird, brennen noch nicht einmal die Lampen.

Dafür wimmelt es von Kellnern im Frack. Sie stehen zwischen den Tischen herum und sich im Wege. Einer kommt zu Ihnen, wirft zwei Speisekarten ab, ein anderer – es ist der Weinkellner, der *sommelier* – fragt freundlich, ob Sie vielleicht mit ,,einem Glas" beginnen möchten. Das gibt Ihrer Begleitung die ersehnte Gelegenheit, ihr Lieblingswort der französischen Sprache an den Mann zu bringen: ,,Champagner!" Sie nicken zustimmend. An der Kasse bucht man 80 Francs zu Ihren Lasten.

Sie sehen sich um. Die Dekorationen sind nach wie vor sehenswert: Belle Epoque in Reinkultur. Vor diesem Hintergrund entdecken Sie allerdings großkarierte Röhrenhosen über braunen Herrenschuhen, Sie registrieren Twin-Sets und machen die Beobachtung, daß Sie sich hier fast ausschließlich unter Ihresgleichen befinden, nämlich unter ausländischen Touristen, die das Abendessen im *Maxim's* mit der gleichen Neugier und im gleichen Aufzug absolvieren wie die Bootsfahrt auf der Seine am Nachmittag. Ahnungsvoll greifen Sie zur Speisekarte. Aber Kraut mit Würstl gibt's denn doch nicht.

Sie bestellen zwei Vorspeisen, zwei Hauptgerichte und einen Zwischengang, den Sie sich mit Ihrer Begleitung teilen wollen. Kein Mensch verlangt heutzutage mehr, daß Sie sich durch drei, vier voluminöse Gänge durchfressen wie früher. Wenn Sie solche Menüs auf der Karte entdecken, sind Sie wahrscheinlich bei einem avantgardistischen Koch, der seinen feinschmeckenden Gästen winzige Portionen einer modernen, leichten Küche anbietet. Im *Maxim's* sind Sie dann allerdings nicht. Der Weinkellner kommt mit seinem geheimnisvollen Buch. Wenn Sie jetzt „Beaujolais" sagen, wird er sicher mit keiner Wimper zucken, aber einen guten Eindruck machen Sie damit nicht. Stammgäste winden ihm das Buch kaltblütig aus den widerstrebenden Händen. Es gibt jedoch eine einfache Möglichkeit, sich mit Anstand aus der Affaire zu ziehen: Sie sagen ihm, was Sie essen werden, und überlassen ihm die Wahl. Dann können Sie nur hoffen, daß er Sie nicht für einen Ölscheich hält und einen 500-Mark-Wein anschleppt. Denn Preise nennt er nicht, wenn er Namen und Jahreszahlen herunterbetet.

Von Zeit zu Zeit hören Sie ein unterirdisches Rumpeln und Rumoren, begleitet von leichten Erschütterungen. Das ist nicht Fernand Point, der sich im Grab herumdreht, weil hier an vielen Tischen Whisky als Aperitif getrunken wird. Es ist die Metro Nr. 8, die unter dem Keller des *Maxim's* durch den Pariser Untergrund donnert. Sie erinnern sich, daß Sie in dem Weinkapitel einer bekannten „Kochschule" gelesen haben, ein Weinkeller sollte erschütterungsfrei sein. Hier aber bebt die Erde, und es scheint

Folgen zu haben: der *sommelier* bringt zwei Flaschen an Ihren Tisch, und siehe da, es sind nicht die Sorten, die Sie mit ihm ausgehandelt haben! Die seien aus, sagt er und macht keinerlei Anstalten, sich in sein Schwert zu stürzen, wie das vor dreihundert Jahren sein Kollege Vatel in ähnlicher Situation für nötig hielt. Statt dessen schlägt er Ihnen diese beiden Ersatzflaschen vor. Erst der zweite Türsteher, jetzt der bestellte Wein! Resignierend willigen Sie ein. Wer weiß, was noch alles kommt.

Es kommt der erste Gang, und das ist einmal ein Salatteller, bestehend aus grünen Bohnen, Roter Bete, rohem Stangensellerie, Kartoffel- und Trüffelscheiben, nach Alexandre Dumas benannt und Ihr Konto mit 60 Francs belastend. Abgesehen davon, daß das Ganze ziemlich lieblos auf Ihrem Teller angehäuft ist, schmeckt's nicht schlecht. Die andere Vorspeise besteht aus zwei gefüllten Pfannkuchen, die Füllung aus Hummer- und Muschelstücken, und die Klientel des *Maxim's* jetzt um 21.30 Uhr zu 25 Prozent aus Japanern. Die *crêpes* erscheinen Ihnen ein wenig matschig unter

der roten Hummersauce, aber schmecken tut es wiederum nicht schlecht. Für den ersten Horror sorgt ein älterer Herr, der mit einer Geige unterm Kinn von Tisch zu Tisch geht. Später werden Sie bei Ihren Enkeln zwar Eindruck machen können, wenn Sie erzählen, daß zu Ihrer Zeit im *Maxim's* noch ein Stehgeiger fidelte. Aber jetzt, mit *La Vie en Rose* zum Fisch, finden Sie es gräßlich. Der Fisch übrigens ist ein Frikassee von Seezungenfilets mit Krebsschwänzen in einer mit Fischfond verdünnten *beurre blanc,* wieder gut gewürzt, so daß Sie bereitwillig vom Saucenlöffel Gebrauch machen. Bei dieser Gelegenheit ist kürzlich einem Pariser Restauranttester der angeklebte Schnurrbart in den Teller gefallen. Wahrscheinlich ist es der Geist des ersoffenen Nasen-Toupets, der Ihre Zunge plötzlich kritisch werden läßt. Gut gewürzt – gewiß. Aber der Fond zu stark reduziert, das macht den Mund so klebrig. Und die Seezungenfilets sind zwar noch nicht hart, aber doch mindestens eine Minute zu lang pochiert, um perfekt zu sein. Beim Fleischgang, einem Lammrücken für zwei Personen (200 Francs) wird auch Ihre Begleitung kritisch. Sauce (braun, ohne weitere Kennzeichen), Püree von *haricots verts* („Schade um die Bohnen!") und *pommes Maxim's* („warmgemachte Kartoffelchips!"), alles auf einen Teller gehäuft, und das Lammfleisch könnte vom Rind stammen. Das Dessert schließlich, die *tarte tartin,* ein riesiges Stück warmer Apfelkuchen, ist mit viel zu dickem und viel zu hartem Karamel überkrustet, die Äpfel von der faden Sorte aus dem Supermarkt.

Da bleibt nichts mehr vom Glanz der ehemaligen Sterne, da bilden den Höhepunkt des Abends dann doch nur die feinen Parfüms auf den Toiletten. Dabei ist die Küche des *Maxim's* wahrscheinlich kein bißchen schlechter geworden in den letzten Jahren. Aber andere, junge Nachwuchsköche geben sich mehr Mühe, haben einen neuen Stil kreiert und die Kochkunst erheblich verfeinert. Es sind Köche wie Alain Senderens *(Archestrate),* Gérard Vié *(Trois Marches),* Henri Faugeron *(Faugeron)* und bei uns die Keller, Lévy, Robertz, Witzigmann und noch viele andere (jawohl, viele!), bei denen man einfach besser ißt als im *Maxim's.*

Und billiger, denken Sie, als Sie an der Garderobe Ihr Hütchen in Empfang nehmen und vergebens in den Taschen wühlen. Sie sind leer.

La Merenda oder Die Lust am Einfachen

Die große Küche, aufwendig und zwangsläufig teuer, wird von allen anspruchsvollen Essern ohne Einschränkung respektiert. Geliebt aber wird das Einfache, Unkomplizierte. Es ist wie mit der Literatur: Nabokov, Canetti – gewiß, gewiß; aber für den Urlaub „ein leichtes, unterhaltsames Buch, zum Entspannen". (Im Arbeitsalltag reicht die Zeit sowieso nur fürs Feuilleton.) Auch jeder Feinschmecker – und wer wäre das nicht? – wird ein Essen im *Archestrate* in Paris oder bei *Maitre* in Berlin als den Gipfel möglicher kulinarischer Freuden bezeichnen. Aber kaum sitzt er dort am Tisch, beginnt er spätestens nach dem dritten Gang von einer winzigen Kneipe zu schwärmen, in der Toskana oder in den Schluchten des Balkan, wo die Großmutter den Teig täglich eigenhändig knetet, wo der Wein im Haus gemacht wurde und die Forelle vor den Augen des Gastes aus dem murmelnden Bach geangelt wird. Und, selbstverständlich ißt man dort praktisch umsonst. Es handelt sich hier um die gastronomische Entsprechung der Urlaubslektüre: Urlaubsgastronomie, zum Entspannen.

Ich habe selber eine Schwäche für die Vorstellung vom kleinen Familienbetrieb. Die Erfahrung hat mich jedoch gelehrt, daß die Nudeln einer Großmutter schlechter sein können als die aus der Fabrik, und die frischeste Forelle taugt nichts, wenn sie von einem Dilletanten gedankenlos verbraten wird. Zur Simplizität, wenn sie einen Wert haben soll, muß hinzukommen, was auch bei der großen Küche unerläßlich ist: die geschmackliche Schulung des Kochs. Deshalb ist die „hervorragende, kleine Kneipe" fast immer ein Phantasieprodukt, gezeugt von der Sparsamkeit des Essens und ausgebrütet an der Wärme eines rustikalen Herdfeuers. Bei meinem langjährigen Suchen nach guten Restaurants fand ich eigentlich nur eine Kneipe, in Nizza, direkt am Blumenmarkt, die diesem Wunschbild entspricht. Sie heißt *La Merenda* und ist, natürlich, kein Geheimtip: Wie könnte ein gutes Restaurant, und sei es noch so klein, ein Geheimnis bleiben? Allein die Bewohner von Nizza sorgen dafür, daß mittags und abends die kleinen Tische – an denen man eng und nicht gerade bequem auf Hockern sitzt – ständig besetzt sind. *La Merenda* ist kaum größer als eine Garage und ohne Schmuck, was bei dem außergewöhnlichen Charme der servierenden Madame Guisti auch nicht nötig ist. Ihre nie erlahmende Fixigkeit und gute Laune machen jeden dekorativ zerbeulten Kupfertopf überflüssig. Sie war einmal Buchhändlerin, und auch ihr kochender Mann ist Amateur. Gemeinsam ist ihnen die intelligente Einschätzung von Absicht und Möglichkeit sowie die wichtige Fähigkeit, das Gute vom Besseren unterscheiden zu können. (Wo sind die Großmutterküchen, auf die das zutrifft? Für Adressen wäre ich dankbar!) Nur unter solchen Voraussetzungen ist es möglich, daß das Einfache auch hohen Ansprüchen genügt.

Einfach ist die Küche von *La Merenda* in der Tat. Da gibt es die Spezialitäten der Stadt, die Pizzas und Coppas, und vor allem die *pates au pistou,* Basilikum-Nudeln mit einer Olivenöl/Käse/Knob-lauch-Sauce, was so nahe an der italienischen Grenze ja nicht verwundert. Aber ich behaupte, man muß in Italien tagelang suchen, um so delikat zubereitete Nudeln zu finden! Zur Küche des *La Merenda* gehört auch die *boudin,* eine gebratene Blutwurst, von einem ausgesuchten Metzger speziell hergestellt. Dazu Apfelkom-pott. So banal das klingt, so großartig ist das. Und es ist nicht so, wie es schmeckt, wenn Sie oder ich einmal Blutwurst braten und Apfelkompott dazu machen! Das gleiche gilt für die Muscheln, ganz normale Miesmuscheln im Sud. Aber wer, der dieses Bistro verläßt, wird hinterher noch behaupten wollen, es habe sich um ganz normale Muscheln gehandelt? Wer wird den Ziegenkäse mit den Kräutern in Olivenöl als eine simple, regionale Spezialität abtun, obwohl es eine simple, regionale Spezialität ist?

Und so geht das weiter. Nicht sehr lange, weil die Auswahl an

Gerichten klug begrenzt ist, und mindestens der Stockfisch, der freitags auf der Karte steht, ist wahrscheinlich auch dem begeisterten Touristen ein wenig zu faserig und zu streng; ja, man darf sagen, er stinkt nicht unerheblich – was aber auch eine regionale Spezialität ist. Wo schließlich gibt es in einem Bistro eine nur annähernd gleichwertige Schokoladenmousse? Wo ist der billige Landwein so sauber, so angenehm, daß man ihn unverdünnt trinken kann? Die Altstadt von Nizza wimmelt von kleinen Kneipen, in denen es Ähnliches gibt. In manchen werden sogar Lieder im provençalischen Dialekt gesungen, in anderen bekommt man, wie bei großen Köchen, ein endloses und kräftiges Spezialitäten-Menü für wenig Geld vorgesetzt. Aber so fein abgeschmeckt, daß sich auch jemand daran begeistern kann, der gerade bei Outhier in La Napoule gegessen hat, so außergewöhnlich kulinarisch wie hier ist es sonst nirgends. (*La Merenda,* 4, rue de la Terrasse, Nice.)

Outhier + Vergé = 6 Sterne

Wenn alles schiefgeht, werden im kommenden Sommer fünfzig Prozent mehr Bundesbürger in den Süden fahren als im letzten Jahr. Ob sich die heimgesuchten Landschaften dann bis zum Winter wieder erholt haben werden, wenn die Einzelgänger zum Mimosenpflücken eintreffen, ist fraglich. Was die Urlauberschwärme der Gastronomie antun (nicht nur einbringen), kennt man hingegen schon aus vergangenen Jahren. Welcher Wirt kann der Versuchung widerstehen, noch einige zusätzliche Tische auf seine Terrasse zu quetschen, obwohl der Service nicht ausreicht? Welcher Küchenchef wird nicht versuchen, noch zwanzig Essen mehr zu verkaufen, als er mit Anstand kochen kann? Um das Risiko möglichst klein zu halten, kehren D-Mark-Touristen gern dort ein, wo es am besten ist.

An der Côte d'Azur gibt es nahe bei Cannes zwei Spitzenrestaurants der 3-Sterne-Kategorie, die *L'Oasis* in La Napoule und die *Moulin de Mougins* in Mougins. Beide sind sogenannte Freßtempel; allerdings ist der Begriff „Fressen" hier so deplaciert wie der Begriff „Eßkultur" in einer Autobahnraststätte. Die *Moulin de Mougins* war tatsächlich einmal eine Ölmühle, und daß trotz umfangreicher Umbauten der ländliche Charakter des Hauses erhalten geblieben ist, macht nicht den geringsten Reiz dieses Restaurants aus. Mit den Rundbögen, den großen Fenstern zum Garten und den schönen Bildern an den Wänden ist es ein Beispiel dafür, wie ländliche Eleganz ohne rustikalen Kitsch auskommt. Roger Vergé gehört zum Freundeskreis der Köche um Bocuse, deren gemeinsames Kennzeichen unter anderem eine gewisse Lust an der Betriebsamkeit ist: ihm gehört außer der *Moulin* noch ein kleineres Restaurant in Mougins, er hat Geschäftsverbindungen in Japan, kocht auf Mittelmeerkreuzfahrten und fliegt auch mal schnell nach Amerika, um feudale Essen anzurichten.

Louis Outhier von der *L'Oasis* dagegen verläßt den Herd fast nur, um seine Gäste zu begrüßen. Er war Schüler des legendären Fernand Point, hatte jahrelang eine bescheidene Familienpension (deren Gäste wahrscheinlich nicht wußten, wie ihnen geschah), bis er sie zu einem kleinen Restaurant umbaute. Seitdem zwang ihn der Erfolg, immer wieder um- und anzubauen. Heute kann man sein Restaurant als Spiegelbild seiner Küche bezeichnen. Es hat jene, keinem speziellen Stil verpflichtete, hochkarätige Eleganz, die einen unwillkürlich ans Revers greifen läßt: Sitzt die Knopflochblume auch richtig?

Ich erinnere mich an eine Gelegenheit, als ich in beiden Restaurants je ein festliches Menü probieren konnte. Wie sich nach der Entlarvung des Täters im nachhinein jedes Detail der Tat in einen logischen Zusammenhang fügt, so erscheint mir heute jeder einzelne Gang dieser Menüs als charakteristisch und unverwechselbar für den Stil des jeweiligen Küchenchefs. Das beginnt schon bei den Appetithäppchen, die dem Gast nach der Bestellung serviert werden. Bei Vergé waren das warme, gefüllte Teigkrusteln, bei Outhier papierdünne Graubrotscheiben mit einer Lage Räucherlachs dazwischen. Variationen der ersteren kriegt man in fast allen Spitzenrestaurants angeboten; das Lachsbrot ist absolut ungewöhnlich. Ähnlich der Unterschied bei der *Foie gras*. Vergé servierte seine Leber von der Mastente naturell. Sie war außerordentlich saftig und kräftig im Aroma, für mich das Glanzstück seines Menüs. Bei Outhier lag statt dessen eine lackierte Eierkohle auf meinem Teller, so jedenfalls sah das aus. Es war Parfait von Gänseleber, zur Kugel geformt, in schwarzem Trüffelstaub gewälzt und von Weingelee umhüllt – eleganter geht's nicht.

Das Trüffelthema setzte sich im nachfolgenden Salat fort (mit Entenleber- und Steinpilzstreifen sowie dreierlei Öl), und wenn ein englischer Kollege einmal schrieb, Outhier mache die besten Salate Frankreichs, so war dieser *salat d'automne* ein Beweis dafür. In der *Moulin de Mougins* folgten der *Foie gras* in der Schale sanft überbackene Austern, die wir vertilgten, wie das Walroß und der Zimmermann bei Lewis Caroll; danach *Coquilles St. Jacques,* provençalisch zubereitet. Das bedeutet in Olivenöl angebraten; eine riskante Methode, die dem Muschelgericht das Zarte, Leichte nehmen kann. Nicht jedoch unter den Händen eines Kochs wie Vergé! Für Outhier waren die Fische der Auftakt zu einem atemberaubenden Creszendo von Supersaucen: Würde er die geniale Austernsauce (zu Langostinos in Fischmus) und danach die sensationelle Sauce aus *Château Chalon,* einem Sherry ähnlichen Wein des Jura, noch übertreffen können? Er konnte! Zum Entenschnitzel begeisterte er durch eine Rotweinsauce mit Senfkörnern, worauf meine Begleitung in die Küche laufen und den Chef umarmen wollte. (Versuch vereitelt.) In der *Moulin de Mougins* aßen wir eine leckere Taube (im Topf unter einem Teigdeckel) und Lammrücken. Den hatte Roger Vergé in sehr dünne Längsscheiben geschnitten und mit einer intensiven Essigsauce serviert, so daß vom eigentlichen Lammgeschmack nichts zu merken war, was ich bedauerte. Wenn die *L'Oasis* für ihre Salate berühmt ist, dann erst recht für ihre Desserts. Die Tatsache, daß wir nicht in der Lage waren, sie alle durchzuprobieren (niemand kann das), ist der einzige dunkle Punkt in meiner Erinnerung an diese unvergleichlichen, unvergeßlichen Essen. Beide Köche gehören sicher zu den Weltbesten, aber ich meine, wegen seiner Phantasie, seiner detailbesessenen Perfektion und Raffinesse liegt Louis Outhier weit vorne. Daß in solchen Restaurants die Weinkarte allen Ansprüchen genügt, ist selbstverständlich. Daß aber auch preiswerte Weine der Region angeboten werden (*Château Vignelaure;* Bandol), registriert der Gast mit Dankbarkeit.

Die Preise entsprechen den Preisen in deutschen Spitzenrestaurants. Tischbestellung unumgänglich. *L'Oasis,* La Napoule (Alpes-Mar.) Telefon (93) 38 95 52 dienstags geschlossen / *Moulin de Mougins,* Mougins (Alpes-Mar.) Telefon (93) 90 03 68 montags geschlossen.

Helmut Abrell: Hühnerbrüstchen mit Zitronenmelisse

Das Allgäu mit seinen glücklichen Kühen und Württemberger Weinen, mit handgeschabten Spätzle vom Brett und einer Küche, die den Ruf hat, der badischen nahe und damit der elsässischen Küche wenigstens verwandt zu sein – mag von Schleswig-Holstein aus gesehen vergleichsweise vielversprechend erscheinen. Ist es wohl auch. Aber was bedeuten die Spätzle vom Brett für einen Küchenchef vom Schlage eines Helmut Abrell, im Bad Wurzacher Restaurant-Hotel *Hirsch,* dessen Begeisterung für die feine Küche ihn immer wieder einmal für 48 Stunden nach Lyon und Umgebung treibt? Was sollen ihm Württemberger Weine, die zu neunzig Prozent durch Süßreserve zum gewöhnlichen Freizeitgetränk deklassiert wurden, wo ihm der Unterschied zwischen einem trockenen weißen Burgunder und einem trockenen Weißwein von der Loire im Hinblick auf die Speisen, die diese Weine begleiten sollen, so eminent wichtig ist? Hier sitzt, möchte man meinen, einer inmitten einer Rahmsaucen- und Teigwarenlandschaft auf dem trockenen.

Nicht, daß es Helmut Abrell und seiner Frau an kenntnisreichen Gästen fehlt. Doch die kommen von außerhalb, oft von weither, das heißt also, es sind die Ausnahmen, die dem Gastronomen bestätigen, daß er auf dem richtigen Weg ist, die ihm den notwendigen Mut geben, weiterzumachen. Denn das darf man getrost behaupten: Es haben in den letzten Jahren viele Gastronomen mit ähnlichem Ehrgeiz und mit ähnlichem Elan etwas Ähnliches angefangen, irgendwo in den deutschen Provinzen, mit den besten Absichten und Kenntnissen. Doch die meisten konnten nicht verwirklichen, was sie wollten. Sie resignierten vor der Forderung der Gäste nach bloßer Quantität und vor deren Unverständnis angesichts ungewohnter Qualität. Die gastronomische Situation in der Bundesrepublik krankt nämlich nicht so sehr an schlechten Köchen, sie krankt vor allem an schlechten Gästen. Der Widerstand, der – und das nicht nur in der Provinz – kulinarischer Verfeinerung entgegengesetzt wird, die Hartnäckigkeit, mit der an alten Eßgewohnheiten festgehalten wird, sind wohl nicht so sehr ein gesellschaftliches wie ein tiefenpsychologisches Problem.

Es ist nicht dieses Problem allein, mit dem sich Helmut Abrell – seit 1967 – im Allgäu herumschlagen muß. Für die Beschaffung von erstklassigen Produkten, ohne die sich wirklich große Küche nicht verwirklichen läßt, braucht ein Koch in München oder Köln schon einen gehörigen Spürsinn und Unternehmungsgeist. Wer aber in Bad Wurzach frische Jakobsmuscheln auf der Speisekarte haben möchte oder Steinbutt oder Hühner, die nicht nach Fischmehl schmecken, nimmt Mühen von abenteuerlichem Ausmaß in Kauf. Helmut Abrell, auf dessen Speisekarte nichts fehlt, was man in Köln oder München zu finden erwartet, seufzt denn auch illusionslos: „Es ist der reine Luxus!"

Doch wollte man seine Küche mit diesen mehr oder weniger exotischen Produkten identifizieren, man täte ihm Unrecht. Nichts liegt ihm ferner, als das Koch-Repertoire französischer Spitzenrestaurants zu kopieren. Die Auszeichnung, die er jedesmal bekam, wenn er beim Pariser Wettbewerb um den *Prix Pierre Taittinger* mitmachte, erhielt er für Kreationen auf dem Gebiet der regionalen Küche. So darf man selbstverständlich erwarten, daß er von jeder Wildsorte, die in seiner heimatlichen Region anzutreffen ist, in der jeweiligen Saison immer ausgesuchte Exemplare besorgt; daß die erwähnten Spätzle vom Brett ebensowenig fehlen (und ebenso hervorragend sind) wie die schwäbischen Maultaschen „in der Brühe mit Zwiebeln geschmälzt".

Man weiß es nicht: Ist es simple Notwehr eines Sensibilisten oder die pädagogische Eigenart des Allgäuer Gastronomen, wenn er zu den einzelnen Gängen seines Tagesmenüs (Vorspeise, drei Hauptgänge; etwa Terrine, *Coquille St.-Jacques,* Schnepfe, Sorbet, Lammrücken, Käse, Dessert) den jeweils passenden Wein empfiehlt und glasweise verkauft, so daß die Gäste die Möglichkeit haben, ihre Kenntnisse von wahrer Feinschmeckerei auf gleichzeitig didaktische und genußvolle Art und Weise zu vertiefen.

Auch bei der folgenden Kreation spielte das Bekenntnis zur regionalen Küche eine Rolle; gleichzeitig versteht er seine Entscheidung für „Hühnerbrüstchen mit Zitronenmelisse" als nachdrücklichen Hinweis auf die Zugehörigkeit des Huhns zur feinen Küche. Ein sehr notwendiger Hinweis, da viele Esser das delikate Geflügel automatisch mit seiner tiefgefrorenen Variante in den Supermärkten gleichsetzen.

Die großen, äußerlich an den Jugendstil erinnernden Austernpilze, die, eingebacken in Blätterteig, bei der Feinschmecker-Kreation als Beilage dienen, sind dagegen auf dem besten Weg, populär zu werden. Sie lassen sich züchten wie Champignons, machen wenig Arbeit und haben einen schönen Pilzgeschmack.

Hühnerbrüstchen mit
Zitronenmelisse und Austernpilze
in Blätterteig

1 großer, frischer Masthahn (Poularde)
Mirepoix (1 Handvoll würfelig geschnittene Zwiebel, Karotten,
Sellerie, Lauch)
1/4 l trockener Gewürztraminer
120 g Blätterteig, 200 g Austernpilze
30 g gekochter Schinken
2 feingehackte Schalotten
1/2 Teelöffel Tomatenpüree
Thymian, Petersilie
etwas feingeriebenes Weißbrot
1 Ei
je 200 g Sellerie und Fleischtomaten
Saft von 2 Zitronen
10 g frische Zitronenmelisse
5 g getrocknete Melisse
1/2 Weinglas Traminer-Trester (Marc de Gewürztraminer) oder
Marc de Champagne
Salz, Pfeffer, Cayennepfeffer
120 g Butter

Zubereitung: Der Masthahn (die Poularde) wird zerteilt, die
beiden Brusthälften werden ausgelöst und enthäutet. Die Keulen
verwertet man am nächsten Tag für ein anderes Essen.

Alles andere, einschließlich der Karkasse, wird in grobe Stücke
zerhackt und in Öl angeröstet. Das Mirepoix dazugeben, ebenfalls
etwas angehen lassen und mit einem Glas Gewürztraminer
ablöschen. 1/2 Tasse Wasser auffüllen und einkochen lassen, wieder
Wasser, wieder einkochen – mehrmals wiederholen. Den dabei
gewonnenen Fond schließlich durch ein Haarsieb abgießen und zur
Seite stellen. Es sollte nicht mehr als 1/2 Tasse sein. Salzen und
pfeffern.

Den Blätterteig rechteckig 2 mm dick ausrollen und einen unzerteilten, großen Austernpilz darauflegen. Diesen salzen und pfeffern. Von den restlichen Pilzen ein Pilzpüree *(Duxelles)* anfertigen: kleingehackt mit ebenfalls kleingehacktem Schinken in der Hälfte der Schalotten anschwitzen, wenig Tomatenpüree dazu, mit etwas Thymian, Petersilie und $1/2$ Teelöffel feingeriebenem Weißbrot vermischen.

Dieses Püree auf den Pilz streichen, die Teigränder mit Eiweiß bepinseln, über dem Pilz zusammenklappen und andrücken. Umdrehen, die glatte Seite mit Eigelb bestreichen und mit kleinen Ornamenten aus Blätterteig verzieren. Ein Backblech mit Wasser abspülen, den Pilz in der Teigtasche daraufsetzen und 14 Minuten vor Vollendung der Geflügelbrüstchen in den 220° C heißen Ofen schieben.

Den geschälten Sellerie und die enthäuteten Tomaten mit der *Parisienne,* einem löffelähnlichen Gemüsebohrer, in Kirschgröße ausstechen. Die so entstandenen Selleriekugeln in leichtem Zitronenwasser ca. 20 Minuten kochen. Mit den Tomatenkugeln und einigen frischen Melisseblättern bereitstellen.

Die getrockneten Melisseblätter werden mit den restlichen Schalotten in Traminer, einigen Tropfen Zitronensaft und einem Schuß *Marc de Gewürztraminer* eingekocht, bis nur noch zwei Eßlöffel voll übrigbleiben. Durchsieben.

Die Hähnchenbrüste salzen, pfeffern, zusätzlich eine schwache Prise Cayennepfeffer anstreuen und bei mittlerer Hitze in Butter auf der Oberseite nur leicht anbraten. Dann umdrehen, zudecken und ca. 4 Minuten eher gar ziehen als gar schmoren lassen. Längere Bratzeiten und starke Hitze würden das Fleisch austrocknen und faserig machen. Da Masthühner nicht immer in der hier vorgeschlagenen Größe (1,6 kg) zu haben sind, muß die Garzeit eventuell sogar noch verkürzt werden, wenn es sich um einen kleineren Hahn handelt.

Inzwischen hat man die Melisseblätter kurz in kochendem Zitronenwasser blanchiert, damit sie weich werden und ihre grüne Farbe behalten. Mit diesen Blättern belegt man jetzt die Brüstchen, nimmt sie aus der Kasserolle und stellt sie warm. Das Brustfleisch ist so zart und daher auch so empfindlich, daß es auf die Dauer sogar bei nur mäßiger Wärme noch etwas nachgart, eine Tatsache, die der Koch bei diesem Rezept mit berücksichtigen muß.

Deshalb sollte der abschließende Arbeitsvorgang schnell und konzentriert erledigt werden:

Die Kasserolle, in der die Brüstchen gegart wurden, erhitzen, mit dem restlichen *Marc* ablöschen und flambieren, damit der Alkohol verbrennt. 3 Eßlöffel Traminer dazuschütten und den Bratensatz vom Boden der Kasserolle lösen. Den vorgekochten Geflügelfond hat man in der Zwischenzeit entfettet, jetzt gießt man ihn mit der Traminer-Schalotten-Reduktion dazu, läßt alles noch etwas einkochen und montiert abseits vom Feuer 120 g kaltgestellte Butterwürfel nach und nach mit dem Schneebesen hinein. Dabei darf die Sauce nicht mehr zu heiß sein, weil sonst die Butter gerinnt.

Den fertig gebackenen Pilz halbieren und zusammen mit den Brüstchen auf Tellern anrichten, die Gemüseperlen (Sellerie- und Tomatenkugeln) drumherum garnieren. Mit der Sauce überziehen.

Die Wahl des Weins, der dieses leichte und feine Gericht begleiten soll, scheint einfach: Da hier beim Kochen bereits ein trockener Gewürztraminer verwendet wird, wäre eigentlich nichts dagegen zu sagen, diesen fruchtigen Wein auch zum Essen zu trinken.

Nun sind aber nur die wenigsten deutschen Gewürztraminer trocken, und auch bei den Elsässer Weinen kann man in letzter Zeit einen Export-Geschmack feststellen, der eindeutig süßer ist, als die trockenen Weine, die man bisher unter dem Begriff Elsässer verstand. (Ich vermute wohl nichts Falsches, wenn ich annehme, daß diese unerfreuliche Entwicklung eine Reaktion der Elsässer auf den Geschmack der deutschen Weintrinker darstellt – oder auf das, was sie dafür halten müssen, wenn sie sich bei uns umsehen.) Ein Gewürztraminer mit viel Restsüße ist jedoch nicht nur zum

Trinken, sondern sogar zum Kochen ungeeignet, weil er das zarte Aroma der Gewürze erschlagen würde.

Helmut Abrell rät daher, lieber einen *Sancerre* zum Kochen zu verwenden oder einen *Muscadet,* nicht zuletzt deshalb, weil sich der *Sancerre* auch gut zu den Brüstchen trinken läßt. Und nichts, aber auch gar nichts, läßt sich nach meiner Meinung gegen einen leichten Rotwein sagen, ob das nun ein junger *Beaujolais* ist oder ein älterer *Saint-Emilion.*

Henri Levy: Hasenrücken mit Steinpilzen und Petersilie

Es ist nicht gerade eine neue Erkenntnis, daß das Einfache das Schwierigste ist. Bei Tisch erfährt man es immer wieder, wenn man – zum Beispiel – zunächst hundert verbrannte oder glibberige oder zu fette oder zerlaufene oder sonstwie unansehnliche Spiegeleier essen muß, bevor man endlich ein perfekt zubereitetes Spiegelei auf dem Teller hat. Gastronomische Könnerschaft drückt sich nämlich auch darin aus, daß ein Küchenchef eine kulinarische Bestleistung auch dann vollbringt, wenn es sich um etwas so Alltägliches handelt wie ein Ei. Bei einem Könner darf man aber auch voraussetzen, daß er mit der gleichen Leichtigkeit einen superben Hasenrücken hinkriegt.

Dennoch war ich mehr als verblüfft, als ich Henri Levy in seiner Küche im Berliner *Maitre* beobachtete. So simpel, so fix ging das vor sich, nichts schien kompliziert, nichts war aufwendig, daß die verwegene Schlußfolgerung nahelag: Das kann ich auch. Vielleicht kann ich's wirklich; vielleicht könnte es jeder Koch. Dann aber wären die konservativen Zubereitungsmethoden in der Durchschnittsgastronomie nur damit zu erklären, daß die jeweiligen Köche es nicht anders wollen. Vieles spricht dafür, daß das so ist. Gewiß wollen es auch die meisten Gäste nicht anders. Aber der Koch, der nicht bereit ist, seine Gäste zur Qualität zu erziehen, hat seinen Beruf nicht begriffen. Auch die Gäste des Henri Levy wollten das nicht, zwölf Jahre lang nicht, in denen das Restaurant *Maitre* am Rande des Ruins dahinsiechte. Noch vor wenigen Jahren war Levy nicht in der Lage, neue Tapeten für eine dringend notwendige Renovierung zu kaufen; sie wurden ihm von einem dankbaren Stammgast gestiftet. Aber seit ebensovielen Jahren hat seine Küche einen eigenen Stil, den er konsequent straffte, verfeinerte, bis er sein heutiges Niveau erreichte: Ich habe in französischen Drei-Sterne-Restaurants nicht selten schlechter gegessen als bei ihm.

Der Stil des Henri Levy heißt Natürlichkeit. Das ist nicht neu und für große Köche selbstverständlich. Doch Levys Auffassung von Natürlichkeit verhält sich zu dem, was normalerweise in der großen Küche darunter verstanden wird, wie die Natürlichkeit einer Quelle zu der eines Feuerwehr-Hydranten. Dazu gehört, daß er Wild und Wildgeflügel nicht salzt. Weder vor dem Braten noch nachher – überhaupt nicht. „Dieses Fleisch hat doch genügend Eigengeschmack. Auf den allein kommt es an!" Dazu gehört auch, daß er gratinierte Speisen nicht mag (weil die so schön nach Käse schmecken), daß er Butter nur zögernd verwendet, dafür lieber geschmackloses Öl. Aber er sagt auch: „Große Küche muß nicht unbedingt Kaviar sein! Auch eine Kartoffelsuppe kann dazugehören." Levy hat sie im Repertoire.

Es versteht sich fast von selbst, daß die Konsequenz, mit der er so kocht, wie er es für richtig hält, von vielen seiner Gäste eben nicht für richtig gehalten wird. Es ist das alte Mißverständnis: Wer einen Linseneintopf mit genußvoller Kennerschaft ißt, aber auch bereit ist, den höheren Rang einer provençalischen Lammkeule vorbehaltlos anzuerkennen, der erwartet, daß es ihm in einer der ganz großen Küchen auch ganz großartig schmecken müsse. Doch in der dünnen Luft der Avantgarde ringt mancher verzweifelt nach Atem, der sich eine Etage tiefer pudelwohl fühlt. Irgendwann stimmt nämlich die im Grunde berechtigte Forderung des Gastes „Wichtig ist doch wohl, daß es mir schmeckt!" nicht mehr. Von einem bestimmten Punkt an ist es die Küche, die Ansprüche an den

Gast stellt! Ein Phänomen, das wir übrigens von der Bildenden Kunst kennen: Wer, und mag er sich zwischen Picasso und Pollock noch so heimisch fühlen, hätte denn automatisch auch eine Beziehung zu Beuys?

In der Küche heißt der derzeitige Avantgardist Michel Guérard. Er ist es auch, den Levy als sein Vorbild bezeichnet: „Er hat bewiesen, daß man machen kann, was ich eigentlich auch immer wollte, wozu ich mich aber nicht traute." Heute traut er sich. Inzwischen haben auch andere, junge Köche ihren Mut entdeckt. Aber was Levy ihnen voraus hat, ist eine Eigenschaft, die den Rennfahrer von mutigen Verkehrsrowdies unterscheidet: das Wissen um die Gefährlichkeit des Metiers, die Vorsicht, mit der er sich jener Linie nähert, hinter der das Machbare zu Ende ist. In diesem Sinne ist Henri Levy ein Formel-I-Koch. Sein Handicap ist der Kurs, auf dem er seine Rekorde aufstellen muß: Berlin.

Dorthin kam er vor Jahren, um Deutsch zu lernen bei Freunden, die er aus Paris kannte, wo der gebürtige Franzose aufwuchs. Seine entscheidenden kulinarischen Eindrücke empfing er, wenn er in jungen Jahren seinem Vater, einen wohlhabenden Geschäftsmann, auf dessen Reisen durch die französische Gastronomie begleiten durfte; seine Kochkenntnisse holte er sich in London und Paris. In Berlin, der Großstadt ohne erwähnenswerte Gastronomie, blieb er, weil die Gründung eines „französischen" Restaurants so naheliegend war, so erfolgversprechend schien. Mit dieser Fehleinschätzung hatte er sich dann zwölf Jahre herumzuschlagen, bis es sich bei den Kennern herumsprach, daß da einer kochte, wie es nicht bei Escoffier stand. Einer der ganz Großen.

Wenn ich Levys Art zu kochen als einfach bezeichnete, ist das nur teilweise richtig. Um zu dieser Einfachheit zu gelangen, braucht man, abgesehen von dem Materialgefühl, das ein sensibler Koch ebenso hat wie ein Bildhauer oder Holzschnitzer, zwei Dinge: Einen Trockendampfkocher und die Möglichkeit, sich im Spätherbst, wenn es Hasen gibt, frische Steinpilze aus Marokko einfliegen lassen zu können. Die übrigen Zutaten sind:

1 Hasenrücken, 2 große Steinpilze
$^1/_2$ l Rinderbrühe, je 1 Handvoll
Petersilie und Brunnenkresse,
Traubenkern-Öl, 4 cl Sahne, Pfeffer,
Salz, Zitronensaft

für die Marinade:
$^1/_2$ Flasche Muscadet, 2 Schalotten,
2 Karotten, das Weiße von 1 Stange
Lauch, 1 gestr. TL rotes
Johannisbeergelee.

Bei der Sahne handelt es sich um *Fleurette,* die Levy, wie alle seine Zutaten, aus Paris kommen läßt. Sie ist ein Mittelding zwischen *Crème fraiche* und unserer Sahne; man kann sie selbst herstellen, indem man letztere etwas einkochen läßt.

Was den Trockendampfkocher angeht, so reduziert er die Kochzeiten auf ein Minimum, das Gemüse (oder was immer man hineingibt) verliert keine Aromastoffe an eine Flüssigkeit oder Fett und bleibt knackig. Sein Prinzip ähnelt dem eines Schnellkochtopfes, nur arbeitet er aufwendiger und mit optimalen Resultaten. Er ist so teuer wie ein Auto der gehobenen Mittelklasse. Aber wie immer spielt auch die Beschaffenheit des normalen Backofens eine große Rolle, ob man nun einen Hasenrücken kurzbraten oder eine *Quiche Lorraine* backen will. Solange die Industrie nicht auch für den Privathaushalt Backöfen herstellt, die sich mühelos auf 300 Grad aufheizen lassen, keinen Wärmeverlust haben und flacher sind als die üblichen (dafür darf die alberne Automatik fehlen!), solange es sowas nicht gibt, lassen sich hier verbindliche Brat- oder Backzeiten nicht angeben. Erfahrungsgemäß sind diese in den chromverzierten Blechöfen länger als in den soliden Profi-Herden.

Zubereitung: Den enthäuteten Hasenrücken, der selbstverständlich von einem jungen Tier stammen muß, vom Knochen lösen, so daß man zwei längliche Fleischstücke hat, die Filets genannt werden. (Obwohl die wirklichen Filets unter dem Rücken sitzen. Aber sie sind für Portionsstücke viel zu klein und bei jungen Hasen geradezu nichtexistent.)

Die Sauce: Den Rückenknochen in 3, 4 Stücke schlagen und 2 Stunden in die Marinade legen. Die Knochen herausnehmen und mit wenig Traubenkern-Öl im Backofen etwas Farbe annehmen lassen. Nicht in der Pfanne auf dem Herd, dort würde die Karkasse zu stark anbraten, was der Sauce zu viel Bitterkeit gäbe! Also lieber zu wenig „Farbe" als zu viel!

Dann die Marinade und die Bouillon dazugießen und alles zusammen im geschlossenen Topf ½ Stunde kochen lassen. Danach wird alles durch ein grobes Sieb, dann durch ein Tuch abgegossen. Diese Saucenbasis in einer Kasserolle oder im *Sautoir* bis auf die benötigte Menge einkochen lassen. 2 cl Sahne dazugießen und mit Salz und Pfeffer abschmecken. Dies alles, bis auf den letzten Verfeinerungsprozeß, kann man am Tag vorher vorbereiten.

Die Fleischstücke werden in wenig Traubenkern-Öl im Ofen ca. 5 bis 6 Minuten gebraten. Sie dürfen keine braune Kruste haben und müssen innen noch rosa sein. Weder Salz noch Pfeffer. Die gewaschene Petersilie wird zusammen mit der ebenfalls gewaschenen Brunnenkresse gegart. In Levys Trockendampfkocher dauert das 1 Minute. Wie lange das in einem Dampfkochkopf dauert und wie lange jemand braucht, der auf andere Weise versucht, die Kräuter möglichst trocken gar zu kriegen, läßt sich schwer sagen. Wichtig ist jedenfalls, daß die Petersilie noch knackig ist. Das Grünzeug wird sodann grob mit dem Messer gehackt und auf dem Ofen mit 3 EL *Fleurette,* Salz (Levy nimmt nur Meersalz aus der Pfeffermühle), Pfeffer und einigen Tropfen Zitronensaft leicht reduziert.

Währenddessen werden die Steinpilze in nicht zu kleine, ½ cm dicke Scheiben geschnitten, etwas gesalzen und in die leicht köchelnde Sauce gelegt. Nach 4 bis 5 Minuten sind sie gar. Wie immer in der *à-la-minute-* Küche ist das exakte *Timing* besonders wichtig: alles muß gleichzeitig fertig sein, nichts darf lange warmgehalten werden.

Die Rückenstücke werden in sehr schräge, längliche, knapp 1 cm dicke Scheiben geschnitten. Auf dem vorgewärmten Teller richtet man die einzelnen Bestandteile dieses köstlichen Gerichts an.

Wie so oft, ist es hier die Sauce, die der Kombination von Fleisch, Pilzen und Gemüse zu einer Harmonie verhilft, die man getrost als wunderbar bezeichnen kann: wunderbar, sie allein zu löffeln, diesen hinreißend leichten und sanften Traum in Dunkelgelbrosa; wunderbar, wie die knackigen Pilzscheiben der Sauce etwas von ihrem Aroma abgeben und dafür mit einer generösen Geschmacksverfeinerung belohnt werden; wunderbar, wie unaufdringlich das Kräuterpüree sich einfügt; wunderbar, wie das natürlich belassene Rückenfleisch von allen drei Bestandteilen des Gerichts eingerahmt wird. Wunderbar, daß einem Koch so etwas einfällt. Kein Wunder aber, daß es Henri Levy war, der hier, wieder einmal, stolz bekennen kann: „Ich hab's getan!"

Albert Bouley: Wachtelpralinen mit Ratatouille

Unter den vielen Wundern, mit denen sich die Bundesdeutschen in den letzten Jahrzehnten schmücken konnten, ist das Küchenwunder wahrscheinlich das unerwartetste. Daß Deutsche fleißig sind, war bekannt; daß unsere Mädchen sich vom Gretchen zum Playmate mauserten, war auch nicht zu übersehen. Daß aber unsere Gastronomie in ihren Spitzenleistungen einmal mit der französischen konkurrieren, ja, diese in einzelnen Fällen überflügeln würde, das war einfach nicht vorstellbar. Dabei ist genau das geschehen.

Die von Frankreich ausgehende *Nouvelle Cuisine* traf bei uns auf eine außergewöhnlich günstige Konstellation: Überdruß an der traditionellen deutschen Küche bei vielen Gästen; Überdruß an den veralteten Kochmethoden bei einer kleinen Schar startbereiter Jungköche. Während in Frankreich sogar bei den jüngsten Verfechtern der Neuen Küche eine deutliche Verbundenheit mit der *Grande Cuisine* festzustellen ist, nicht zuletzt wegen des massiven Widerstands der konservativen Esser gegen Neuerungen (Sollten denn plötzlich die alten, ruhmbedeckten *Maîtres* nicht mehr gut genug sein?), während also bei einem gleichzeitig hohen Durchschnittsniveau der französischen Gastronomie die *Nouvelle Cuisine* sich dort nur zögernd durchsetzte, gingen unsere Jungköche wie Revolutionäre ans Werk: Sie fingen bei Null an. In einem wichtigen Punkt hatten sie es leicht: Die deutschen Gäste wußten von der *Grande Cuisine* ebensowenig wie sie selber. Was sogar in prominenten Pariser *Nouvelle-Cuisine*-Lokalen oft nur eine abgemagerte *Grande Cuisine* ist, wird daher in mancher deutschen Kleinstadt mit der respektlosen Tollkühnheit von Avantgardisten betrieben.

Eine dieser Kleinstädte ist Ravensburg, und Albert Bouley, der dort im elterlichen Restaurant-Hotel *Waldhorn* kocht, ist einer der radikalsten unter den Neuerern. Es ist für ihn sicherlich nicht nachteilig, daß er französische Verwandte in Burgund hat, auch seine Berufserfahrung in der französischen Schweiz und der Besuch der Pariser Hotelfachschule ist es nicht. Doch darf man die Behauptung wagen, daß der junge Küchenchef, sogar wenn er als Hilfskoch in der Ravensburger Jugendherberge angefangen hätte, dort gelandet wäre, wo er heute ist: unter den ersten der Neuen Köche, die man meint, wenn vom deutschen Küchenwunder die Rede ist.

Nun wissen wir, daß Radikalität allein nicht genügt. Auf sie reduziert, wäre die *Nouvelle Cuisine* nichts anderes als eine Diätküche. Auch eine noch so delikate Diätküche aber hätte keine Chance, populär zu werden. Jahrtausende alte Instinkte lassen die Menschen stets nach den volleren Töpfen, den größeren Portionen greifen. Es muß also zunächst einmal die unglückliche Tatsache vergessen werden, daß ausgerechnet Michel Guérard, der Protagonist der *Nouvelle Cuisine,* diese seinen Gästen als Abmagerungsdiät empfiehlt. Sicher darf man voraussetzen, daß der moderne Feinschmecker, so er neben trainierten Kaumuskeln auch noch einen halbwegs entwickelten Verstand besitzt, kulinarischen

Genuß nicht mehr bei der deftigen Hausmannskost unserer Großeltern findet. Doch Kalorienarmut allein ist noch kein Argument für einen Glaubenswechsel. Es kommt darauf an, mit den neuen Kochmethoden nicht nur die gastrischen Nachteile der Alten Küche zu beseitigen, sondern einen ebenbürtigen Nachfolger für diese zu schaffen. Wenn man sich umschaut zwischen Biarritz und Berlin, muß man feststellen, daß das trotz ständigem Gerede nur von wenigen erreicht wurde.

Albert Bouley gehört dazu. Gewiß, auch er serviert zu Rehmedaillons die obligaten Spätzle, und seine Gemüsepürees sind so modisch wie ein Paar Lackpumps von Bally. Dennoch kommen aus seiner Küche originelle Kreationen in solcher Menge, daß der häufige Einwand gegen die Neue Küche, sie verfüge nur über wenige Standardgerichte und neige zur Monotonie, endlich einmal und endgültig entkräftet wird. Kalbskopf, Hirn, eingelegte Brennnessel, Taubenbeuscherl – was immer man woanders vermißt, Bouley kocht es. Und wenn er kocht, verändert und erfindet er. Dennoch ist bei ihm von dem Kreationszwang, dem kochende Fanatiker oft zu erliegen scheinen, nichts zu spüren. Natürlich gehört auch er zu den Fanatikern, ist er besessen von der Idee, alles mögliche in eine Delikatesse zu verwandeln, wie sie noch nie zuvor gesehen und geschmeckt wurde. Doch was er produziert, ist so unverkrampft-elegant – „ohne Klimmzüge kochen" nennt er das –, so spielerisch, daß kein Zweifel besteht: Dieser junge Koch ist ein Artist, und ein sehr wagemutiger dazu. Aber ihn treibt nicht der Übermut; das manchmal atemberaubende Jonglieren mit Methoden und Zutaten ist ganz einfach sein Element, in dem er sich so sicher fühlt wie ein Gläubiger in seinem Dogma.

Glücklicherweise kocht er nicht dogmatisch. Seine Saucen zum Beispiel („Der wichtigste Teil des Essens!") sind zwar leicht, sogar sehr leicht, aber sie sind nicht dünn. Die häufige Gleichsetzung von dünnen Saucen mit Neuer Küche ist eine weitere Ursache für die Skepsis vieler Esser gegenüber der kulinarischen Neuerung.

Verständlicherweise, wie ich meine. Denn was ist schon Besonderes an einer rosa gebratenen Entenbrust, an einem saftigen

Steinbuttfilet – das bringt auch ein Amateurkoch fertig –, wenn sie nicht von einer grandiosen Sauce veredelt werden! Eine dünne Sauce aber ist nie grandios, sie ist nur langweilig.

Wenn es ein Prinzip gibt, an dem Albert Bouley konsequent festhält, dann ist es die Bekömmlichkeit der Speisen, er kocht bewußt „gesund". Also keine stark erhitzten Fette, Berücksichtigung des Cholesteringehalts der Zutaten usw. Pingelig überwacht er die Hygiene in der Küche und zieht die meisten Gewürze ohne Kunstdünger im eigenen Garten. „Hier in Ravensburg kriegen wir fast alles, was wir brauchen!" sagt er nicht ohne Stolz; denn daß ihm die schönsten Steinpilze, die frischesten *Courgetten* und die reifsten Beeren von Erzeugern und Sammlern ins Haus gebracht werden, ist ja sein Verdienst. Er hat für sich erreicht, was das Ziel aller anspruchsvollen Konsumenten ist (oder wenigstens sein sollte): die Erzeuger davon zu überzeugen, daß auch und gerade mit verbesserter Qualität Geld zu verdienen ist. Trotzdem verbringt er, wie andere Kollegen übrigens auch, jede Woche eine halbe Nacht im Auto, um auf einem Autobahnrastplatz bei Ulm den Transport mit Hummer, Bressehühnern, Jakobsmuscheln und anderen Spezialitäten vom Pariser Großmarkt abzufangen und Ware zu übernehmen.

Hier ein typisches Beispiel für seinen Stil, für seine Auffassung von moderner Küche: *Wachtelpralinen mit Ratatouille,* das sind entbeinte, gefüllte Wachteln, mit einem sehr konzentrierten Jus nappiert und mit verschiedenen Gemüsestücken garniert. Diese nennt Bouley Ratatouille, weil sie aus den entsprechenden Mittelmeergemüsen bestehen; mit dem matschigen Gemüseeintopf Südfrankreichs haben sie darüber hinaus nicht das geringste gemein. Ihre dekorative Bedeutung bei diesem Gericht ist nicht zu übersehen und von Albert Bouley auch beabsichtigt. Denn schön aussehen soll alles, was er serviert. Da schreckt er nicht einmal davor zurück, einen Dillzweig auf ein Stück Fleisch zu legen, wo dieses Gewürz eigentlich nichts zu suchen hat. Ihm ist zuzutrauen, daß er auch einen Fliegenpilz als Dekoration verwenden würde, wenn er sicher sein könnte, daß ihn die Gäste nicht mitessen. Diese

Tendenz vieler junger Köche zu einer fast japanisch anmutenden Präsentation der Speisen ist bei ihm besonders stark ausgeprägt. Kein Wunder: In seiner knappen Freizeit zeichnet er und druckt im Offsetverfahren seine Speisekarten selber.

Zutaten: 100 g mageres Kalbfleisch, 2 Wachteln, 15 g (1 Stück) Geflügelleber, 20 g nichtgeräucherter, fetter Speck, 1 Sardellenfilet, 250 g Sahne, 1 ganzes Ei, 1 Eiswürfel, Salz, schwarzer Pfeffer, Cayenne-Pfeffer, Sherry-Essig, Armagnac, Madeira.

Für die Ratatouille: 1 Aubergine, 1 Courgette, 1 Tomate, 1 rote Paprika, 1 Knoblauchzehe, Oliven-öl, Thymianöl (kann man selber mit neutralem Öl und 1 Zweig Thymian in 2 Tagen ansetzen), Salz und Pfeffer.

Für die Sauce: Kalbsjus, Butter, Thymian, Rotwein *(Beaujolais),* Sherry-Essig.

In einem Mixer die Sahne, das Ei, und 1 TL Öl kurz durchmixen, die Leber, Salz und eine winzige Prise Cayenne-Pfeffer dazugeben, wieder durchmixen. Den Speck und das Kalbfleisch in sehr kleine Würfel schneiden und ebenfalls pürieren, den Eiswürfel dazugeben, vielleicht noch etwas Sahne – die Farce darf nicht zu trocken sein. Schließlich das Sardellenfilet und ein Spritzer Sherry-Essig. Das alles muß nach ca. 2 Min. eine cremige, fast pastose Konsistenz haben. Zu den Mengenangaben ist zu sagen, daß sie *ungefähr* sind. Ein Teelöffel Sahne mehr oder weniger, das läßt sich nicht genau festlegen, es kommt da auf die Qualität der Sahne an, auf die Temperatur (je kälter je besser, daher auch das Eis!) und ähnliche Umstände.

Ebenfalls ist die Reihenfolge, in der die Mengen püriert werden, nicht allzu wichtig. Sodann ist die Farce, wie sie hier beschrieben wird, für zwei Wachteln zu viel. Aber in noch kleinerer Menge läßt sie sich nur schwer herstellen. Würde man jede Zutat halbieren, wäre das Resultat unbefriedigend. Zwei Wachteln ergeben übrigens nur eine Portion, und zwar eine, die auch nur für ein – allerdings höchst raffiniertes – Vor- oder Zwischengericht ausreicht. Wie immer in der feinen Küche ist die Qualität der Zutaten besonders wichtig. Das magere Kalbfleisch war vom Rücken und zwei Wochen abgehangen, für die Leber nahm Bouley *Foie gras,* sagte jedoch, daß im Privathaushalt, wo die Stopflebern ja nicht zur Grundausstattung gehören, auch eine schöne Hühnerleber (besser: Entenleber) ihren Zweck erfülle.

Sind die Zutaten für die Farce durchgemixt, werden sie durch ein Haarsieb getrieben, damit eventuelle Gräten oder Fleischfasern hängenbleiben. Die fertige Farce kaltstellen.

Von den Wachteln die Flügel und Unterschenkel abtrennen. Mit einem sehr scharfen Messer auf dem Rücken, entlang dem Rückgrat, einen Schnitt anbringen und von dort aus am Brustkorb der Vögel entlangschaben und die Haut so ablösen, daß man sie mit den daranhängenden Fleischteilen den Wachteln wie einen Mantel ausziehen kann. Der Schenkelknochen wird am Gelenk abgetrennt und bleibt im Fleisch stecken. Darauf achten, daß die Haut dort, wo sie kein Fleischfutter hat, also sehr dünn ist, nicht reißt. Schließlich liegt sie wie ein abgezogenes Fell auf dem Tisch, die Innenseite nach oben. Die Fleischteile sind nicht gerade groß, es sind lediglich die beiden Brusthälften und die beiden Keulen. Aus diesen werden die Schenkelknochen jetzt herausgezogen. Mit Cayenne- und schwarzem Pfeffer aus der Mühle würzen.

Die Karkassen der Wachteln feinhacken und mit einer gehackten Schalotte in wenig Bratcrème angehen lassen, 1 Prise Thymian dazu und mit Armagnac und Madeira ablöschen. Reduzieren bis auf ca. 2 EL und die dreifache Menge Kalbsjus anschütten. Noch einmal auf die Hälfte reduzieren, 1 TL Butter einrühren. Durchsieben. 25 × 15 cm große Alufolien mit wenig Bratcrème bestreichen (damit das Fleisch nicht anklebt), darauf eine Prise Thymian. Von der kühlgestellten Farce ungefähr 1½ TL auf je eine ausgebreitete Wachtelhaut zur Kugel formen. Die Haut darüberschlagen und zusammenfalten. Auf die Folie setzen und diese schnell um die Kugel drehen, daß sie ihr Halt gibt wie ein Korsett. Oben kann die Folie etwas geöffnet sein, dahinein gibt man einen kleinen Klacks Bratcrème, damit die Wachtel von oben nicht antrocknet. Ohne anderen Zusatz in eine trockene Kasserolle setzen und in den heißen Backofen schieben. 12 Minuten braten lassen.

Von den angegebenen Gemüsen werden nur Außenstücke mit der farbigen Schale gebraucht, und zwar schneidet man sie in kleine, flache, rautenförmige Stückchen. Die Tomate enthäuten, entkernen und das feste Fleisch in ebenfalls kleine Stücke schneiden. Die Gemüse, nicht aber die Tomate!, werden 2–3 Min. in kräftig gesalzenem Wasser gekocht, und dann in Eiswasser abgeschreckt. Eine Schalotte sehr, sehr fein hacken, ein wenig Thymianöl erhitzen, 1 zerdrückte Knoblauchzehe mit der Schale dazugeben, salzen, pfeffern. Die Gemüsestücke und jetzt auch die Tomaten dazu. Das alles soll warm, aber nicht heiß werden; die Tomaten würden sonst Wasser ziehen und das Gemüse matschig machen. Es ist dieser Arbeitsgang scheinbar eine Lappalie, aber dennoch verlangt er äußerste Sensibilität. Etwas zu heiß, etwas zu lange in der Pfanne, und die Gemüsestücke würden schrumpfen, oder die Farbe würde matt; andererseits dürfen sie nicht vor Fett glänzen oder nicht zu trocken sein. Hier wird der Unterschied zwischen der *Nouvelle Cuisine* und den herkömmlichen Kochmethoden besonders deutlich. Da hier ohne Netz gearbeitet wird, nämlich ohne Butter und Sahne, mit denen man im Notfall ja immer noch retten kann, ist eine *professionelle* Präzision nötig, wenn das Ergebnis nicht von enttäuschender Banalität sein soll.

Mit dem Gemüse müssen auch die Wachtelpralinen fertig sein. Aus dem Ofen nehmen, in die Folie einige Tropfen Rotwein geben, der sich mit dem am Boden der Folie angesammelten Bratsaft verbindet. Diese Verbindung in die vorbereitete Sauce geben und noch einmal aufkochen lassen. Mit Sherry-Essig und schwarzem Pfeffer abschmecken und weiter einkochen lassen, bis die Sauce eine sirupähnliche Konsistenz hat. Die Wachteln aus der Folie nehmen und auf einen Teller setzen (sie sollen auf Fingerdruck zwar nachgeben, aber nicht mehr weich sein) und drumherum die Gemüsestückchen garnieren. Die Sauce über die Wachteln gießen. Servieren. Einen Geschmack, und dazu noch einen ungewohnten, ungewöhnlichen, zu beschreiben, ist immer sehr schwierig, vor allem, wenn kein eindeutiger Eigengeschmack und kein dominierendes Aroma vorhanden sind. Ersteres haben Wachteln nicht, letzteres wäre nicht im Sinne einer feinen Küche. Feine Küche aber sind die Wachtelpralinen des Albert Bouley im höchsten Maße, von unendlicher Sanftheit und nobler Dezenz: Das Meisterwerk eines jungen Küchenchefs, dem noch viele weitere Meisterwerke gelingen werden.

Die feine Rübe des Georges Paineau

Ab und zu bekomme ich auf dem Markt Teltower Rübchen. Das sind kleine, runde, hell-orangefarbene Rüben, die ein wenig süßlich schmecken. In längliche Stücke geschnitten, in Salzwasser gekocht und dann ein wenig glasiert, passen sie ausgezeichnet zu dunklem Fleisch. Sie gehören zu den vielen Gemüsesorten, die es in meiner Jugend überall gab, die heute jedoch weitgehend vom Markt verschwunden sind – wie Stielmus, Melde, Mangold und anderes Grünzeug. Ich kann nicht sagen, ob dieses Verschwinden unbedingt zu bedauern ist. Vieles war sicherlich nur in einer schweren, mehr oder weniger primitiven Küche verwertbar und zur Verfeinerung nicht geeignet. Die Teltower Rübchen jedoch sind sehr delikat. Statt ihrer finden wir heute recht häufig kleine, weiße Rübchen, aus Frankreich importiert, die *navets* heißen. Sie haben die gleiche Größe und die gleiche Form wie die Teltower, werden auch auf die gleiche Art zubereitet, sind aber weiß mit einem blau-violetten Übergang zum oberen Ende. In der französischen Küche spielen sie traditionell eine große Rolle, besonders in Gerichten, die – modernisiert oder nicht – zur Hausmannskost gehören. Aber auch die feine Küche verwendet sie mehr und mehr, manchmal als Püree, wie es der Mode entspricht. Im Vergleich zu ihren Teltower Schwestern ist ihr Eigengeschmack aber ziemlich gering, man könnte auch sagen, weniger deftig.

Jetzt habe ich sie als Auflauf gegessen, also in einer etwas komplizierteren Form. Das war in einem Restaurant, das ich zu den besten überhaupt zähle: Das Hotel-Restaurant *Le Bretagne* in Questembert, ungefähr 60 km nördlich von La Baule in der Bretagne. Obwohl von allen kulinarischen Reiseführern hoch eingeschätzt (nicht hoch genug, wie ich meine), gehört Georges Paineau, der Patron und Chef, nicht zu jenen Köchen, deren Namen alle im Munde führen, wenn von der ersten Garde die Rede ist (oder von den jungen Köchen oder der *Nouvelle Cuisine* usw.). Das liegt an seinem Temperament. Schüchtern, eigensinnig und selbstbewußt entzieht er sich dem Rummel der Selbstdarstellung, den viele seiner Kollegen (auch in Deutschland) oft meisterhafter beherrschen als ihr Metier. Dafür kocht er besser und erfindungsreicher als die meisten. Seine pochierten, in große Spinatblätter eingewickelten Austern in einer heißen, säuerlichen Buttersauce *(huîtres en paquets)* haben mich schlagartig vom Austern-Purismus („entweder roh oder gar nicht") abgebracht. Ihretwegen allein werde ich eines Tages wieder die lange Reise in die Bretagne antreten! Wenn man sie mit der Trüffelsuppe des Paul Bocuse vergleicht – was man nicht kann – und sich daran erinnert, was für ein Wind darum gemacht wurde ...

Auch sonst ist die Küche des Georges Paineau ungewöhnlich. So verzichtet er auf Salz, wo das eben möglich ist. Also vor allem bei Gemüse, die, wenn sie taufrisch und von optimaler Qualität sind, tatsächlich einen so eindeutigen Artgeschmack haben, daß ein Gewürz ihn nur verfälschen würde. Das gleiche gilt auch für seine Fischgerichte und, wo es eben geht, auch für das Fleisch. Bezeichnenderweise serviert er in seinem eleganten Restaurant nur einen einzigen kleinen Appetithappen vor dem Essen und zur einsamen Semmel keine Butter. Das hat nichts mit Sparsamkeit zu tun. Georges Paineau will seine Gäste bewußt davon abhalten, ihren Appetit mit den kleinen Häppchen und gebutterten Brotstücken von seinen Kreationen abzulenken. Ein ziemlich wagemutiges Unterfangen in einer Zeit, wo gerade in den besseren Restaurants mit unzähligen *amuse gueules* und verschiedenen Weißbrotsorten ein großer Aufwand getrieben wird. Und in der Mitte seines Feinschmecker-Menüs für 88 Mark – sechs unübertreffliche, unvergeßliche Köstlichkeiten! – serviert er nicht, wie es die Mode verlangt, ein Sorbet, sondern den Auflauf aus weißen Rübchen. „Weil ihr Naturgeschmack höchst belanglos ist", diskreditiert er unverblümt und nicht zu Unrecht dieses Standardgemüse der französischen Küche. Ich habe ihn um das Rezept gebeten, hier ist es:

Mousse de navets aux fines herbes (für 4 Personen):
1 kg Navets schälen, in Stücke schneiden und kochen. Aus 20 g Mehl, 20 g Butter und 1/8 l Milch eine Bechamelsauce herstellen.

86

Die erkaltete Sauce zusammen mit den Rübchen im Mixer pürieren. In eine Schüssel geben und 4 Eiweiß und 3 EL süße Sahne unterrühren. Mit Salz, Muskat und Cayenne-Pfeffer vorsichtig würzen. Kleine Portionsnäpfchen aus Porzellan ausbuttern, die Mousse einfüllen und 20 Min. im Backofen im Wasserbad garen lassen. Auf Teller stürzen und folgende Sauce dazu servieren:

120 g geschmolzene Butter mit wenig Wasser und Zitronensaft verrühren, salzen und 100 g sehr feingehackte, frische Gartenkräuter unterziehen.

Es ist fast so einfach wie es klingt, wenn man richtig würzt und die Eiweiß so verrührt, daß sie zwar nicht mehr glibberig, aber noch nicht schaumig sind. Das bißchen Bechamelsauce hat überraschenderweise keinerlei „erschwerende" Wirkung. Das Ganze ist wunderbar leicht und mehr als nur eine Gemüsebeilage, nämlich ein selbständiges Zwischengericht, als was es Georges Paineau ja auch serviert. Und wenn es auf dem Markt gerade keine *navets* gibt, kann man das gleiche Rezept auch mit Kohlrabi versuchen – wenn sie jung sind.

Auberge de l'Ill, Alsace, France

Das sorgfältig gerahmte Aquarell mit dem Sonnenuntergang überm Meer stellt er vorsichtig auf einen Stuhl, in der richtigen Entfernung, die es mir erlaubt, den Gesamteindruck mit einem Blick zu erfassen und gleichzeitig vom mehr oder weniger nassen Farbauftrag beeinflußte Einzelheiten der Struktur zu erkennen.

Später, als ich mich verabschiede, drückte er mir eine Speisekarte eher gleichgültig in die Hand, obwohl doch auf ihr auch eines seiner Aquarelle großformatig abgebildet und sie mit ihrem Katalog kulinarischer Kostbarkeiten für viele Feinschmecker zu einem Sammlerobjekt geworden ist.

Jean-Pierre Haeberlin, der Bürgermeister des 500-Seelen-

Dorfes Illhaeusern im Elsaß, der ursprünglich Malerei und Architektur studierte und als Mitbesitzer der *Auberge de l'Ill* auch noch Präsident der noblen Gastronomen-Vereinigung *Traditions et Qualité* ist, hat sich schon von Kindheit an gut mit seinem zwei Jahre älteren Bruder Paul verstanden, den man, obwohl er nicht malt, ohne Zögern ebenfalls einen Künstler nennen muß. Seine Kreativität findet ihren Ausdruck im Streben nach kulinarischer Vollendung, deren Erreichbarkeit er und die zwölf Köche in der Küche der *Auberge de l'Ill* täglich immer wieder neu beweisen müssen.

So verschieden sich das auf den ersten Blick ausnimmt, einerseits das durch Spontaneität entstehende Aquarell, andererseits die mit Hechtmus gefüllte Lachsschnitte, die erst durch unzähliges Probieren und Wiederholen zu jener Kreation werden konnte, die seit ihrer Erfindung durch Paul Haeberlin das Repertoire der großen Restaurants um eine Attraktion bereichert – so verschieden sich das ausnimmt, so verschieden sind die Brüder Haeberlin auch äußerlich. Jean-Pierre ist eher klein, drahtig, fast sportlich zu nennen, ein zunächst unauffälliger Mann, den man allerdings in seinem Restaurant nicht lange beobachten muß, wenn er während der Essenszeit für einen reibungslosen Ablauf des gastronomischen Rituals sorgt, um zu erkennen, daß seine hellwache Konzentration, mit der er alles und jeden registriert, weit über die Qualifikation hinausgeht, die für einen Restaurantdirektor unerläßlich ist. Seismographisch genau erfaßt er die Stimmung seiner Gäste, ist sich über ihre Erwartungen im klaren, noch bevor sie es selber sind, und erkennt noch hinter der konventionellsten Kostümierung ihre wahre Identität: Hinter dem schüchternen Touristen den ausgepichten Kenner; hinter dem Mann von Welt den provinziellen Banausen; hinter dem bescheidenen Angestellten den hemmungslosen Genießer. Sicherlich kann man diese Fähigkeiten trainieren, aber zu solcher Vollendung gelangen sie wohl nur bei jemandem, für den das alles eine natürliche Einheit bildet: das Haus, das er repräsentiert, der große und ständig geforderte Ruf der Küche, die Gäste in ihrer wechselnden

Zusammensetzung und schließlich – und vor allem – die ihn umgebende Landschaft. Man muß diese Landschaft im Winter gesehen haben, wenn die *Auberge de l'Ill* Betriebsferien hat, vom 15. Januar bis zum 15. Februar, wenn Jean-Pierre, der seit einem schweren Autounfall auf den geliebten Skisport verzichten muß und sich auf ärztliche Anweisung im lauen Meer der Subtropen erholt, wenn Paul in den französischen Provinzen von Restaurant zu Restaurant fährt und neugierig probiert, was und wie die Kollegen kochen, weil er keine Mahlzeit essen kann, ohne ihren kulinarischen Rang zu prüfen, wobei seine sensible Zunge auf Qualität reagiert wie eine Wünschelrute auf Wasserspuren. In diesen vier Wochen fährt kaum ein Auto durch Illhaeusern. Den Ortschaften in der Rheinebene fehlt der Charme der an den Vogesenhängen liegenden Winzerdörfer: Hier wächst Weißkohl statt Wein. Wollte man seinen Augen trauen, müßte man das Niveau der elsässischen Küche geradezu als ein Wunder bezeichnen. Vor allem, wenn man die umweltbedingten Veränderungen berücksichtigt. Zwar knabberte der als *Lièvre à la Royale* auf der Speisekarte der Haeberlins zu beträchtlichem Ruhm gelangte Hase zu Lebzeiten tatsächlich am elsässischen Kohl, aber die Krebse werden nicht mehr im nahen Bach gefangen, sondern in der Türkei gezüchtet, die Lachse aus Nordeuropa eingeflogen. Früher kamen sie als Rheinsalm in bester Qualität und so großen Mengen auf den Markt, daß es sich die Dienstboten vertraglich zusichern ließen, Lachs nicht öfter als dreimal in der Woche essen zu müssen. Heute ist das elsässische Rezept für *Illhecht in Rahm* angesichts der Leichenstarre der trüben Ill für den umweltbewußten Feinschmekker nur noch ein Dokument der Nostalgie. Die Zeiten sind schon seit 25 Jahren vorbei, da die Gebrüder Haeberlin den Fischern des Ortes am Morgen Bestellungen über die Zahl der bis Mittag zu angelnden Hechte, Lachse und Forellen aufgaben. Auch mußten damals die Frösche nicht importiert werden, und in allen Dörfern des Elsaß gab es Bauern, die ihre Gänse stopften. Noch heute heißt ja das feine Produkt in den mattweißen Porzellantöpfen *Straßburger Gänseleberpastete,* obwohl es nur mehr einen größeren Betrieb im ganzen Elsaß gibt, wo Gänse noch gestopft werden. Es stimmt auch nicht mehr das beruhigende Bild vom Küchenchef, der jeden Morgen auf den Markt geht, die Qualität der dort angebotenen Produkte prüft und selber einkauft. (Es stimmt bei keinem der großen Restaurants mehr.) Küchen vom Rang der Haeberlins genießen einen respektheischenden Ruf auch unter den Lieferanten, die es sich zur Ehre anrechnen, nur die allerbesten Qualitäten zu besorgen und zu liefern. Der Unterschied bei der Zartheit eines Lammrückens in einem Drei-Sterne-Restaurant und bei einem Durchschnittswirt ist keineswegs ausschließlich mit dem überlegenen Können des Drei-Sterne-Kochs zu erklären. Er bekommt einfach die bessere Ware (für die er natürlich auch mehr bezahlen muß, was wiederum Einfluß auf die Menüpreise hat). Andererseits kann sich jeder Koch (in Frankreich) erste Qualitäten besorgen, und der darin zum Ausdruck kommende Qualitätsfanatismus ist ja überhaupt die Voraussetzung, ohne die keiner ein großer Chef wird. Ohne diese Pingeligkeit, die sich noch auf die Sorte des zum Kaffee servierten Zuckers und der zum Kochen verwendeten Butter beziehen muß, ohne diesen ständigen Skrupel, die einen wahren Koch bis in den Schlaf verfolgen, kann jene Qualität nicht erreicht werden, die vor den Augen und Zungen auch der kritischsten Gäste bestehen kann.

Die Gebrüder Haeberlin können über ihre Gäste nicht klagen. Für die Deutschen, die, besonders im Sommer, einen großen Teil der Klientel ausmachen, sind sie zum – leicht erreichbaren – Symbol der großen französischen Küche geworden; den festen Kern der Stammgäste bilden nach wie vor ihre Landsleute aus der Region. Besonders auf diese Tatsache sind die Brüder stolz. Wenn an den Montagen die Verkäufer und die kleinen Geschäftsleute aus Colmar kommen, weil sie an ihrem freien Tag kulinarische Gelüste haben, wenn sich seit nun schon zwanzig Jahren an jedem Donnerstag der Dorfstammtisch einfindet und nach stillschweigender Übereinkunft wenigstens bei einem Gang des Menüs eine kleine Erfindung Pauls erwartet, dann bedeutet das den beiden Brüdern mehr als die schwärmerische Begeisterung einiger Touristen, die, von Bocuse kommend, am nächsten Tag im *Tantris* essen werden.

Diese Verbundenheit mit der Region kommt nicht von ungefähr. Die *Auberge de l'Ill* ist schon seit hundert Jahren im Besitz der Familie Haeberlin. Das heute große und elegant zu nennende Haus begann nach der Zerstörung im Krieg in einer Holzbaracke wieder als das, was es immer war: eine Fischerkneipe. Erst die gemeinsamen Anstrengungen der Brüder Jean-Pierre und Paul machten aus der dörflichen Wirtschaft das international bekannte Restaurant, das seit nunmehr zehn Jahren zur Drei-Sterne-Elite zählt. Doch schon vorher drang der Ruf von den Künsten Pauls über die Grenze: Als 1962 die neue Rheinbrücke bei Breisach durch den französischen und den deutschen Verkehrsminister eröffnet wurde, trennten sich die beiden Minister bald wieder mit dem Hinweis auf dringende Staatsgeschäfte, die sie in der jeweiligen Hauptstadt erwarteten; eine halbe Stunde später nahmen sie verlegen lächelnd an ihren vorbestellten Tischen in der *Auberge de l'Ill* Platz. Seitdem sind die Gästebücher des Restaurants zu einem Auszug aus dem Gotha geworden, illustriert von graphischen Widmungen zahlreicher Künstler, unter denen Roy Lichtenstein durch ein braves Stilleben, Antes durch seine charakteristischen Kopffüßler und Clavé durch eine Collage aus einer 50-Centimes-Briefmarke auffallen. Vielleicht wichtiger als die Sammlung prominenter und größtenteils unleserlicher Unterschriften ist ein anderes Buch, das Paul Haeberlin nicht ohne berechtigten Stolz aufbewahrt. Es ist das handgeschriebene Rezeptbuch seines Lehrmeisters Edouard Weber aus dem nahen Ribeauvillé. Dieser war Koch am Zarenhof in Petersburg, bevor er sich nach dem Ersten Weltkrieg in seiner elsässischen Heimat niederließ, wo Paul bei ihm als letzter Schüler lernte. Triumphierend zeigt er mir in dem alten Buch ein Rezept für einen Salat mit Gänseleber: ,,Schon damals!" Damit bezieht er sich auf die Salat-Mode der Neuen Küche, bei der Gänseleber eine große Rolle spielt, ob zu feinen, dünnen Bohnen oder auf Blattspinat. Damit sind wir auch bei der Gretchenfrage: Wie hält er's mit der *Nouvelle Cuisine?* Eine Frage, die sich allerdings bei Unterhaltungen mit ambitionierten Küchenchefs als ziemlich überflüssig herausgestellt hat, weil die Antwort immer dieselbe ist: Leichte Küche – ja, Diät à la Guérard – nein. Auch Paul Haeberlin weist darauf hin, daß es immer schon die Leichtigkeit der Speisen war, die einige wenige Restaurants aus dem Durchschnitt heraushob und berühmt machte. Dann betont er nachdrücklich die Rolle, die eine gute Sauce in der feinen Küche spiele. Gerade Leute, die zu Hause mit gegrilltem Fleisch und blaugekochten Fischen die Kalorienschwelle bewußt niedrig halten, erwarten, wenn sie ausgehen, um die Freuden der Tafel zu genießen, daß der Koch dem banalen Naturprodukt durch eine hinreißende Sauce zur kulinarischen Erfüllung verhelfe. Die alte Erkenntnis, daß der Wohlgeschmack von Butter und Sahne durch nichts ersetzt werden kann, ist für Paul Haeberlin eine Binsenwahrheit. Auf Saucen nicht zu verzichten und sie dennoch leicht zu machen, darin sieht er den einzig sinnvollen Fortschritt in der Küche.

Paul Haeberlin ist größer und schwerer als sein Bruder. Ihn als Koch zu identifizieren, fällt nicht schwer. Mit der hohen, weißen Mütze über dem sanften Gesicht scheint er einem Bilderbuch von Maurice Sendak entstiegen zu sein. Wenn man von Augen sagen kann, es glühe in ihnen ein gedämpftes Feuer, so trifft das auf seine Augen zu, die zunächst nur unendliche, fast mütterliche Gutmütigkeit auszustrahlen scheinen und mitunter unkonzentriert wirken, wenn von Dingen die Rede ist, die nichts mit der Kochkunst zu tun haben. Aber dann, beim Anblick einer köchelnden Sauce, einer rohen Lachsscheibe, ja, schon bei der bloßen Erwähnung eines kulinarischen Objekts, geben sie jäh die Leidenschaft zu erkennen, mit der ein Künstler auf die Herausforderung der Leistung reagiert.

Die große Leistung Paul Haeberlins besteht in der Adaption der elsässischen Regionalküche für die *Grande Cuisine*. Es ist dies ein Verdienst nicht nur im Hinblick auf die deutschen Gäste, die bei ihm zum ersten Mal die französische Art zu kochen kennenlernen und in den elsässischen Spezialitäten vertraute Anklänge an die badische Küche entdecken, was ihnen den Übergang zu den nudel- und kartoffelfreien Gerichten der klassischen *Grande Cuisine* sicherlich erleichtert, wie man ja auch die fruchtigen Elsässer Weine als Bindeglied zwischen den süßen deutschen und den trockenen Weißweinen Burgunds bezeichnen kann. Die Leistung Paul Haeberlins hat darüber hinaus allgemeine Bedeutung.

Im Laufe der letzten Jahre hat die Beschränkung auf hochkarätige Viktualien in den Küchen der großen Restaurants zu einer unübersehbaren Ähnlichkeit im Repertoire geführt. So wird man den Steinbutt in Champagnersauce, die in Streifen geschnittene Entenbrust mit grünem Pfeffer und den unvermeidlichen, getrüffelten Hummer auf allen Karten der Drei-Sterne-Restaurants finden (und natürlich auch bei ehrgeizigen Köchen anderer Kategorien), was für den vergleichenden Esser sogar ganz interessant sein kann. Letzten Endes aber wird solche – zum Teil auch modisch bedingte – Konformität nur erträglich gemacht durch den persönlichen Stil der einzelnen Köche, der, wenn er sich von dem der Kollegen unterscheidet, durch nichts anderes als durch regionale Verschiedenheiten geprägt sein kann. Die Gefahr, daß sich ein einheitlicher Drei-Sterne-Kochstil herausbildet, so wie man, auf einem anderen Niveau von einer internationalen Hotel-küche sprechen kann, ist nicht gering und wird vergrößert durch modische Trends in der großen Küche von heute – Gemüsepürees, Fischmus, Sorbets. Die Vorstellung, an drei Tagen hintereinander bei Bocuse, Chapel und Troisgros essen zu müssen, die alle der Lyonnaiser Küche verpflichtet sind und sich bei aller Meisterschaft sehr ähneln, diese Vorstellung scheint mir weniger verführerisch als die Abwechslung durch eine andersartige, weil durch eine andere Landschaft geprägte Küche, wie sie – in diesem Fall – die *Auberge de l'Ill* bietet. Unter diesem Gesichtspunkt sind ihre überbackenen Nudeln, die handgeschabten Spätzle, die Äpfel und Preißelbeeren zur Ente und zum Reh eben keine folkloristischen Relikte, wie man sie in jedem Gasthaus auf beiden Seiten des Oberrheins finden kann, sie zeugen keineswegs von provinzieller Rückständigkeit, sondern bezeichnen im Gegenteil genau jenen

Teil der Küche der Brüder Haeberlin, den ich den fortschrittlichen Teil nennen möchte, weil die Küche der Zukunft sich auf ihre landschaftlichen Ursprünge besinnen muß, wenn sie nicht langweilig werden will.

Dodin-Bouffant, Paris

Man kann es ruhig einen Skandal nennen, daß ein gewisser Jacques Manière im französischen „Guide Michelin" jahrelang überhaupt nicht erwähnt, geschweige denn ausgezeichnet wurde. Dabei ist er nach Ansicht anderer kompetenter Freßführer schon lange „der beste Koch der Welt". Superlative sind tatsächlich angebracht, wenn man über seine Küche spricht. Bis vor kurzem gehörte ihm das Pariser *Pactole* am Boulevard Saint-Germain. Jetzt ist er hundert Meter weitergezogen und hat in der Rue Frédéric Sauton Nr. 25 ein neues Restaurant eröffnet: Das *Dodin-Bouffant*. Es ist zweistöckig und von einer unverbindlichen Modernität, die weder etwas mit dem barocken Prunk der Nobel-Restaurants zu tun hat noch mit dem Plüsch der Belle Epoque – hat also wenig Pariserisches. Die Speisekarte ist simpel, die Auswahl der Weine sogár verblüffend klein. Und billig. Letzteres darf man dem Kellner gegenüber ruhig loben; ersteres zu beklagen, hieße jedoch einen Rausschmiß riskieren. Denn auch das gehört zu den Einmaligkeiten des Jacques Manière, daß er Kritik nicht verträgt, allerdings auch nicht nötig hat.

Wer das *Dodin-Bouffant* verläßt, ohne glücklich zu sein, sollte den Fehler bei sich suchen. Die Küche entspricht ziemlich dem Dekor des Lokals. Es ist nicht die raffinierte *Grande Cuisine* von Lasserre oder Bocuse, aber auch nicht die gute Hausmannskost (die es tatsächlich noch gibt). Sie basiert auf den beiden idealen Prämissen: absolute Spitzenqualitäten bei den Rohprodukten und äußerste Einfachheit in der Zubereitung. Das erste ist zwar Voraussetzung für jede gute Küche, aber man muß bei Manière erst einmal die gefüllte Seezunge *Robert Courtine* gegessen haben, um zu wissen, was Qualität sein kann; man muß seinen Salat *Ma Folle* probieren, seine Krebsschwänze bzw. Turbot *Lucien Vanel,* um aus dem Staunen nur herauszukommen, um in eine Begeisterung zu fallen, die einem nur wenige der mit 3 Michelin-Sternen ausgezeichneten Freßtempel entlocken können. Hier wird eine Neue Küche praktiziert, wo die im Dampf, also fettfrei und nur kurz gegarten Fleisch- und Fischstücke mit Saucen kombiniert werden, die man mit dem Löffel vom Teller kratzt, wenn man kein Snob ist. Sie sind nicht, wie es bei konsequenter *Nouvelle Cuisine* sein müßte, auf Joghurt und Gemüsesaft aufgebaut, sondern auf Butter und Sahne – und trotzdem haben sie keine Ähnlichkeit mit Großmutters Gallenfolter! Sie sind schlechthin perfekt. Jacques Manière kocht, wie Niki Lauda Auto fährt, nur mit einem anderen Körperteil: Er hat es in den Fingerspitzen. (Telefonische Tischbestellung unumgänglich: 32525-14. Samstag und Sonntag geschlossen.)

Faugeron und Chiberta

Im großen und ganzen stimmen sie überein, die französischen Restaurantführer; vor allem bei den ganz Großen machen sie kaum Unterschiede: Bocuse, Chapel, Troisgros, Guérard, Haeberlin – sie sind ihnen allemal den goldenen Lorbeer wert, ob er nun durch drei Sterne symbolisiert wird (Guide Michelin), drei Kochmützen (Gault-Millau) oder durch einen gekrönten, roten Hahn (Guide Kléber). Welchem der Führer man den Vorzug geben soll, ist schwer zu sagen. Der reisende Feinschmecker tut gut daran, sie möglichst alle zu Rate zu ziehen und das Ergebnis mit seinen persönlichen Erfahrungen zu vergleichen. Ich halte den „Guide Michelin" immer noch für den verläßlichsten, trotz seiner beiden großen Nachteile: Er differenziert zu wenig und reagiert sehr langsam. Bis dort ein begabter Nachwuchskoch seinen ersten

Stern bekommt oder einen verdienten zweiten dazu, das kann Jahre dauern. In dieser Beziehung sind die Herren Gault und Millau schneller, wenn sie auch manche Modeerscheinung überbewerten (Frauenküche, Bistro-Chic) und neben der generellen Konzentration auf die Pariser Küchenszene einige – man hat den Eindruck: gute Freunde – stärker in den Vordergrund schieben, als das normalerweise gerechtfertigt wäre. Aber wenn der „Michelin" seine knapp zwanzig Favoriten gleichmäßig mit drei Sternen dekoriert, dann muß auch das jedem Feinschmecker unbegreiflich und ungerecht erscheinen, der hintereinander zum Beispiel bei Chapel in Mionnais und bei Père Bise in Talloires gegessen hat. Der „Kléber" schließlich ist immer für eine Überraschung gut, ob er ein unbekanntes Restaurant in der Bretagne neben die Superstars der französischen Küche stellt oder durch eine Kritiker-Jury, die *Académie Kléber-Colombes,* jedes Jahr die „Hoffnung der französischen Küche" ermitteln läßt.

1977 war diese „Hoffnung" Jean-Michel Bedier, der Küchenchef von *Chiberta,* 3, rue Arsène-Houssaye, Paris 8e. Mit nur einem Stern vom „Michelin" eindeutig unterbewertet, seit 1979 zwei Sterne, von „Gault-Millau" erst spät erwähnt und bis heute offensichtlich nicht zum geförderten Freundeskreis gehörend, ist *Chiberta* nach meiner Meinung tatsächlich eines der besten Pariser Restaurants.

In die gleiche Kategorie gehört auch Henri Faugeron, der ein Opfer der langsamen Reaktion der Michelin-Leute wurde: Als er endlich einen zweiten Stern für seine Leistungen in den *Belles Gourmandes* erhielt, hatte er das kleine Restaurant im Saint-Germain-des-Pres bereits verlassen und sich mit seinen besten Mitarbeitern im eleganten 16. Arrondissement selbständig gemacht. Sein neues Lokal *Faugeron, 52, rue de Longchamp,* suchte man in der Michelin-Ausgabe von 1977 vergebens.

Neben ihrer unterschiedlichen Bewertung durch die jeweiligen Restaurantführer haben die beiden Köche ein weiteres gemeinsames Merkmal: Sie sind erstaunlich jung. Damit bestätigen sie das Bild, das sich der aufmerksame Beobachter der Küchenszene schon seit geraumer Zeit machen kann. Es wächst da eine Generation von Köchen heran, bei denen Jugend nicht bedeutet, daß sie noch einen langen Weg vor sich haben, bis sie die etablierten Vorbilder erreichen. Sie sind schon jetzt, manchmal nur wenige Jahre nach ihrem Debut, von einer Perfektion, die man bisher nur bei den Großmeistern vorfand, und haben darüber hinaus einen Stil, der oft genug verrät, daß diese Großen nur in begrenztem Maße ihre Vorbilder waren! Diese junge Generation von Köchen darf man getrost mit der *Nouvelle Cuisine* gleichsetzen. Schließlich ist deren bekanntester Repräsentant, Michel Guérard aus Eugénie-les-Bains, selbst erst vierzig. Da diese Neue Küche zunächst einmal kein festumrissenes Repertoire von Rezepten ist, sondern eher eine Kochmethode darstellt, nach der man, wenigstens theoretisch, auch die bayerische Küche zur Genießbarkeit verändern könnte, dürfte man eigentlich eine bunte Vielfalt von Gerichten erwarten. Das ist allerdings nicht der Fall. Denn ob Neue oder Alte Küche, es handelt sich hier ja immer um die sogenannte feine Küche, also um Spitzenleistungen der Kochkunst. Dort aber sind so unterschiedliche Stile – wie zum Beispiel in der Malerei – nicht möglich, das verhindert schon allein die Beschränkung auf wenige, erstklassige Grundprodukte. In diesem Punkt hat sich also nicht viel geändert: Sind sich die Alten zum Verwechseln ähnlich, so unterscheiden sich auch die Jungen nur in Nuancen – ein gemeinsames, hohes Niveau vorausgesetzt.

Dennoch sind es zwei sehr verschiedene Erlebnisse, ob man bei *Faugeron* oder im *Chiberta* ißt. Eine nicht unwichtige Bedeutung kommt dabei der Einrichtung der Lokale zu, der Dekoration also, die zwar kaum etwas darüber aussagt, was den Gast kulinarisch erwartet, aber doch entscheidend mitbestimmt, ob man sein Essen in einer angenehmen, komfortablen Umgebung einnimmt oder nicht. *Faugeron* darf man ruhig „prächtig" nennen, und man hat immer noch untertrieben. Es ist nicht die barocke Pracht Louis XVI., die ja in der französischen Gastronomie oft ein Synonym für fein und teuer ist, sondern es hat dort der Innenarchitekt eine Szenerie geschaffen mit weißen Gipssäulen und -bögen,

Damastrüschen und einem plätschernden Zimmerbrunnen, in der man sich Peter Ustinov gut in der Rolle eines römischen Feldherrn, umringt von Vestalinnen im Minirock, vorstellen kann – also Hollywood. Auch die Speisekarte ist von einer geradezu einschüchternden Prächtigkeit.

Aber wenn man dann liest, was sie enthält, erkennt man, daß hinter all dem dekorativen Aufwand ein Chef steckt, der genau weiß, worauf es letzten Endes ankommt. Die Karte verzeichnet nämlich nicht mehr als elf Hauptgerichte (Fisch und Fleisch)! Diese Beschränkung macht es wahrscheinlich, daß die wenigen Gerichte besonders frisch sind, gleichzeitig verrät sie einen selbstbewußten Chef, der keine Konzessionen an jene Gäste macht, die die Güte eines Restaurants mit der Größe der Auswahl gleichsetzen. Das Wenige, was Henri Faugeron anbietet, erscheint beim flüchtigen Lesen sogar fast alltäglich. Da fehlt weder das Rinderfilet noch der Lammrücken, weder die Ente noch die Kalbsleber. Aber alle Zubereitungen haben einen ganz bestimmten Kniff, nämlich die persönliche Handschrift des Chefs, die ja erst die Voraussetzung dafür ist, daß von Meisterschaft gesprochen werden kann.

Der äußerlichen Eleganz entspricht ein ebenso glänzender Service, der von der hübschen und charmanten Madame Faugeron, einer geborenen Österreicherin, geleitet wird. Bei höchstens 55 Couverts arbeitet der Patron mit zehn Köchen und sieben Kellnern; allein dieser Personalaufwand bringt *Faugeron* automatisch in die Luxusklasse. Doch Eleganz hin, Luxus her – wäre das, was man bei *Faugeron* dann schließlich auf dem Teller hat, nicht von erlesener Qualität, der äußerliche Aufwand wäre nicht der Rede wert. Doch daß die Qualität der Speisen ihm nicht nachsteht, dafür sorgt die bereits erwähnte, persönliche Handschrift des Chefs. Sie äußert sich zum Beispiel in der Art, wie er die *Foie gras* zubereitet. Zusammen mit den Aromaten hüllt er sie in eine Plastikfolie (schrecklicher Gedanke!) und hängt sie in kochendes Wasser. Das Resultat ist verblüffend. Der Unterschied zu einer normal im Wasserbad pochierten Stopfleber ist groß, sowohl was die Aromastärke angeht wie auch die wunderbar leichte und saftige Konsistenz der Leber. Letztere ist außerdem so gleichmäßig gegart, nämlich außen nicht stärker als innen, wie das mit der herkömmlichen Methode nicht möglich ist. Noch spektakulärer wirkt diese Methode, wenn sie bei einer mit Basilikum gefüllten Scheibe aus dem doppelten Lammrücken *(Selle d'agneau farci)* angewandt wird. Das Fleisch bleibt praktisch roh, jedoch nicht blutig und, wieder verblüffend, auch keineswegs kalt oder lauwarm. Vielleicht möchte der eine oder andere Feinschmecker nicht auf eine knusperig gebratene Außenhaut (das sanfte, aromatische Fett der jungen Tiere!) verzichten; ich kann das verstehen. *Roh und leicht,* diese beiden wichtigen Begriffe aus dem Vokabular der Neuen Küche sollte man tatsächlich nicht zum Dogma machen. Bei der *Foie gras* aber ist diese originelle Zubereitungsmethode des Henri Faugeron völlig überzeugend.

Nicht weniger originell ist ein Vorgericht, das nun wirklich den Vorzug hat, ein leichtes Nichts und dennoch eine aparte Ouvertüre zu sein: ein weichgekochtes Ei mit Trüffelpüree. Daß man bei *Faugeron* feine Küche in ungewöhnlicher Makellosigkeit genießen kann, bewies mir der *à la vapeur,* also über Dampf gegarte Steinbutt mit Lauchpüree; davon zeugte ein Langustenragout, bei dem man nicht wußte, sollte man sich mehr an den saftigen Langustenstükken begeistern oder an der leichten – aber keineswegs dünnen! – Sahne/Gemüse-Sauce; bekräftigten schließlich die zu den hochkarätigen Süßspeisen servierten Mandelbögen: So dünn sollten sie eigentlich überall sein. Doch wird diese Kleinigkeit ja nicht immer so wichtig genommen, wie sie genommen werden müßte, wenn der Küchenchef seinen Ehrgeiz konsequent verwirklichen will. Der 33jährige Henri Faugeron hat diesen Ehrgeiz, und er besitzt genug kreative Energie, um seinen Erfolg weiter auszubauen, bis er erreicht hat, was er erreichen will.

All das läßt sich auch über den erst 33jährigen Jean-Michel Bedier sagen, den Küchenchef von *Chiberta.* Die Jury, die ihn zur „Hoffnung der französischen Küche" wählte, lobte seine kreative Intelligenz und unterstrich seine Sensibilität in Dingen des

Geschmacks. Was hier natürlich wörtlich zu verstehen ist. Letztlich – das jedenfalls ist die Erfahrung, die ich im Laufe der Zeit gemacht habe – unterscheiden sich auf einem hohen Niveau die Köche nur noch dadurch, ob sie zu der einen Sorte gehören, die ständig mit dem Finger in der Sauce stecken und abschmecken, oder zu jener Sorte, die salzen und pfeffern ohne zu probieren, weil sie die richtigen Quantitäten gefühlsmäßig in den Fingerspitzen haben. Ich ziehe die ersteren vor, weil sie es sind, die den Speisen zu jenem Grad der Vollkommenheit verhelfen über den, jenseits aller handwerklichen Perfektion, allein die Sensibilität der Zunge entscheidet. In ihren Reihen findet man Köche, die nachts aus dem Schlaf hochschrecken, weil sie sich plötzlich an den Geschmack einer *Beurre blanc* erinnern, die sie um 13.47 Uhr abgeschmeckt haben und die vielleicht eine Spur zu salzig war. Bei ihnen kann ich über einer Sauce vergessen, daß ich diese schon hier und dort gegessen habe und daß sie so und so schmeckte. Diese begnadeten Köche müssen nicht einmal sonderlich kreativ sein, um mich zu begeistern. Doch Bedier ist auch das.

Chiberta ist wie *Faugeron* ein elegantes Restaurant. Die Dekoration ist hier nüchterner als dort, aber ebensowenig alltäglich, wenigstens nicht für Paris. Es ist jene Modernität, die für die Architektur der internationalen Großstädte so typisch ist wie die Keilform für Autos unserer Tage. Ob man nun Oldtimer vorzieht oder ein im Windkanal entwickeltes Design, der wahre Feinschmecker wird erst kritisch, wenn er sich in seine Lieblingslektüre vertieft, die Speisekarte. *Feuilleté d'artichaut à la confiture d'oignon, Rillettes de haddock aux poires, Flan de moules* – solche Vorspeisen klingen so wenig alltäglich wie die Hauptgerichte *Ris d'agneau aux kiwis et navets, Lapereau à la ciboulette, Foie de veau sur figues fraiches.* Wenn man dann bestellt und unkonzentriert nach den *amuse gueule* greift, die im *Chiberta* kleine, mit Lachsbutter bestrichene Canapees sind, bekommt man plötzlich, beim ersten Biß, fast schockartig eine Vorahnung davon, daß sich hinter der modernisierten Fassade eine Küche verbirgt, die mehr will als das erste Beste. Sogar in den berühmtesten Restaurants sind die *amuse gueule* oft nur banale *Fleurons,* manchmal sogar aufgewärmt. Die umwerfend delikaten Lachsbutter-Schnittchen im *Chiberta* wirken wie der Gongschlag beim Beginn eines Boxkampfes: Von nun an verfolgt man mit gespannter Aufmerksamkeit die weiteren Runden. Wird der Küchenchef die Herausforderung des kritischen Gastes bestehen? Gewiß hat er es mittags nicht leicht, wenn kettenrauchende Geschäftsfreunde über ihren Bilanzgesprächen das Essen kalt werden lassen. Der Feinschmekker aber wird schon beim *Flan de moules* seinen Widerstand aufgeben. Dieser heiße, lockere Kuchen aus weißem Muschelfleisch, tournierten Navets, Karotten und dünnen, grünen Bohnen, mit Ei gebunden und mit der geriebenen Schale der Bitterorange gewürzt, von einer leicht säuerlichen Buttersauce gekrönt – dieser Muschelauflauf ist ein Meisterwerk. Bei fortschreitendem Menü entdeckt man unschwer, daß es hier von Meisterwerken nur so wimmelt.

Überwältigend ist die Sorgfalt, mit der Gemüse behandelt werden, nicht zerkocht, nicht verfremdet (also keine modischen Pürees, deren Ursprung man meistens nur an der Farbe erraten kann) und so gewürzt, daß sogar die eigentlich faden Navets einen Geschmack haben. Wo sonst macht man sich schon die Mühe, den Pfifferlingen die Lamellen fein säuberlich wegzuputzen? Auch die zweite Runde geht eindeutig an den Küchenchef, der den Gast mit *Cassolette ménagère aux morilles,* wieder eine Art Fischpudding, diesmal aus Seezungenfilets, Spinat, Schnittlauch und Ei, in ein Delirium des Entzückens schickt. Und so geht es weiter: ob in Streifen geschnittene Entenbrust mit geschälten Weintrauben in einer rassigen Essigsauce; ob kleine Lammkoteletts mit jungen Zwiebeln, buntem, emanzipiertem Gemüse und Knoblauch, oder die sinnlichen Desserts, bei denen das *oeuf neige* triumphierend auf einem Birneneis thront und der *Pudding glacé à la purée de cassis* alle Kinderträume in Erfüllung gehen läßt, ohne daß man das Gefühl hat, das Territorium einer neuen, raffinierten Küche nur einen Schritt verlassen zu haben – all das macht *Chiberta* zu einem Ort, wo die junge Küche, vertreten durch einen jungen Chef, einen grandiosen Sieg davonträgt. Die Hoffnung, die von der „Académie Kléber-Colombes" in Jean-Michel Bedier gesetzt wurde, sie scheint mir berechtigt.

Das Schloß in der Champagne

Es ist unter reisenden Feinschmeckern kein Geheimnis, daß die so vielversprechende Kombination von Schloßhotel und Gourmet-Küche nur in seltenen Fällen die hochgespannten Erwartungen erfüllt; Erwartungen, die der Reisende bei der Küche eines modernen Hotels vernünftigerweise erst gar nicht hat. Zwar gibt es unter den Schloßhotels nicht wenige, die sich bemühen, ihren mehr oder weniger wertvollen Antiquitäten eine mehr oder weniger ambitionierte Küche zur Seite zu stellen. Doch was dann neben der liebevoll polierten Ritterrüstung steht, ist oft genug die Tiefkühltruhe. Wenn andererseits die meisten Hotelgäste ihre gastronomische Erfüllung schon in der Tatsache finden, daß sie bei Kerzenlicht in einem Rittersaal des 14. Jahrhunderts dinieren, wird ein Küchenchef leicht zu der Überzeugung kommen, daß das Mehl in den Saucen auf das Glück der Gäste keinen nachteiligen Einfluß haben könne. Dies alles ist eher die Regel als die Ausnahme, ob in deutschen Ritterburgen, wo die Forellen trocken und die Weine süß sind, oder in französischen Renaissance-Schlössern mit dem Saucenlöffel derer von Bechamel im Wappen.

Eine der erfreulichen Ausnahmen ist die *Hostellerie du Château* in Fère-en-Tardenois, 110 km östlich von Paris. Als die Autobahn Saarbrücken – bzw. Straßburg-Paris noch nicht existierte, war dieses Schloßhotel mit den zwei Michelin-Sternen zumindest bei den deutschen Touristen relativ unbekannt. Wer sich damals von Süddeutschland nach Paris durchkämpfte, der fuhr über die N 4, und von dort war der Umweg sehr weit. Jetzt sind es von der ersten Autobahnausfahrt hinter Reims nur rund zwanzig Kilometer bis Fère e. T.; von dort, in Richtung Fismes, fährt man noch einmal fünf km, und dann weist ein Schild darauf hin, daß es rechts abgeht, nur für Besucher, kein Durchgangsverkehr. Wenn dann nach einigen hundert Metern Waldweg das Schloß ziemlich unvermutet links über einem liegt, denkt man: wie im Märchen. Wie im französischen Märchen; Dornröschens Schloß sah anders aus. Die Südfassade, an der man entlangfährt, bevor man das Gebäude umrundet und am Eingang der Nordseite hält, ist von jener klaren Symmetrie, die genau das ausstrahlt, was man bei dieser Architektur als so typisch französisch empfindet: Heiterkeit und Eleganz.

Auf der anderen Seite aber, in Richtung Norden, erblickt man

auf einem hundert Meter entfernten Hügel einen gigantischen Trümmerhaufen, zu dem eine ehemals zweistöckige Steinbrücke führt: das eigentliche Schloß, bzw. das, was davon übrig ist. Das heutige Schloßhotel war früher nur ein Nebengebäude, ebenfalls mehr oder weniger zerstört, und erst 1862 in seiner jetzigen Form wieder aufgebaut. Da sogar den verfressendsten Touristen irgendwann zwischen dem Five-o'clock-Champagner und dem Abendessen die Neugier plagt, was denn diese Trümmer einmal dargestellt haben, hier ein kurzer Überblick über die Geschichte des Schlosses:

Erbaut zwischen 1206 und 1260. Im Besitz der Valois, bis Louise von Savoyen, die Mutter von Francois I., es dem Kanzler Anne de Montmorency schenkte. Wie dieser Herr mit dem weiblichen Vornamen aussah, erkennt man auf einem zeitgenössischen Stich, der am Empfang des Hotels an der Wand hängt. Gegen Ende des 18. Jahrhunderts ging das Schloß in den Besitz von Louis-Philipp – Philipp Egalité – über, der es als Symbol der Ungleichheit abreißen und die Möbel verkaufen ließ. Die Reste dieser weltanschaulichen Demontage sind noch heute Ziel von Besuchern, die mit Bussen nach Fère-en-Tardenois kutschiert werden.

Der Feinschmecker wird wohl oder übel den eigenen Wagen nehmen. Er wird sich anmelden müssen, im Sommer und, vor allem, wenn er einen Wochenendaufenthalt plant, eine nicht zu knappe Zeit im voraus. Er wird, spätestens beim zweiten Besuch, dahinterkommen, daß es neben den normalen Zimmern einige Suiten gibt, deren Geräumigkeit und Ausstattung das Gefühl von Luxus vermitteln. Vielleicht ist es dieses Gefühl, wahrscheinlich aber die hier vor den Toren von Reims günstige Gelegenheit, von der immensen Auswahl an Champagner zu profitieren, die den Ankömmling veranlaßt, sich zunächst einmal eine Flasche Champagner aufs Zimmer bringen zu lassen. Oder, wenn er nur zum Mittagessen hier ist, diese als Aperitif in der Empfangshalle zu trinken: Was der Elsässer Gastronomie ihr Riesling, ist hier der Champagner.

Die beiden hintereinander liegenden Speisesäle sind nicht sehr groß, man kann sie noch intim nennen; die Dekorationen, wie man es in einem Schloß erwartet, künden von feudaler Vergangenheit, ohne aber aufdringlich darauf hinzuweisen, wie überhaupt die Eleganz des Interieurs nicht im geringsten einschüchternd, sondern selbstverständlich wirkt.

Doch dann wird's ernst: Der Maître d'Hotel verteilt die Speisekarten, bei Hochbetrieb bemüht sich auch der Hausherr, Monsieur Blot. Der erwartungsvolle Gast wird nun keineswegs mit der Lektüre alleingelassen, sondern er bekommt zu jeder der aufgeführten Speisen eine sehr ausführliche Erläuterung, wobei er nicht weiß, ob die Beredsamkeit des Vortragenden jener des Hamlet verwandt ist (Rot- oder Weißwein, das ist hier die Frage) oder der doppeldeutigen des Marc Anton, die den Zuhörer nicht klüger macht, als er vorher schon war. Jedenfalls erfährt er zum Beispiel, woraus denn das *Grenadin de Veau Laguipière* besteht, um was für eine Sauce es sich bei den *Cassolettes de Ris d'Agneau* handelt, und daß die *Raie au Citron vert* eine Spezialität des Küchenchefs sei, die man besonders empfehle.

Damit sind wir bei Monsieur Robert Parguel, dem Chef de Cuisine. Er ist 40 Jahre alt, seit 18 Jahren hier in der Küche, und vorher war er weder bei Bocuse noch bei Lasserre noch sonstwo. Er begann seine Laufbahn hier und beweist damit, daß auch das möglich ist, daß einer nicht bei allen großen Chefs mitgekocht haben muß, um später selber zu großen Leistungen fähig zu sein. Wie in allen Berufen, wo es scheinbar nur auf handwerkliche Fähigkeiten ankommt, ist eine Portion Intelligenz ein unschätzbares Hilfsmittel zum Erfolg. Es gibt Saucen, von denen man sagen kann, ein Künstler habe sie gemacht, und es gibt Saucen, deren Urheber nur ein intelligenter Künstler sein kann. Intelligenz beweist einer auch durch die Art und Weise, wie und welche verschiedenen Produkte er zusammenbringt. Manchmal schon allein dadurch, daß er auf eine modische Kreation verzichtet, die von allen nicht intelligenten Köchen zwischen Bordeaux und München nachgeäfft wird. In Fère wird man viele solcher

Modetorheiten vergeblich suchen. Dabei ist das Repertoire des Robert Parguel keineswegs ängstlich-traditionell, es lassen sich im Gegenteil viele Beispiele von kühner Erfindungslust aufzählen. (Daß die Erkenntnisse der modernen, leichten Küche hier den Stil bestimmen, braucht wohl nicht besonders erwähnt zu werden.) Unter den zahlreichen à la carte-Gerichten findet man *Terrine de ris de veau aux poireaux, Gâteau de Crête de Coq, Huîtres au gratin; Boudin de brochet Nantua, Rascasse sauce Aneth, Filet de perche au céléri; Pigeonneau aux Concombres, Selle d'agneau à la mousse d'aubergine, Chevreau à la Poidevine (ail verte).*

All diese – und noch viele andere – Gerichte stehen dem Gast jedoch nicht zur Verfügung, wenn er einer von den hundertzwanzig Gästen ist, die an manchen Sommersonntagen das Schloß besetzen. Dann gibt es lediglich zwei Menüs zur Auswahl – für den passionierten Esser sicherlich enttäuschend, besonders wenn er von weither angereist ist, um diese Küche kennenzulernen. Aber für den Chef ist das die einzige Möglichkeit, seinen Ruf trotz des Massenbetriebs zu erhalten. Berühmtere Köche als er haben da weniger Skrupel. Wenn sie im Sommer auch noch auf den Terrassen und in den Gärten ihrer Restaurants servieren, geht so mancher Gast mit dem Gefühl nach Hause, daß es so toll nun auch nicht war.

Daß dieses Gefühl sich in Fère-en-Tardenois nie einstellt, liegt auch an der zweiten Qualität des Küchenchefs, die ich für die wichtigste Voraussetzung dafür halte, daß eine Küche schon nach 24 Stunden beim Gast den dringenden Wunsch auslöst: Da möchte ich wieder essen! Es ist die Kunst des Abschmeckens, des richtigen Würzens. Sie kann durch nichts ersetzt werden, weder durch großzügige Beigaben von Trüffel noch durch konsequente Anwendung der Methoden der *Nouvelle Cuisine.* Robert Parguel beherrscht diese Kunst in höchstem Maße und hat seine Brigade so geschult, daß ich bei mehreren Besuchen kein einziges Mal Grund hatte, meiner Begeisterung für seine Küche zu mißtrauen.

Aber da ist noch jemand, der das Prädikat „außergewöhnlich" verdient: der Patissier! Sein Auftritt kommt spät, aber er wird zelebriert wie eine Sondernummer im Zirkus. Wie dort unter den Zurufen der Artisten und Wärter die buntgeschmückten Pferde in die Arena getrieben werden, vom Tusch der Kapelle und dem Peitschenknallen des Direktors begleitet, so werden hier am Ende des Essens die Dessertwagen in den Speisesaal gerollt: eins, zwei, drei, vier, fünf! Fünf Wagen, zweistöckig beladen mit Kuchen und Torten und Crèmes und Charlotten und Puddings und Sorbets und Kompotts und Früchten, daß die Gäste vor Staunen das Glas sinken lassen. Ich kann mich nicht erinnern, jemals eine so unwahrscheinliche Menge von Desserts gesehen zu haben. Da muß ein Fanatiker des Süßen am Werk sein, ein Midas unter den Patissiers, dem alles, was er anrührt, zum Naschwerk gerät. Eigentlich ist es unfair, eines davon hervorzuheben, doch muß man seine *Génoise aux fruits de saison* probiert haben, um noch einmal das Glücksgefühl zu erleben, das man beim Buckelrochen in der leicht mit Honig aromatisierten grünen Zitronensauce kennenlernte oder bei der *Timbale de homard aux cêpes* oder bei der Masthahnbrust in Trüffelsaft mit Zucchinis und grünem Pfeffer: all diese Köstlichkeiten ein einziger Triumph der Kochkunst, jede einzelne ein Grund, wiederzukommen. (Hostellerie du Château, F-21300 Fère-en-Tardenois, Telefon (23)822113. Januar und Februar geschlossen.)

Chewton Glen Hotel und The Lygon Arms

Sagen wir es unverblümt: Ein Feinschmecker, der seinen kulinarischen Vorstellungen derart konsequent nachgeht, daß ihn ein 60 Sekunden zu lange pochiertes Lachsschnitzel verzweifelt die Hände unter der Tischdecke ringen läßt, einen derartigen Gaumenfanatiker wird die Sehnsucht nach kulinarischer Vollkommenheit nicht unbedingt nach England treiben. Unter meinen Lesern befinden sich nicht wenige von seiner Zunft, ich weiß es. Es sind die Perfektionisten, denen das Beste gerade gut genug ist. Sie haben für die Kachelofen-Gemütlichkeit in einem holzgetäfelten Mühlengasthof nur ein gleichgültiges Achselzucken übrig, wenn sie nicht durch eine raffinierte Küche ergänzt wird. In ihrer Erinnerung steht abrufbereit ein Herbstsalat, den sie einmal bei Louis Outhier in La Napoule gegessen haben und an dem sie jeden anderen Salat messen; oder die Farce in der Seezunge des Jacques Manière, mit der sie jede andere Fischfarce vergleichen – hoffnungslos. Diesen Feinschmeckern ist vorzuwerfen, daß es ihnen an Phantasie mangelt. Denn ist es so unvorstellbar, daß kulinarisches Glück sich auch einstellen kann, wenn der Blätterteig nicht hauchzart, sondern fest und voluminös ist – wie in England?

England ist mehr als eine Reise wert; ich behaupte, es verdient, geliebt zu werden. Auch von uns, die wir kleinlich über Rotweintemperaturen und Garzeiten wachen. Natürlich gehöre ich auch zu jenen, die sich zwischen Macon und Avignon mehr zu Hause fühlen als dort, wo sie ihre Steuern zahlen. Dennoch freue ich mich immer wieder, wenn ich nach England fahre. Das muß ja nicht bedeuten, daß ich nun eine Woche der Gaumengreuel vor mir habe (obwohl es passieren kann, wenn ich nicht aufpasse). Es kann aber bedeuten (wenn ich aufpasse), daß ich zwar nicht auf einem Gebiet das absolut Beste finde, aber doch in allen Bereichen alles ein wenig besser ist als anderswo. Nämlich dann, wenn es darum geht, den Begriff Gastronomie nicht so eng auszulegen, daß er sich nur auf Küche und Keller beschränkt, sondern alles einschließt, was damit zu tun hat und was, erst zusammengenommen, dazu beiträgt, daß sich der Gast wohlfühlt. Man kann das auch Gastfreundschaft nennen.

Und hier muß ich mich schon berichtigen. In diesem Punkt – was nämlich die Gastfreundschaft angeht – findet man in England doch das absolut Beste. Nichts gegen die Höflichkeit, wie sie in der französischen Gastronomie üblich ist; nichts gegen den liebenswürdigen Charme der Italiener. Aber die Herzlichkeit, mit der man in englischen Pubs, in Restaurants und Hotels verwöhnt wird, ist einmalig. „Wir geben uns Mühe!", wehren die Engländer solches Lob bescheiden ab. Ja, das tun sie; und das sollte selbstverständlich sein. Doch der Vielgereiste weiß es, leider, besser. Etwas anderes kommt auch noch hinzu, etwas sehr Simples: Es ist der auffällig hohe Anteil der Frauen und Mädchen in der englischen Gastronomie, der sich so angenehm bemerkbar macht. Wo sonst gibt es so viele attraktive und kluge Wesen, die die Betreuung der Gäste mit einem Charme und einer Souveränität erledigen, als wären sie normalerweise die Führung von Firmen und Hochschulen gewohnt? Vielleicht habe ich nur Glück gehabt, vielleicht sind mir immer nur Schönheitsköniginnen mit Abitur über den Weg gelaufen, die sich in den Semesterferien ein paar Pfund Sterling dazuverdienten. Aber es hilft nichts: Das Verführerische an der englischen Gastronomie hat für mich ausgesprochen weibliche Züge, die Herzlichkeit mütterliche Untertöne.

Sogar die Küche liegt in einem viel größeren Maße in weiblichen Händen als in irgendeinem anderen Land. Ich habe in einer der besten englischen Küchen, in Thornbury Castle bei Bristol, zu meiner großen Überraschung außer dem Chefkoch Kenneth Bell, der gleichzeitig Besitzer, Winzer, Sommelier und Uhrensammler ist und vermutlich noch andere fabelhafte Fähigkeiten besitzt, die nicht zur Standardausstattung eines Normalbürgers gehören –, außer diesem Exzentriker sah ich in der Küche nur Mädchen. Mädchen, die Saucen reduzierten, die Fische pochierten und Pasteten buken. In Frankreichs Küchen ist das Kochen so männlich wie Rugby und Rennfahren, und es bedürfte einer modernen Jeanne d'Arc, um in den großen französischen Küchen auch nur den Ansatz von Gleichberechtigung durchzusetzen.

Natürlich steht oder fällt die Qualität der englischen Gastronomie wiederum nicht mit der Stärke des weiblichen Kontingents. Es ist vielmehr ein allgemeiner Pioniergeist, die Unternehmungslust, etwas auf die Beine zu stellen, was zu der erfreulichen Erscheinung geführt hat, über die ich hier berichten möchte. Der gleiche Pioniergeist übrigens, der den Ruf der englischen Küche zunächst einmal hoffnungslos ruinierte. Als nach dem letzten Krieg viele entlassene Soldaten keine Arbeit fanden, weil sie ihre Ausbildungszeit in der Armee verbracht hatten, gingen sie hin und eröffneten – meistens auf dem Lande – dreist und gottesfürchtig einen Pub oder eine Pension oder ein Inn. Das Resultat war jenes beklagenswerte Niveau der englischen Küche, das seit nun schon mehreren Jahrzehnten den Spöttern in aller Welt ein immer wieder lohnendes Ziel bot. Es wäre gewiß zu wohlwollend gegenüber Cromwells puritanischen Nachkommen, wollte man behaupten, die Epoche der Plumps-Pasteten und der Nierenfett-Narkotika sei endgültig vorbei. Wer jemals gesehen hat, wie ein Engländer, kaum daß er sich zu Tisch setzt, automatisch erst einmal zum Salzfaß greift und alles Eßbare gründlich und ausdauernd bepudert, der darf mit Recht vermuten, daß zwischen Eßgewohnheiten und der Qualität der Küche ein ursächlicher Zusammenhang besteht. Andererseits haben gewisse Bevölkerungsteile, vor allem in London, schon immer – das heißt: nicht erst seit dem Aufkommen der gesamteuropäischen Edelfreßwelle – dem kulinarischen Genuß sehr große Bedeutung beigemessen. In den literarischen Dokumenten der letzten fünfzig Jahre werden von englischen Autoren mehr Luncheons und Diners beschrieben und spielen Hotels wie das Ritz, das Savoy und The Dorchester eine größere Rolle, als Hotels und gutes Essen in der gesamten übrigen westlichen Literatur zusammengenommen. Auch die traditionelle Kennerschaft der Engländer bei französischen Rotweinen darf als Indiz für eine unterschwellige Lust an den guten Dingen des Lebens gelten. Die ist nun in der letzten Zeit ganz offen zutage getreten und hat zu einer Entwicklung geführt, wie sie ähnlich bei uns zu beobachten ist. Junge Köche erkennen, daß Traditionen in der Küche nichts taugen, wenn sie nur schlechte Gewohnheiten sind. Die von Frankreich ausgehende Erneuerung der Kochmethoden und die Popularisierung der Feinen Küche taten ein übriges. Inzwischen sind die guten Restaurants in England zwar nicht so dicht gesät wie in Südwestdeutschland, aber dennoch ist England auch für den verwöhnten Feinschmecker ein lohnendes Reiseziel geworden – wenn er aufpaßt. Diese Einschränkung bezieht sich auf die eigentlich selbstverständliche Vorsichtsmaßnahme, sich im voraus zu vergewissern, wo denn die lohnenden Reiseziele sind, sowie auf den Umstand, daß in England wie bei uns das Durchschnittsniveau immer noch sehr zu wünschen übrig läßt. Das erste beste Gasthaus am Wegesrand kann also ein Reinfall sein.

Es kann aber auch, und diese Wahrscheinlichkeit ist in England viel größer als bei uns, ein wunderschönes Gasthaus sein, ein Haus, dessen Atmosphäre all das enthält, was die englische Gastronomie so liebenswert macht. Die beiden Häuser, von denen jetzt die Rede sein wird, gehören zu dieser Gruppe. Was sie außergewöhnlich macht, ist der Rang, den sie in dieser Gruppe einnehmen: Sie gehören zu den Spitzenhäusern des Landes. Beide sind Luxushotels, beide legen Wert darauf, als solche angesehen zu werden. Und beide sind voneinander sehr verschieden. Gemeinsam ist ihnen allerdings die Perfektion, mit der sie dem Gast den Luxus zur Verfügung stellen. Das Chewton Glen Hotel liegt in New Milton, Hampshire, an der englischen Südküste zwischen Bournemouth und Southampton. Vom Hotel aus erreicht man die berühmte Steilküste nach einem kurzen Spaziergang. Merkwürdigerweise hatte ich im Chewton Glen Hotel trotzdem nie das Gefühl, in einem See- oder Küstenhotel zu sein. Es lag am New Forest. Dieser Wald, der direkt hinter dem Hotel beginnt, ist vierzigtausend Hektar groß und trotz seines Namens fast tausend Jahre alt. Er ist ein bedeutendes und einmaliges Naturschutzgebiet, in dem Tausende von Ponys frei herumlaufen, jahrhundertealte Bäume der seltensten Sorten pittoreske Kulissen abgeben, wo haushohe Rhododendronbüsche sich zu Alleen gruppieren und die Natur sich zwischen wild-romantisch und keltisch-mystisch jedes stimmungsvolle Szenarium leistet; wo in nächster Umgebung an die zwanzig Golfplätze zur Verfügung stehen sowie Reiterhöfe und Angeltouren möglich sind – Martin Skan sagt: „Was ein verwöhnter Gast von einem erstklassigen Hotel erwartet: Wir haben es." Martin Skan ist der Mann, dem das Chewton Glen Hotel gehört und der es dahin gebracht hat, daß es in allen maßgeblichen Führern in der de-Luxe-Klasse geführt wird. Wie man das macht? Nun, man verpflichtet für Dekoration und Ausstattung der Zimmer nicht irgend jemanden, sondern einen Lord. Man achtet darauf, daß nicht nur jedes Zimmer verschieden eingerichtet ist, sondern daß auch die Badezimmer sich nicht gleichen. Das erreicht man unter anderem dadurch, daß in einem Zimmer schon mal eine kreisrunde Marmorwanne steht, andere Zimmer gleich zwei Badezimmer haben. Sodann engagiert man einen französischen Koch, der von Zeit zu Zeit in sein Vaterland zurückgeschickt wird, um dort bei – zum Beispiel – Troisgros in Roanne in der Küche auszuhelfen. Die Sache mit dem Weinkeller ist dagegen eigentlich keiner Erwähnung wert, weil das eben in England eine Selbstverständlichkeit ist, daß ein Hotel oder ein Restaurant, das etwas auf sich hält, die erlesensten Bordeaux und Burgunder im Keller hat, außerdem zu Preisen, die, jedenfalls für den Weinliebhaber, den Aufenthalt in solch einem Hotel dann wieder preiswert machen. Was aber Martin Skan von vielen anderen Hotelbesitzern sichtbar unterscheidet, ist, daß er sich persönlich um alles kümmert, daß er ständig da ist, sowohl im eleganten Speisesaal wie in der Bar, in den Empfangsräumen, in der Küche und auch im Swimmingpool. Er ist – diesem Eindruck wird sich niemand entziehen können, der sich dem Komfort seines Hauses ausliefert – mehr als der Hotelbesitzer. Er ist Gastgeber. Und genau das, meine ich, bedeutet heutzutage höchstes Lob für ein Hotel, wenn man wie im Chewton Glen stets das Gefühl hat, ein Freund des Hauses zu sein; Freund in einem Haus, das Freunde zur Verfügung stellt. Das, und nicht vergoldete Wasserhähne, bedeutet wirklichen Luxus.

Den gleichen Luxus bietet, zwischen Oxford und Stratford-upon-Avon am Rande der Cotswolds gelegen, das Lygon Arms Hotel in Broadway. Den gleichen Luxus, die gleiche Behaglichkeit – und doch auf völlig andere Art und Weise. Ist es im Chewton Glen wahrscheinlich, daß die Gäste den Smoking im Koffer haben, so wird man in The Lygon Arms eher die Norfolkjacke und die Knickerbocker im Gepäck vermuten – von einem guten Schneider gearbeitet, versteht sich. Denn hier in Broadway und Umgebung spielt sich im Winterhalbjahr ab, was man von alten Kupferstichen kennt, was von Thackery bis Wodehouse ebenso liebevoll wie ironisch beschrieben wurde und zum Englandbild des Kontinental-

europäers gehört wie die Bockwurst zum Bier: englisches Land-
und Jagdleben von der feinen Art. Wenn man in mondhellen
Nächten von Ferne die Werwölfe heulen zu hören glaubt, dann ist
das eine Koppel von Beagles. Und wenn es im alten Gebälk des
Hotels spukhaft ächzt und knirscht, so ist das ebenfalls kein
Wunder: In diesem Haus haben schon Prince Charles I. geschlafen
und Cromwell gegessen.

Tradition mit Komfort zu vereinen, dazu gehört Geschmack.
Was Douglas Barrington, der heutige Besitzer, aus dieser alten
Poststation gemacht hat, ist bewundernswert. Daß die Mischung
aus kostbaren Antiquitäten, den vielen offenen Kaminen (in denen
in der kühlen Jahreszeit auch wirklich Feuer brennen), den alten
Täfelungen einerseits, und dem modernen Komfort, auf den ein
Hotel dieser Kategorie nun einmal nicht verzichten kann, andererseits, daß all das nicht prätentiös wirkt, nicht aufgedonnert und
verkitscht, sondern wie natürlich gewachsen, das ist schon ein
kleines Wunder, und der Vergleich mit deutschen und französischen Schloßhotels kann einem nur einen wehmütigen Seufzer
entlocken. Schließlich kommt noch hinzu, daß bei vollbesetztem
Haus für jeden Gast ein Mann Personal zur Verfügung steht, von
dem ein großer Teil weiblichen Geschlechts und mit all den
Vorzügen ausgestattet ist, die ich eingangs erwähnte. Wird der
Gast im Chewton Glen Hotel am Abend gefragt, welche Zeitungen
er denn morgens zum Frühstück lesen wolle, so bekommt er im
Lygon Arms mit dem Morning Tea ungefragt gleich ein halbes
Dutzend Tageszeitungen ins Zimmer gebracht. Will der Gast in
Stratford eine Shakespeare-Aufführung sehen, so wird das Hotel
ihm höchstwahrscheinlich auch Karten für die oft Monate im
voraus ausverkauften Vorstellungen besorgen können. Der Fah-
rer, der ihn dann zum Theater fährt und wieder abholt, ist dagegen
überhaupt kein Problem. Und wenn es eine lange Vorstellung war,
und der Gast kehrt heim und findet die Küche schon geschlossen,
so hat man ihm auf Wunsch in einem kleinen Salon vor einem
großen Kamin ein kaltes Nachtessen gerichtet, steht der Wein
bereit, brennen die Kerzen. Legt er sich dann ins Bett, möglicher-

weise in ein dreihundert Jahre altes Himmelbett, und er hört die Hunde heulen und die Dielen knarren und vergegenwärtigt sich, daß er hier in Broadway, in einer der entzückendsten Landschaften Englands in einem der besten Hotels des Landes liegt, dann muß er zwangsläufig zu dem Schluß kommen, daß das Reisen nach wie vor ein Mittel ist, um beim Reisenden Glücksgefühle auszulösen.

München gastronomisch

Wer Deutschlands heimliche Hauptstadt eine Weißwurstmetropole nennt, ist nicht gleich ein boshafter Vereinfacher. Zwar gibt es in München zwei der besten deutschen Restaurants und eine Handvoll gute, aber kulinarisch gesehen entspricht die Millionenstadt tatsächlich dem Bild jener handfesten Schmankerl-Folklore, mit dem deutsche Reisebüros in Übersee so erfolgreich werben. Wäre die bayerische Küche so exotisch wie die chinesische, es ließe sich hier wieder einmal die bequeme Redensart anwenden, die besagt, über Geschmack sei nicht zu streiten. Doch exotisch ist die bayerische Küche keineswegs. Sie ist eine Dialekt-Küche wie die westfälische oder die badische, und da es allgemeingültige Maßstäbe für gutes Kochen gibt, kann man sehr wohl über ihren Geschmack streiten – wenn man nicht schon nach dem ersten Leberkäs und nach der ersten Weißwurst erkennt: Damit ist kein Staat zu machen.

Daran können weder patriotische Heimatschriftsteller noch begeisterte US-Touristen mit ihren Biergarten-Erlebnissen etwas ändern. Sogar der Höhepunkt bayerischer Küche, die Schweinshaxe, läßt sich bestenfalls als Entschuldigung für das in Literkrügen dazu servierte Bier akzeptieren. In die Kategorie der Gourmandise vorzudringen, widerspricht dem Geist dieser Küche, verhindert die Art der dabei verwendeten Viktualien.

Dabei gehört Münchens ,,Viktualienmarkt" zu den kulinarischen Wundern der Bundesrepublik. Zu ihm pilgern die Feinschmecker aus den umliegenden Landkreisen mindestens einmal wöchentlich, um dort einzukaufen, was sie in dieser Auswahl und in dieser Qualität sonst nirgendwo bekommen: nichtpasteurisierte Butter, Hühner und Tauben vom Bauernhof, irische Lämmer, schwedische Aalrutten, Kaninchen, alle Arten von Wild, lebende Krebse, Zander, Hechte, Bachsaiblinge; ferner unzählige Früchte aus aller Welt, hauchdünne Kenia-Bohnen, China-Kohl und Broccoli; Kräuterstände, die dekorativer hergerichtet sind als Dürers Rasenstück; Spargel schon im März, Erdbeeren im Winter, dazu Käsestände mit einer Auswahl, wie man sie in Paris kaum findet – es ist alles da, und es wird alles gekauft; ein Feinschmekkerparadies.

Vor diesem Hintergrund wirkt das, was man normalerweise als Durchschnittsgastronomie bezeichnen würde, schlichtweg deprimierend. Im näheren Umkreis des Viktualienmarktes gibt es Gastronomiebetriebe in Hülle und Fülle, vom Brauhaus bis zum gutbürgerlichen Restaurant mit Kellnern im Smoking. Wenn man aber von der erwähnten Küchenfolklore absieht, ist es die gleiche Küche wie in Kassel, Kaiserslautern und Dortmund: Konservenprodukte, Tiefkühlkost, Fertigsaucen – bundesdeutsche Durchschnittsmisere. Diese *Donisl, Franziskaner, Haxnbauer, Palais-Keller* und wie sie alle heißen, die in jedem Reiseführer als Perlen Münchener Gastlichkeit gerühmt werden, sie sind bestenfalls Touristenattraktionen wegen der in stramme Dirndl gekleideten, freundlichen Maßkrug-Stemmerinnen. Und die oft erwähnte Tatsache, daß unter den Stammgästen Prominenz aus allen Sparten des öffentlichen Lebens zu finden sei, spricht eher gegen die Eßgewohnheiten dieser Bevölkerungsgruppe als für die jeweilige Küche.

Natürlich ist nicht zu bestreiten, daß Stil und Atmosphäre z. B. des *Bratwurstglöckl* am Dom in der Bundesrepublik wahrscheinlich einmalig sind und ein Besuch dort, wenn man ihn nicht zu lange ausdehnt, tatsächlich ein Erlebnis sein kann. Dort nämlich – und in einigen ähnlichen Gasthäusern – entdeckt der Fremde die vielzitierte südliche Lebenslust der Bayern, die wegen dem Spaß an der

Freud großmütig über das Fett in der Suppe hinwegsehen. Nur, darüber muß man sich im klaren sein, mit kulinarischem Genuß, mit wahrer Gourmandise, hat das nichts, aber auch gar nichts zu tun.

Und doch kann man in München besser essen als in den meisten anderen deutschen Städten. Daß es sich dabei nur um die erwähnte Handvoll Restaurants handelt, wird gemildert durch das, was man als wichtigstes gastronomisches Ereignis der letzten Jahre bezeichnen muß: das erwachte Interesse der Öffentlichkeit für kulinarische Dinge und die zunehmende Bedeutung dessen, was man französische Küche zu nennen sich angewöhnt hat, was aber nichts anderes meint, als mit den gleichen Produkten bessere Ergebnisse zu erzielen, als das bisher bei uns üblich war. Mit einem Wort: Die vielzitierte Edelfreßwelle zeigt hier ihre positiven Auswirkungen.

AUBERGINE

In der deutschen Ausgabe des „Guide Michelin" hat es 1979 in München eine Umverteilung der Sterne gegeben, die vielen Beobachtern Anlaß war, wieder einmal die Praktiken des Freßführers zu diskutieren: Die gerade erst eröffnete *Aubergine* des Eckart Witzigmann bekam auf Anhieb zwei Sterne*; das *Tantris,* das er seit 1972 so erfolgreich führte, verlor den zweiten Stern. Ungerechtfertigt und ungerecht? Ich meine nicht. Wer die Leistungen des ehemaligen *Tantris*-Chefs in den letzten Jahren beobachtet hat, wer seinen Stil und sein Temperament kennt und weiß, daß er seinen Sous-Chef in das neue Restaurant mitgenommen hat, daß die *Aubergine* den gleichen luxuriösen Rahmen wie das *Tantris* bietet und Witzigmann dieselben Lieferanten behält, wer das alles berücksichtigt, wie könnte der vermuten – und aus welchem Grund? –, daß die Küche des neuen Restaurants das Niveau der *Tantris*-Küche nicht erreicht? Tatsächlich fühlt sich ein alter

* Seit 1980 drei Sterne.

Witzigmann-Gast in der eleganten *Aubergine* sofort zu Hause. Ja, das sind seine typischen Saucen mit ihrem eindeutigen Geschmack, an dem es nichts herumzudeuteln gibt; sie bestehen aus *Crème fraiche,* aus viel *Crème fraiche,* und Butter, viel Butter. Witzigmanns elsässische Erfahrungen bei Paul Haeberlin machen sich deutlicher bemerkbar denn je. Das „Japanische", das einmal eine gewisse Rolle bei ihm spielte, ist verschwunden: „Das war eine experimentelle Phase, da hatte ich die meisten unzufriedenen Gäste." Seine Muschelsuppe wird einen Guérard-Anhänger schaudern machen, so kräftig, ja, deftig ist sie. Aber bei Lukull, sie ist der Inbegriff einer Sahne-Muschelsuppe, ohne Wenn und Aber. Setzt er, versuchsweise, ein Wildschweinragout auf die Karte, dann zeugt das allerdings eher von Sparsamkeit, als von einer neuen Liebe zur Deftigkeit. Das faserige, trockene Ergebnis ist voraussehbar und wird auch durch eine schöne Sauce nicht geadelt.

Abends sieben Gänge für 95 Mark – das ist in jedem Fall seinen Preis wert. Und irgendwann bei fast jedem Menü, wird man etwas auf der Gabel haben, das spontan die Frage auslöst, ob eine Steigerung hier überhaupt noch möglich sei – so bei den Kalbsnieren in ihrer überwältigenden Schalottensauce. Schwachpunkt sind die Käseauswahl (sollte bei solchen Menüs ganz fehlen) und die Röstis als Beilage, gegen deren Deftigkeit nicht jedes Fleisch ankommt – zum Beispiel Lamm-Medaillon. Die Weine sind sehr teuer, und ausgebucht ist die *Aubergine* immer. Zwei Personen 250 Mark. (*Aubergine,* Maximiliansplatz 5, Eingang Max-Joseph-Straße, München 2, Telefon 598171.)

TANTRIS

Nach wie vor ist ein Essen im *Tantris* ein kulinarisches Fest, wie man es nicht alle Tage feiern kann. Nach wie vor scheint mir hier das Prädikat „hervorragend" angebracht. Alles, was dieses Restaurant in die internationale Spitzenklasse gebracht hat, ist noch da: die Raffinesse der Speisen, die Makellosigkeit der

Saucen, die Prächtigkeit der Präsentation, die Aufwendigkeit des Service, kurz, die Perfektion einer Brigade, die immer schon den Eindruck erweckte, daß hier eher ein Kollektiv von erstklassigen Könnern am Werk ist als einzelne, herausragende Solisten. Unter diesem Gesichtspunkt ist der Verlust des zweiten Sterns ganz gewiß ungerecht. Nur, ungerechtfertigt ist er dann doch wieder nicht, wenn man bedenkt, daß das Können eines Spitzenkochs ja nicht allein darin besteht, daß er ein perfektes Essen hinkriegt, sondern daß er es Tag für Tag hinkriegt und dennoch nicht in Routine erstarrt. Das konnte Heinz Winkler, der neue Küchenchef, in so kurzer Zeit nicht beweisen. Ich bin davon überzeugt, daß er es kann, und ich rechne fest damit, daß er den zweiten Stern zurückgewinnt.* Dann aber hat er ihn nicht von seinem Vorgänger ererbt, sondern aus eigener Kraft erworben, was auch ihm letzten Endes lieber sein müßte. Und wenn es je einen dritten Stern in Deutschland geben sollte, das *Tantris* ist unter den ersten Anwärtern – besser als in manchem französischen Starlokal wird hier ohnehin schon seit langem gekocht. Die Besonnenheit und Intelligenz des erst dreißigjährigen Küchenchefs, sein Geschmack und sein Ehrgeiz, lassen es als sicher erscheinen, daß das *Tantris* weiterhin zu den Lokalen gehören wird, von denen man nicht spricht sondern schwärmt. Feinschmeckermenü mit sieben Gängen für 95 Mark. Schwachpunkte: Tischbutter vom höchsten EG-Butterberg, Beilagen oft zu exaltiert, zu modisch (Pürees). Ab 250 Mark für 2 Personen. (*Tantris,* Johann-Fichte-Straße 7, München 40, Telefon 362061.)

LE GOURMET

Die nun folgende Riege der Ein-Stern-Restaurants wird eindeutig angeführt vom *Le Gourmet,* es folgen der *Königshof* und danach der Pulk der anderen. Otto Koch, Inhaber und Küchenchef vom *Le*

---

* Seit 1980 wieder zwei Sterne.

Gourmet ist wohl der wagemutigste aller Münchener Chefs. Ein so kleines Restaurant (35 Plätze) in einem Stadtteil, der als nicht „fein" gilt, so elegant und mit einem so aufwendigen Service auszustatten, ist ebenso riskant wie die ununterbrochene Suche nach neuen Kreationen. Auf dem Höhepunkt der Magerküchen-Mode bot Koch ein Vier-Gänge-Menü mit nur 500 Kalorien an; seine Kutteln, befreit von ordinärer Deftigkeit, sind hinreißend; er serviert rohe, marinierte Perlhuhnbrust (nicht mein Fall), versuchte schon während der Püree-Welle, seiner *Mousse* so etwas wie einen Biß zu geben (bemerkenswertes Langustinos-Soufflé), hat das Spanferkel in einer Honigsauce für die feine Küche entdeckt (mehr originell als notwendig) und neuerdings Rindergaumen, die ich ohne Zögern für eine der größten Köstlichkeiten erkläre, die man in München essen kann. Daß er zeitweise auch die modischen Ausuferungen der *Nouvelle Cuisine* mitmachte, ist bei seinem Enthusiasmus nicht verwunderlich; daß er Karottenpüree aber als Basis für eine *Beurre blanc* verwendete und es so zu einer wunderbaren Begleitung zu *Coquilles St. Jacques* veredelte, spricht für seinen Einfallsreichtum. Ebenso überraschend, weil ungewöhnlich, vielleicht sogar einzig, ist sein feiner Nierenkuchen mit Trüffelsauce *(Gâteau de rognons de veau)*. Wenn auch Sahne und Butter in seinen Saucen wieder eine größere Rolle spielen, serviert Otto Koch immer noch das leichteste Essen in München. Seine Weinkarte entzückt durch Umfang und Auswahl jeden Kenner. Auf Bestellung *Menu Degustation* ab zwei Personen, zehn Gänge in kleinsten Portionen – 95 Mark pro Person. Tagesmenü vier Gänge, 65 bis 75 Mark. Zwei Personen – 250 Mark. (*Le Gourmet,* Ligsalzstraße 46, München 2, Telefon 503597.)

DER KÖNIGSHOF

Schon seit mehreren Jahren hat der Königshof einen Stern, ein Restaurant im ersten Stock eines Hotelbaus in der Stadtmitte. Wäre die Zahl der Sterne von der Prächtigkeit der Toiletten abhängig, der *Königshof* rangierte unter allen Drei-Sternen ganz vorn. Auch das Restaurant, mit großzügigen Platzverhältnissen und einem ausgezeichneten Service, ähnelt seit einem gründlichen Umbau dem Speisesaal eines Luxusdampfers. Die Küche, überraschenderweise, nicht. Überraschend, weil im allgemeinen weder Hotelrestaurants noch Luxusdampfer lohnende Feinschmeckerziele sind. Der *Königshof* ist es im Laufe der Jahre immer mehr geworden. Das Geheimnis für die ständige Verbesserung dieses Unternehmens liegt zum nicht geringen Teil darin, daß es ein Familienbetrieb ist. Wenn die Besitzer derart ambitioniert sind und dem Küchenchef – er heißt Bernd Hackbarth – derartige Möglichkeiten geben, kann man von einem Glücksfall sprechen. Daß auf der (zu großen) Speisekarte die Produkte des Pariser Großmarkts eine unübersehbare Rolle spielen, ist da selbstverständlich; eine kleine Tageskarte weist auf den täglichen Einkauf hin. Da fehlt nichts, was der Gast von der feinen und Neuen Küche erwartet: Die mit Hummermus gefüllte Forelle; der Salat von Krebsen, Artischockenböden, Kalbshirn und Spinat; das Filet vom *Loup de mer* in Dillsauce; das Bressehuhn in Portweinsauce; das Lamm und die delikat gefüllten Wachteln. Wenn die Küche in der Vergangenheit schon mal modernistischen Versuchungen nachgab, so ist das erfreulicherweise nicht mehr der Fall. Der Küchenchef hat seinen Stil gefunden. Die Verpflichtung, nicht nur für zielbewußte Feinschmecker, sondern auch für den zufälligen Hotelgast kochen zu müssen, hat sicher dazu beigetragen, daß er dem Trend zur Etepetete-Küche prätentiöser Gourmet-Tempel nicht folgte. Der Feinschmecker profitiert davon. (Hotel *Königshof,* Karlsplatz 25, München 2, Telefon 558412.)

RESTAURANT WALTERSPIEL

Alfred Walterspiels Idealvorstellung von einem Restaurant kann man in seinem Buch nachlesen; das früher von ihm geleitete Restaurant im Hotel *Vier Jahreszeiten* entspricht seinen Vorstellungen weitgehend: Gold- und Beigetöne dominieren, das Licht ist angenehm, der dem Gast zur Verfügung stehende Platz großzügig bemessen, der Service vorbildlich – nur die Weingläser im vornehmen *Restaurant Walterspiel* sind von geradezu schäbiger Billigkeit. Eine große und aufwendige Speisekarte mit allem, was gut und teuer ist, und hohe Preise. Sogar für das Gedeck muß man hier zahlen; eine übertriebene Form des Gewinnstrebens, meine ich. In einem Nobel-Hotel wird eine konsequente Feinschmecker-Küche wohl kaum zu realisieren sein, es sei denn in einem Spezialrestaurant. Da es in diesem Haus noch ein *Jahreszeiten-Eck* gibt, könnte mit dem *Walterspiel* ein solches Restaurant gemeint sein. Getrüffeltes Rührei, saftig und feines Aroma, dazu merkwürdigerweise Salzkartoffeln (17,50), delikate Pastete vom Räucheraal mit Kräuterschaumsauce (14,50), *Coquilles St. Jacques,* die viel zu hart und eingeschrumpelt waren, wahrscheinlich tiefgefroren, in einer nicht sonderlich interessanten Sauce (28,50), Steinbutt etwas zu lange pochiert, dazu Sauerampfersauce, die besser Crèmesauce genannt werden sollte, weil sie außer ihrer crèmigen Konsistenz keine spezifischen Eigenschaften hatte (36,–), Fasanenbrüste hart und trocken, dazu Broccoli mit dicken Strünken als nicht sehr passende Beilage und einwandfreie Sauce Périgordine (37,–), entbeintes und mit *Foie gras* gefülltes Stubenküken, saftig und kräftig im Geschmack (35,–). Während Vollkommenheit bei Fisch und Fleisch wegen zu langer Kochzeiten und häufiger Verwendung von Tiefkühlprodukten Glücksache ist, auch die Saucen keine Meisterwerke sind, gehören die Desserts zu den besten der Stadt. Sogar der Kaffee ist hervorragend. Viele deutsche Spätlesen, Rotwein wird zu warm serviert. Zwei Personen – 240 Mark. (*Walterspiel,*Maximilianstraße 17, München 22, Telefon 228821).

KÄFER-SCHÄNKE

Es ist unvorstellbar, daß ein Gourmet jemals zu *Käfer* geht, sich dort aus der buntgemischten Speisekarte ein Feinschmecker-Menü zusammenstellt und dann andächtig und konzentriert genießt. Wenn dieses Restaurant etwas nicht hat, dann ist es eine Atmosphäre, in der Eßkultur existieren kann. Der hektische Restaurantbetrieb, einer Skihütten-Cafeteria ähnlicher als einem gastronomischen Gipfel, wo der Service hoffnungslos überfordert ist, wo bestellt Tische nicht frei sind, Bratfett in schweren Schwaden durchs Lokal duftet, wo man einen kalten Salat mit Majonnaise essen und dazu Bier trinken kann, wo die Münchner Loden-Schickeria neben Familien mit Kind und Kegel große Tische belegen und viele Geschäftsessen vom mittleren Management lustlos erledigt werden, diese Münchner Institution hat zwar eine in Deutschland seltene Qualität: Sie ist großstädtisch im besten Sinne, aber, wie gesagt, nicht das Traumziel eines Feinschmeckers. Die kulinarischen Schwächen sind denn auch zahlreich. Das reicht von der talgigen Gänseleberterrine bis zu den unsinnig überladenen Tellern, von Dosenchampignons bis zu schlecht temperierten Weinen, von der Muschelsuppe, die vom Ochsenschwanz stammt und dieser aus der Konserve, bis zur dämlichen Dekorations-Kresse. Und dennoch: Das in hauchdünne Scheiben geschnittene Rinderfilet *(Carpaccio Cipriano)* ist so gleichmäßig gut wie der rohe Lachs, die Lammnieren können eine delikate Überraschung sein, das Kaninchen in Morchelrahmsauce ist nicht trocken und die Kalbsleber mit den gedünsteten Schalotten tadellos. Auch bei Käse und Süßspeisen lassen sich mühelos mehrere Freudenspender entdecken. Wie überhaupt den angeführten Schwächen eine weitaus größere Zahl von Möglichkeiten gegenübersteht, auf mehr als durchschnittliche und honorige Art zu einem Essen zu kommen, das man nicht nur nicht bereuen muß, sondern das – im Glücksfall – die Grenze zur Gourmandise überschreitet. Und nicht der geringste Vorzug dieser Delikatessen-verwertungsanstalt ist es, daß durch den großen Umsatz (Käfer's

Party-Service!) die Produkte immer frisch und von bester Qaulität sind: Nicht einmal die Exotica wirken hier verkrampft. Die Weinkarte, obwohl für die Größe des Unternehmens nicht gerade eindrucksvoll, bietet auch solchen Gästen Gelegenheit zu einem guten Schluck, die nicht im Lotto gewonnen haben. Zwei Personen – 140 Mark. (*Käfer-Schänke,* Prinzregentenstraße 73, München 80, Telefon 476011.)

MAXIMILIAN-STUBEN

Die Maximilianstraße ist Münchens teuerste Straße, entsprechend hoch sind die Preise in den *Maximilian-Stuben.* Nicht höher zwar als im *Tantris* oder in der *Aubergine,* aber dafür wird längst nicht so viel geboten, obwohl die Speisekarte nicht klein ist. Es gibt sogar zwei, die zweite nennt sich „Menü all Italiana". Der italienische Einfluß in diesem Restaurant ist traditionell (eine Rarität unter den Ein-Sterne-Küchen), und der Gast ist gut beraten, wenn er die italienische Karte ausspielt. Nicht allein deshalb, weil das *Bollito Misto* immer noch billiger ist als der Lammrücken provençalisch. (Weiße Trüffel kommen auf beiden Karten vor und haben abenteuerliche Preise!) Auch die Terrine vom Räucheraal ist ganz lecker, für ein Picknick wäre sie ideal. Doch als Beginn eines raffinierten Feinschmecker-Menüs *à la française,* das die Hauptkarte ja verspricht, ist sie entschieden zu kräftig im Geschmack. Das ist überhaupt kennzeichnend für den Stil dieser Küche, daß die kleinen Schwächen (zu lange Kochzeiten bei vielen Fleischgerichten; Dosenchampignons bei den hauchdünnen, mit zartem Bries gefüllten crêpes, hartes Rindfleisch beim Bollito Misto; trockenes Stubenküken), daß solche Unzulänglichkeiten noch übertroffen werden durch eine Würzung, die immer und überall zu stark ist. Nicht versalzen oder verpfeffert – einfach zu stark, so daß man kaum von einer verfeinerten Küche sprechen kann. Ob es sich um irgendeine Sauce handelt (sogar zu Spaghetti, die auch als halbe Portion noch zu viel für ein Zwischengericht sind), um die gekochten Würste oder die Marinade zu den Forellenfilets – es ist alles so gewürzt wie in einer deftigen Bierküche. Dabei ist die Weinkarte nicht klein, wenn auch eher zufällig als unterschiedlich im Angebot und bei den Preisen. Auffallend viele Aperitifs (danach schmeckt alles etwas milder!) und eine Unzahl von Digestifs und Likören (wird mancher brauchen können). Zwei Personen = 220 Mark plus 3 Mark Gedeck. (*Maximilian-Stuben*, Maximilianstraße 27, München 22, Telefon 221061.)

AQUITAINE

Seit der Eröffnung des *Aquitaine* (= westfranzösische Küstenlandschaft), hat man sich dort mit wechselnden französischen Küchenchefs und wechselndem Glück bemüht, in die Kategorie der Feinschmecker-Lokale vorzustoßen. Der Michelin-Stern kam 1979*. Bodenfliesen und Steinquader-Attrappen an den Wänden simulieren eine fast mediterrane Atmosphäre; Deckenbalken und einsame Kerzen auf den Tischen bewirken Rustikalität und Dunkelheit. Dennoch war es mir möglich, die Altersflecken auf einem mit Nelken gespickten Steinbuttfilet zu erkennen, während es den Nelken nicht gelang, das Seniorenbukett des Fisches zu übertönen. An der Dunkelheit mochte es allerdings gelegen haben, daß die Kellner leere Weingläser grundsätzlich nicht bemerkten. Als originelle und leckere Vorspeise, aber auch als vorzeitige Magenfüller, erwiesen sich sechs mit je zwei Schnecken gefüllte Brioche-Teigkugeln. Die Hälfte hätte genügt, auch wenn die Hauptgerichte dann mit eher dürftigen Garnituren serviert werden. Eisschrankkalter, also geschmackloser Artischockenboden mit vulgärer Geflügelleberpastete, stark versalzene Lauchstücke zu einer ebenfalls sehr salzigen Kalbsleber, die überdies schlecht pariert war; zur halben Taube eine unpassende, weißliche Sahnesauce – das alles bei einem einzigen Abendessen vorgesetzt zu

* Und verschwand 1980 wieder.

bekommen, ist nicht gerade ein Feinschmecker-Erlebnis. Eine mit *Crème Patissier* gedickte Vanillesauce zum Schnee-Ei und das Kunststück, einer schön lockeren *Mousse au Chocolat* einen Geschmack zu geben, der an konfektionierte Fertigdesserts erinnert, schließlich die eingestandene Unfähigkeit des Kellners, einen dekantierten Rotwein (gute Auswahl an nicht zu teueren Bordeaux) kühlzustellen, lassen Zweifel daran aufkommen, ob die stolze Selbstdarstellung in Zeitungsanzeigen berechtigt ist. Zwei Personen – 230 Mark. (*Aquitaine la maison de Bordeaux,* Amalienstraße 39, München 40, Telefon 284028.)

BOETTNER

Das kleine Restaurant *Boettner* in der Innenstadt, bevorzugter Treffpunkt von Leuten, denen die Höhe der Rechnung ebenso egal ist wie die Frage, ob der kulinarische Gegenwert ihr entspricht, kann ich nicht beurteilen. Als ich zum letzten Mal dort war, war ich in Begleitung von Gert von Paczensky. Der schrieb darauf einen sehr scharfen, aber berechtigten Verriß über dieses Restaurant. Als ich jetzt wieder dort essen wollte, wurde mir die Bedienung verweigert, weil ich damals in der falschen Gesellschaft war. (*Boettner,* Theatinerstraße 8, München 2, Telefon 221210.)

LA CAVE

Nicht immer, eigentlich sogar sehr selten, basiert die Beliebtheit eines Restaurants auf der Qualität seiner Küche. Wo alle Welt hinrennt, muß nicht unbedingt Gutes geboten werden. Im Gegenteil. Mag die Küche noch so dürftig, der Service noch zu unzulänglich sein, wenn ein Lokal in Mode ist, kann es seiner Gäste sicher sein. Solche In-Lokale besitzen selten außer-kulinarische Qualitäten wie das *Coupole* in Paris und die *Kronenhalle* in Zürich. In beiden ist die Küche miserabel.

Aber der kosmopolitische Betrieb und das orginelle Ambiente (prachtvolle Bilder der klassischen Moderne an den Wänden in Zürich; Art Deco Großraum in Paris) lassen sogar ausgepichte Feinschmecker ihre Schwellenangst überwinden. Auch München hat so ein In-Lokal, dessen Attraktion sich allerdings auf die Möglichkeit beschränkt, daß am Nachbartisch Leute sitzen, deren Namen am nächsten Tag in den Klatschkolumnen der Münchener Boulevardzeitungen auftauchen: das *La Cave*. Dieses kerzenbeleuchtete Kellergewölbe mit der Après-Ski-Atmosphäre könnte genauso gut in St. Moritz, St. Tropez oder Ibiza sein, mit den gleichen Gästen, dem gleichen Essen – also überall dort, wo Eßkultur unwichtig ist, Hauptsache, man amüsiert sich und wird nebenbei noch satt. Dabei kostet das Sattwerden im *La Cave* genau so viel wie in jedem teuren Feinschmeckerlokal, sogar die Speisekarte liest sich kaum anders als dort, und das ist eigentlich das einzige, was dem Restaurant vorzuwerfen ist: daß es kulinarische Ambitionen vorgibt. Doch meistens sitzt, wer hierhin geht, zuerst einmal lange beim Whisky an der Bar, wo er gut gesehen und gehört werden kann. Bei meinem letzten Besuch sah und hörte ich zur Vorspeise Will Tremper, zum Fisch ein Mitglied der Henkel-Dynastie. Mein Hauptgericht wurde begleitet von Poldi von Bayern und Hubert Burda jr. nebst Anhang, worunter ich einen Jungfilmer, einen Boutique-Besitzer, Peter Handke und Fritz Wepper erkannte. Zum Nachtisch gab es viele hübsche Mädchen in hautengen schwarzen Lederhosen. Abgesehen von diesen Spezialitäten des Restaurants war das Essen schlecht. (*La Cave*, Maximilianstraße 25, München 22, Telefon 298479. Nur abends geöffnet.)

GRATZER'S LOBBY

Die Chance, mich in einer Bar zu erwischen, ist sehr gering. Das liegt nicht nur an meinem Alter. Zugegeben, in meiner Jugend saß ich oft auf dem Hocker einem dieser Cocktailschwenker gegenüber und dachte erschauernd: Toller kann es nicht mehr werden! Neben meiner Jugend und den mißverstandenen Romanen, die ich damals las, möchte ich als Entschuldigung für solche Naivität noch daran erinnern, daß damals jede Bar, die etwas auf sich hielt, ein Bar-Trio hatte. Akkordeon, Geige und Schlagzeug konnten, unter fleißiger Verwendung von Synkopen, bei einem jugendlichen Großstadtbewohner schon mal die Illusion erwecken, zwischen ihm und Fred Astaire gäbe es nur unwesentliche Unterschiede. Dem glücklichen Umstand, daß der Wohlstand damals noch nicht auf die jüngere Generation übergegriffen hatte, verdankte ich es, daß mir auf dem Heimweg nicht öfter übel wurde: Die Modegetränke jener Zeit hießen Gin Fizz und Curacao. Wie gesagt, das war früher. Inzwischen sind die Bar-Trios von der Tonband-Berieselungs-Anlage verdrängt worden, was allein schon genügt, Bars zu meiden. Hinzu kommt die Veränderung des Geschmacks, der sich mit zunehmendem Alter von den Süßigkeiten ab- und den herben Reizen zuwendet. Mit anderen Worten: Wenn ich am Nachmittag unbedingt etwas trinken will, dann wird es ein Glas Wein sein. Damit aber sind Bars ja nicht gerade gut versorgt. Und nachts, nach dem Essen, will ich ins Bett.

Ich will; aber hin und wieder kommt es anders. Dann sage ich: Also gut, fahren wir zum Gratzer. Und ich nenne dem Taxifahrer die Adresse: Gratzer's Lobby, Beethovenplatz 2-3. Denn dann bin ich in München, und wir fahren in eine der wenigen Bars, wo ich mich wohl fühle. Sicher, eine Tonbandanlage gibt's da auch. Aber wenn wir allein sind, bitte ich den Herrn Gratzer, sie abzustellen, und wenn der Laden voll ist, hört man sie sowieso nicht. Ich kenne Herrn Gratzer von früher. Er war jahrelang Oberkellner im Tantris. Es gibt Leute, die behaupten, er sei der beste Oberkellner Deutschlands gewesen. Ich will dem nicht widersprechen. In München war er zweifellos der Inbegriff für Perfektion und Diskretion. Und wenn das Tantris auch heute noch mit Abstand den besten Service aller Luxusrestaurants hat, dann ist das sicherlich auch das Verdienst dieses diskreten Herrn.

Nun hat er sich also selbständig gemacht und in einem stillen

Stadtviertel, zwischen Lindwurmstraße und der Theresienwiese, seine Bar eröffnet. Der Eingang mit seinem Baldachin sieht sehr amerikanisch aus, mehr nach Sunset Boulevard als nach Beethovenplatz. Innen ist's gemütlich wie in einem englischen Club. Ein Kaminfeuer, Bücher (keine Attrappen) an den Wänden, geschmackvolle Bilder, angenehmes, nicht zu dunkles Licht und eine respektable Weinkarte. Bei deren Lektüre erinnert man sich plötzlich, wie gut es immer war, wenn man im Tantris auf ihn hörte. („Wir haben ein paar Flaschen 66er Château Gaffelière, der steht nicht auf der Karte, aber den würde ich sehr empfehlen!") Hier, in seiner Lobby, hat er ähnlich gute Tropfen, auch glasweise. Deshalb gehe ich hier schon mal hin. Und noch aus einem anderen Grund: Es kann ja sein, daß ich am frühen Abend so gegen halb sieben etwas essen möchte, oder nachts, wenn der Sättigungseffekt der Nouvelle Cuisine sich schon wieder verflüchtigt. Dann stelle ich eine entsprechende Frage. Und darauf sagt Herr Gratzer: „Aber selbstverständlich! Ich habe heute einen marinierten Lachs mit Schnittlauchsahne aus dem Tantris, oder eine Muschelsuppe von Herrn Witzigmann, danach vielleicht ein Lammragout, auch von Herrn Witzigmann, oder aus dem Tantris Kaninchen mit Backpflaumen. Aber Sie können auch..." Und dann hat er noch zwei, drei Tellergerichte aus den beiden besten deutschen Restaurants anzubieten, und das ist dann schon eine Sensation, weil ja die normale Bar-Verpflegung aus Hawai-Toast und Dosen-Gulaschsuppe besteht. Wenn ich dann an meinem Tischchen sitze und mich wieder einmal davon überzeugen kann, daß die Münchener ein großes Glück mit ihren Köchen haben, dann denke ich, wie damals auf dem Hocker: Toller kann's ja nicht mehr werden!

ZUSAMMENFASSUNG

Daß alle Ein-Stern-Restaurants nun so unterschiedslos in derselben Kategorie aufgeführt werden, ist die Schwäche des „Guide Michelin". Daß sie aber alle, wahrscheinlich auch Boettner, über der großen Masse der bundesdeutschen Durchschnittsgastronomie stehen, ist letzten Endes nicht zu bezweifeln. Wenn in München eine Fehlentscheidung des Freßführers zu beklagen ist, dann ist es das Versäumnis, die *Alte Königswache* im gleichnamigen Hotel mit ihrem Küchenchef Herwig Sabitzer in die Stern-Gruppe aufzunehmen.* Dieser junge Österreicher kocht lange genug und besser als die Schlußgruppe, mit der ich mich hier beschäftigen mußte. (*Alte Königswache,* Steinheilstraße 7, München 2, Telefon 525454.)

P. S. Die Preisangaben für zwei Personen beziehen sich nicht auf einen ökonomischen Schnellimbiß, sondern, da es sich nun einmal um Feinschmeckerlokale handelt, auf ein größeres Essen mit pro Person einer Flasche Wein, wobei allerdings kostspielige Spitzenweine ausgelassen wurden.

Wunder braten etwas länger

Jede Disziplin hat ihre Rekordinhaber, ihre Weltbesten: die schnellsten Rennfahrer, die reichsten Ölscheichs, die teuersten Maler, die nervösesten Schachspieler. Die diese Hitlisten anführen, sind Superstars. Bei den Köchen ist das, warum nicht, genauso. Und so wie die meisten Schachmeister Russen, die Ölscheichs Araber sind, so rekrutiert sich die Spitzenriege der großen Köche aus Franzosen. Wenn es einen Namen gibt, der als Symbol für diesen Ruhm Frankreichs gelten kann, dann ist es Bocuse. Ihm zur Seite steht das leckere Dutzend der anderen Köche, die, wie er, vom „Guide Michelin" jährlich neu mit drei Sternen ausgezeichnet werden.

Nun läßt es sich mit der Stoppuhr leicht feststellen, daß der Rennfahrer A schneller ist als die Konkurrenten B, C und D. Auch beim Schachspiel gibt es eindeutige Gewinner und Verlierer. Wie

* Seit 1980 ein Stern.

aber ist zu beweisen, daß die Trüffelsuppe des Paul Bocuse tatsächlich eine schier unübertreffliche Delikatesse ist? Genügte vielleicht schon, daß das teuerste Gemüse der Welt vom berühmtesten Koch der Welt für einen Staatspräsidenten nach einer neuartigen Methode zubereitet wurde? Schwer zu sagen.

Leichter feststellbar ist der Umstand, daß Köche, die den dritten Stern längst verdient haben, lange darauf warten müssen, wohingegen sich die Superstars noch im Glanz dieser Auszeichnung sonnen können, wenn ihre Leistung längst erkennbar nachgelassen hat. Unter Kennern ist es kein Geheimnis, daß von den derzeit neunzehn Mitgliedern des französischen Drei-Sterne-Clubs sechs ihren Dritten Stern nicht mehr verdient haben. Es sind dies die Pariser Restaurants „Lasserre", „Grand Vefour" und „Tour d'Argent" sowie „Père Bise" in Talloire, „Pyramide" in Vienne und „Oustaù de Baumanière" in Les Baux. Wahrscheinlich ist die Küche in diesen Luxus-Etablissements nicht schlechter, als sie vor fünf Jahren war; aber sie ist auch nicht besser geworden. Das allein genügt – auf allen Gebieten –, um heutzutage schnell ins Hintertreffen zu geraten. Doch auch die anerkannten Matadore haben ihre Schwächen. Bei Bocuse gibt es oft enttäuschte Gäste, wenn sie nicht vom Meister persönlich bekocht werden, weil der wieder einmal auf einer Auslands-Tournee ist. Bei Chapel häufen sich die Klagen der Gäste über den Service; Vergé nimmt es manchmal beim Kochen nicht so genau; der nächste hat Launen und läßt sie an den Gästen aus, und so weiter. Immer weniger Gäste sind bereit, 300 Mark für ein Abendessen auszugeben und sich mit einem Gegenwert von nur 295 Mark zu begnügen. Wachsendes Konsumbewußtsein? Zunehmende Sachkenntnis? Oder Überdruß an der etwas aufdringlichen Selbstdarstellung der Starköche?

Mit dem Erscheinen des „Guide Michelin 1980" sind zum erstenmal drei Sterne über einer deutschen Küche aufgegangen. Fällig war es längst; daß es nur einen Koch (Eckart Witzigmann von der Münchener „Aubergine") getroffen hat, ist zu bedauern. Wenn alles mit rechten Dingen zuginge, hätten auch „Maitre" in

Berlin, die „Schweizer Stuben" in Wertheim und das Münchener „Tantris" die gleiche Auszeichnung bekommen müssen. Aber das bringen die Franzosen wohl nicht übers Herz: zuzugeben, daß ausgerechnet in unserer Bier- und Bratkartoffel-Barbarei gleich mehrere Lokale sein sollen, deren Küchen ihren besternten Nationalheiligtümern ebenbürtig sind.

Was nun den betroffenen Eckart Witzigmann angeht, so wird er von nun an mit Gästen rechnen müssen, die nur wegen der Sensation, im einzigen deutschen Drei-Sterne-Restaurant zu essen, zu ihm kommen, wo sie, da sie Wunder erwarten, enttäuscht sein werden. Diese Gäste sind, für jeden Koch, ein Alptraum. Aber auch einige seiner Stammgäste mögen versucht sein, nun noch kritischer zu kauen, noch prüfender zu schmecken. Wer das Restaurant eines Starkochs verläßt und seine Begleitung darüber aufklärt, daß der Hummer zwei Minuten zu lange pochiert worden und die dazu servierte Dillsauce unpassend war, dessen Selbsteinschätzung erfährt durch solche Nörgelei zweifellos neue Bestätigung. Es ist das alte Dilemma: Weil jeder Mensch beim Essen entschiedene Vorlieben und Abneigungen entwickelt, hält sich jeder schon für urteilsfähig. („Ick vasteh zwar nischt von Kunst, aber ick weeß, wat mir jefällt!") Wenn Köche Magengeschwüre kriegen, dann wegen dieses Phänomens. Kein Koch kann die hohen Erwartungen, mit denen die Wundergläubigen zu ihm pilgern, ständig erfüllen; kein Bocuse und kein Witzigmann. Erst unlängst hatte ich in der „Aubergine" Artischockenböden im Salat, die halb roh waren, was möglicherweise für Kaninchen ein Genuß sein mag. Ich erinnere mich an Saucen, die entweder zu kräftig gesalzen waren oder schlicht als banal bezeichnet werden konnten. Dennoch ist Witzigmann einer der besten deutschen Köche. Es wäre unmenschlich, würde man lauter Siege von ihm verlangen. Auch Niki Lauda gewinnt nicht jedes Rennen.

Elsaß beginnt in Niederbayern

Zwischen München und das Schlaraffenland hat der Bürgermeister von Landshut eine Stadtdurchfahrt gelegt. Die ist, weil unbeschildert, so zäh wie die bekannte Mauer aus Hirsebrei. Aber wer sich durchgefragt hat, das heißt, die in nordöstlicher Richtung nach Niederaichbach (12 km) führende Straße auf der rechten Seite der Isar gefunden hat, der fährt einem kulinarischen Vergnügen entgegen, wie es heutzutage selten zu finden ist: im *Bergcafé*. Helmut Krausler, 32 Jahre, Küchenchef und Inhaber, hat drei Jahre im *Tantris* gearbeitet, und zwar damals, als Witzigmann dort noch die unverfälschte Große Küche seiner Lehrmeister Haeberlin und Bocuse ausübte. Die Magermode der *Nouvelle Cuisine* hat Krausler nie mitgemacht, nie mitmachen können, weil seine niederbayerischen Gäste ihm sonst einen Exorzisten zur Teufelsaustreibung ins Haus geschickt hätten. Und so bietet er in reinster, schönster Form, was unter Feinschmeckern inzwischen einen Nostalgiewert hat wie ein Mercedes-Cabriolet aus den dreißiger Jahren: die gute, fast schon alte, feine Küche mit ihren Saucen, die nicht durch den Kalorienfimmel verwässert sind, mit Portionen, die sättigen, ohne satt zu machen, und mit Süßspeisen, die süß sind. Man könnte auch sagen: Elsaß beginnt in Niederbayern. Was Krausler kocht, ist natürlich keine elsässische Küche. Es soll nur illustrieren, daß hier wie dort Sahne und Butter die wichtigsten Bestandteile einer Küche sind, die mehr sein will als ein modischer Gag, ein saisonaler Kick. Nach den frustrierenden Püree-Küchen der Modefexen wirken Krauslers Kochkünste geradezu erlösend. Bei ihm muß man nicht bewundern, hier kann man sich begeistern. Und nichts als Begeisterung löst es aus, wenn jemand Hühnerbrust auf der Speisekarte hat, und es ist die dicke, saftige Brust eines Bressehuhns in einer wunderbaren, ehrlichen Morchelsauce; wenn er einen *Loup de Mer* mit einer so hinreißenden Estragonsauce serviert, daß man den Saucenlöffel erst gar nicht aus der Hand legt; wenn er das berühmte Lachssoufflé des Paul Haeberlin so gekonnt hinkriegt wie der Erfinder selber; wenn er so bürgerlich-deftige

Dinge wie Lüngerlsuppe oder ein Rinderragout zu Sonntagsessen verfeinert, ohne in die Trickkiste mit den Trüffelspänen und den Hummerschwanzgarnituren zu greifen. Staunend und dankbar registriert man schließlich, daß hier einer nicht nur wässerige Sorbets machen kann, sondern richtiges, leckeres Sahneeis! In Niederaichbach, sechzig Autominuten von München entfernt, hat die feine Küche, hat große Kochkunst ein Stück gastronomische Provinz in ein Schlaraffenland verwandelt. Die Belohnung in Form eines Sterns im „Michelin" hat Krausler schon vor zwei Jahren bekommen. Für den Esser, der den Umweg nach Niederaichbach nicht scheut, winkt als Belohnung das kulinarische Glück, und das auch noch zu Preisen, die der angereiste Großstädter schon seit Jahrzehnten nicht mehr für möglich hält. Daß die Küche in der deutschen Provinz ein derartiges Niveau erreichen kann, ist nicht nur tröstlich; es ist vielversprechend. (*Bergcafé,* Georg-Baumeister-Straße 25, 8301 Niederaichbach, Telefon 08702-285, 15.–28. August und montags geschlossen.)

Wenn ein Koch Geburtstag hat

Während wir auf den ersten Gang warteten, erlitt mein Gegenüber einen Arbeitsunfall. Er war Gastronomie-Kritiker eines französischen Magazins und brach sich beim Biß ins trockene Weißbrot ein Stück Zahn ab. Seine schreckgeweiteten Augen und den schaudernden Blick, den er hinter vorgehaltener Serviette auf den kleinen, abgesplitterten Teil seines Körpers warf, bevor er sich für immer von ihm trennte, werde ich nicht vergessen. Aber auch sonst war jene Mittagstunde im September ein unvergeßliches Ereignis, das man ohne Übertreibung als das Essen des Jahres bezeichnen kann. Wir feierten den Geburtstag von Alain Chapel und Henri Krug. Ersterer gehört zu den Spitzenstars der französischen Küchenszene, letzterer leitet die noble Champagnerfirma seines Namens in Reims und war der Initiator des Festes. Beide wurden vierzig.

Chapel wirkt älter, als er ist; wahrscheinlich weil er nie lacht, sondern stets einen grübelnden, zerquälten Ausdruck zur Schau trägt, als sei er ständig auf der Suche nach einer alles übertreffenden, nie dagewesenen Sauce. Was er wahrscheinlich auch ist. Denn wenn unter Feinschmeckern diskutiert wird, wer wohl die Nachfolge des zurückgefallenen Paul Bocuse (reist zuviel in Sachen Eigenwerbung; konzentriert sich nicht genug aufs Restaurant) angetreten habe, so wird fast immer Alain Chapel an erster Stelle genannt. Daß es eine Rangfolge bei den Großmeistern des Löffels überhaupt gibt und ihnen, ähnlich den Rennfahrern, von der Kritik Weltmeisterschaftspunkte zuerkannt werden, erklärt sich dadurch, daß sie so leicht vergleichbar sind. Denn anders als Maler, anders auch als die großen Modeschöpfer, sind sich Köche in ihren Produkten sehr ähnlich. Bei dem Feinschmecker, der mit geschlosssenen Augen die Champagnersauce eines Bocuse von der Roger Vergés *(Moulin de Mougins)* oder der Gebrüder Troisgros *(Roanne)* unterscheiden kann, handelt es sich mit Sicherheit um jenes Fabelwesen, das aus seinem Wein einen Kellerschlüssel mit Lederstreifen herausschmeckte, der dann tatsächlich im Faß gefunden wurde. Den Kochweltmeister trennen oft nur Sekundenbruchteile von seinen Verfolgern. Der wird es sein, dem zuerst die Idee kam, zum Beispiel, Bohnensalat mit Gänseleber zu vermischen (was die anderen dann genausogut nachmachen), wer eher als andere Muscheln mit Orangenschale kombinierte oder in seinem feinen Etablissement dem Langustenfleisch endlich jene Rolle zuwies, die in der bürgerlichen Küche die Kartoffel spielt. Auf diesem Gastronomie-Niveau kommt zur selbstverständlichen Forderung nach den besten Rohprodukten ein Kult der Verfeinerung hinzu, der für Bratwurstfreunde eine ähnliche Bedeutung hat wie die Verfeinerung der Einspritzelektronik beim Mercedes-Achtzylinder für einen bosnischen Bergbauern. Doch für knapp zwanzig Köche zahlt sich dieser Aufwand aus: Ihnen verleiht der „Guide Michelin" jährlich seine begehrten drei Sterne. Diese Grand-Prix-Matadore waren fast vollständig bei Alain Chapel erschienen und mit ihnen ein Schwarm von hochbegabten Nachwuchsköchen, die drauf und dran sind, die etablierten Meister einzuholen und zu überrunden. Wer an jenem Doppelgeburtstag in einem der besseren Restaurants Frankreichs essen ging, mußte sich mit den Hervorbringungen des jeweiligen Stellvertreters begnügen. Im Restaurant *Alain Chapel* in Mionnais bei Lyon aber hofften hundertvierzig hungrige Gratulanten mit dem kochenden Geburtstagskind, daß es möglich sein werde, hundertvierzig Festmenüs gleichzeitig und gleichmäßig heiß auf die Teller zu kriegen.

Zunächst jedoch lagen sie sich zur Begrüßung in den Armen, sofern das möglich war mit einem Glas in der Hand (Krug „Privat Cuvée"), und sofern sie nicht verfeindet waren (die Restaurantkritiker untereinander). Da quirlte Jean-Pierre Haeberlin (Illhaeusern) durch die schwatzende Menge und lobte die zum Champagner gereichten winzigen, fritierten Gründlinge aus dem See von Annecy; da sammelte Bocuses PR-Agentin neue Kunden unter der Prominenz; da wurde der jüngste Drei-Sterne-Koch von einigen mit Applaus begrüßt: Michel Guérard, der Erfinder der Mager-Küche, kam aus dem äußersten Südwesten Frankreichs. Aus Crissier bei Lausanne kam der sportlich-schlanke Fredy Girardet: Ihn würden viele zum Weltmeister küren, wenn er nur Franzose wäre. Henri Krug und sein Bruder Rémi schließlich freuten sich, daß den anspruchsvollen Gästen ihr Champagner offensichtlich schmeckte.

Das Essen begann dann sehr japanisch. Auf dem Teller vereinten sich zu einer grafischen Komposition vier halbgare, kalte Stangen Zwergporree mit drei kurzen Schnittlauchfäden und vier hosenknopfgroßen, hauchdünnen Trüffelscheiben und einer Spur Öl – so wurden die Vorurteile des von der *Nouvelle Cuisine* verschreckten Gourmands vegetarisch bestätigt. Auch der zweite Gang entstammte der neuen, leichten Küche, wies aber gleichzeitig die typischen Merkmale der Chapelschen Kreativität auf: ein Stück Langustenfleisch, in ein grünes Salatblatt eingewickelt, hatte er im Dampf über kochendem Kräutertee gedünstet. So gelang es ihm, der Languste den leicht süßlichen Geschmack, den eigentlichen

Grund für ihre Beliebtheit, auszutreiben und durch eine Bitternis zu ersetzen, die einen zwar nicht verrückt werden ließ vor Glück, aber jene Eigenschaft hatte, die ihm wieder eine Nasenlänge Vorsprung verschaffte: Originalität. Daß es dazu ausgesucht schöne Pfifferlinge gab, erwies sich nicht einmal als ungewöhnlich, da man die Languste nach ihrer Behandlung auch für junges Kalbfleisch hätte halten können. Ich sah, wie der Besitzer des berühmten *L'Oasis* in La Napoule ein weißes Pulver in ein Glas Wasser schüttete, und wurde von meinem Nachbarn zur Rechten belehrt, daß der Stalinismus der Untergang Frankreichs sei.

In den langen Pausen zwischen den Gängen (es folgte ein weiterer Fischgang: die Leber vom Seeteufel – *Lotte* – in einer delikaten Rotweinsauce) ließen sich Autogrammsammler ihre Speisekarten signieren. Zum ersten Fleischgang (*Poule faisanne à la crème et aux chicons, Poelée de champignons des bois,* worunter sich auch Totentrompeten befanden) konnten endlich die Rotweine serviert werden, ein *Côte Rotie,* ein *Musigny* und ein *Chambertin.* Letzterer, ebenfalls vierzig Jahre alt wie die Jubilare, hatte die Zeit leider nicht so gut überstanden wie diese.

Es folgte noch ein stark aromatisches Wildkaninchenfleisch in der Teigkruste *(Petit paté chaud de lapereau de Garenne),* dazu gemischter Salat mit Nußöl und gerösteten Brotstücken, eine berühmte Spezialität des Hauses, sowie an meinem Tisch eine Diskussion über die europäische Degeneration, für die gleichermaßen das Klima, der vernachlässigte Radsport und Luther als Hauptursachen verantwortlich gemacht wurden. Bevor jedoch die Frage diskutiert werden konnte, ob man den Verlust Algeriens nicht mit Hilfe Mao Tse Tungs hätte verhindern können, wurde der Käse serviert. Nur drei Sorten, aber die koalierten harmonisch miteinander und hatten jenen Reifegrad, dem die Degeneration bald zu folgen pflegt.

Nach drei Stunden, vor dem Dessert, das besonders aufwendig zu werden versprach – unter anderem Sahneeis aus weichschaligen Haselnüssen, selbstgesammelt; heiße Pfirsiche; Kompotte in Rotwein, etc., dazu ein 1937er *Château Yquem* – gab es eine

Unterbrechung. Die Matadore wurdem zum Gruppenbild in den Innenhof gebeten. Während Paul Bocuse wie Niki Lauda eine Flasche Champagner (Krug, versteht sich!) hoch über den Köpfen seiner Kollegen in die Luft schäumen ließ, wartete leider auf mich und einen Teil der Gäste bereits der Bus, der uns zum Flugplatz nach Lyon bringen sollte. Mein letzter Blick fiel auf Alain Chapel, der, in weißer Arbeitskleidung, aber ohne seine spezialangefertigte, überdimensionale Kochmütze, mit einer Geburtstagstorte im Arm vor den Fotografen posierte. Er lächelte. Wahrscheinlich war ihm die nie dagewesene, alles übertreffende Sauce eingefallen.

Kostproben
von unterwegs

Es muß nicht immer Rösti sein

Nur selten ist ein Gourmet zu einer kulinarischen Traumreise in Richtung Schweiz aufgebrochen. Und auch was Eidgenossen selber über ihre Küche sagen und schreiben, klingt eher wie die treuherzige Versicherung, daß man sich auch weiterhin im Rahmen der bescheidenen Möglichkeiten bemühen werde, als nach einer enthusiastischen Schilderung eigener Küchenkünste. Wenn kulinarisch erfahrene Autoren wie Manuel Gasser und H. U. Christen ihren Lesern Leckeres schmackhaft machen wollen, dann greifen sie entweder auf die Rezepte einer aus Frankreich eingewanderten Tante oder auf die Urlaubserinnerungen am Mittelmeer zurück. Immerhin, der erste, flüchtige Eindruck eines Besuchers könnte lauten: Guter Durchschnitt ohne Spitzenleistungen.

Man wird einwenden: Gibt es etwas Besseres als einen guten Durchschnitt? Und: Wie wenige wissen denn kulinarische Spitzenleistungen überhaupt zu würdigen? Wie wenige sind bereit, die damit verbundenen Spitzenpreise zu bezahlen?

Doch auch das ist wahr, daß an den Wochenenden vor den elsässischen Spitzenrestaurants sowie bei Père Bise am Lac d'Annecy die Schweizer Automobile nicht zu übersehen sind. Gewiß spielt dabei der günstige Umrechnungskurs eine große Rolle. Aber ein französischer Koch, der jahrelang in der Schweiz gearbeitet hat, sagte mir einmal: „Die Schweizer Küche ist gut, aber einfallslos; die Schweizer Köche können viel, wagen wenig."

Daran ist viel Wahres. Doch man täusche sich nicht: Die Schweizer Gastronomie ist immer für Überraschungen gut.

Reden wir nicht von Paris. Nicht einmal in der französischen Hauptstadt findet man Frankreichs beste Restaurants; die liegen in der Provinz. Es muß also nicht die einwohnerstärkste Stadt eines Landes, die kulturelle und wirtschaftliche Zentrale auch gleichzeitig ein kulinarisches Zentrum sein. Auch Zürich ist es nicht. Daß dort, wo sich Geld, Macht und Kultur konzentrieren, wo alle Voraussetzungen für gastronomische Höchstleistungen vorhanden sind, das Resultat nur eben jener gute Durchschnitt ist, überrascht nicht einmal. Erfahrungsgemäß ist ein Großstadtpublikum weniger kritisch, wenn es ums Essen geht. Die mannigfachen Reize und Ablenkungen erschweren die Konzentration auf das nur Gastronomische. Wer nach Illhaeusern zu den Gebrüdern Haeberlin fährt, tut das aus dem einzigen Grund, um dort genußvoll zu essen. In ein Großstadtrestaurant geht man jedoch – mag die Küche auch noch so berühmt sein – auch aus gesellschaftlichen Gründen. Der Anspruch aber, den das Publikum an eine Küche stellt, und die Kritik, die es fachmännisch und, wenn es sein muß, auch rücksichtslos zu üben bereit ist, sind letzten Endes genauso entscheidend für die Qualität eines Restaurants wie Ehrgeiz und Können des Küchenchefs.

Ein Musterbeispiel dafür bietet jenes Restaurant, das nicht zu Unrecht Weltruhm genießt, ein Restaurant, dessen Küche, wenn sie seinem Aussehen und Ansehen entspräche, eine der besten Küchen Europas sein könnte, sein müßte; ein Restaurant, das zweifellos eines der schönsten ist – wenn man Schönheit nicht am *style rustique* der Franzosen mißt oder an der barocken Gemütlichkeit süddeutscher Gasthäuser, sondern untrennbar mit dem verbindet, was man unter „großstädtisch-kultiviert" versteht – mit einer Klientel, die man zum Teil bei *Maxim's,* zum Teil in der *Coupole,* aber in keinem Restaurant gleichzeitig antreffen kann wie hier: in der Züricher *Kronenhalle.*

Ein Essen in der *Kronenhalle* ist für den Touristen ebenso obligatorisch wie in London ein Besuch bei Madame Tussaud und kaum weniger unvergeßlich. Wo sonst kann man seine Rösti unter einem echten Chagall verzehren, das Bündnerfleisch zwischen Jawlensky und Braque, mit Elias Canetti am Nebentisch und Tomi Ungerer im gleichen Raum?

Doch wer sich tief über seinen Teller beugt, wer sich nicht durch zeitgenössische Kunst und prominente Zeitgenossen ablenken läßt, der wird angesichts des Mißverhältnisses zwischen dem Ruf des Lokals und seiner Küche bald resignierend die Gabel sinken lassen. Nicht, daß man in der *Kronenhalle* außergewöhnlich schlecht äße; es ist ja nicht wahrscheinlich, daß sich ein Tourist aus den vielen Speisen der Menükarte ausgerechnet jene zu einem Essen zusammenstellt, die von erfahrenen Stammgästen peinlichst gemieden werden. Vorstellbar ist so ein Pechvogel allerdings! Dahingegen ist es mehr als wahrscheinlich, daß dieser Tourist, der da unter den goldgerahmten Kunstwerken sitzt, die alle nur eines zu signalisieren scheinen, daß nämlich Qualität hier allen anderen Überlegungen vorangestellt wird, sich am Ende seines Menüs fragt: „Das Fleisch war ja ganz gut, aber was haben sie bloß mit dem Fisch gemacht...?" – oder umgekehrt.

Wahrscheinlich wird er sich auch fragen, ob das *poussin diablé maison* wegen seines Namens so teuflisch scharf ist, oder ob hier ein Balkankoch sein Heimweh mit der Pfeffermühle abreagiert. Der Wein, den unser Gast dazu trinkt, hält die unnötige Schärfe jedenfalls nicht aus. Unnötig ist auch die Größe der Portionen, die in der *Kronenhalle* verabreicht werden. Da sie nicht auf einmal auf den Teller passen, muß der Nachschlag warmgehalten werden. Bei Langsamessern kann das bis zu fünfzehn Minuten dauern, was den Rösti nicht unbedingt gut tut und bei einem *Tournedo Rossini* eine Katastrophe bewirkt. Auch die *Paté maison* ist so groß und so dick, daß sie einem Bergwanderer als Stärkung für den nächsten Gipfel genügen würde; dem Gourmet stopft sie für den nächsten Gang nur den Magen. Es sei denn, er läßt den größten Teil zurück, weil ihre Konsistenz zu mehlig, das Gelee zu salzig und die eingearbeitete *Foie gras* zu konfektioniert ist; von den überflüssigen Orangenscheiben, dem Radieschen und dem Sellerie in ordinärer

142

Majonnaise ganz zu schweigen. Schweigen wir auch von der Riesenportion Lachs mit *Sauce Hollandaise*. Sogar der *Coq de Bresse* in Morchelrahmsauce, von seiner Herkunft her für ein delikateres Ende bestimmt, wurde trockengebraten und zusammen mit pappigen Nudeln unter einer viel zu schweren Sauce begraben, wie zum Hohn auf die *Nouvelle Cuisine* mit ihren Forderungen nach leichten und frischen Speisen, nach Saucen ohne Mehl und *à point* gekochten Produkten – diese einzig zeitgemäße Art, anspruchsvoll und doch bekömmlich zu kochen.

Doch vergessen wir die Sünden wegen der einen guten Tat. Sprechen wir von der *Mousse au chocolat*. Von ihr schwärmen passionierte Feinschmecker in aller Welt, und ich schließe mich ihnen bedingungslos an: Es ist die beste Schokoladencrème Europas! Ihre dunkelbraune Bitterkeit, nicht zu schwer, aber auch nicht zu schaumig; so vorsichtig gesüßt, daß man auch eine zweite Portion davon ohne Magenbitter vertrüge; nicht dekorativ verkitscht, sondern aus einer großen Steingutschüssel geschöpft, nicht mit Birnenschnitzen zu einem Zwitter gemacht, wovor auch berühmtere Küchen leider nicht zurückschrecken; nicht unsinnig mit Alkohol überwürzt, als wolle man dem Gast den Digestif ersparen; mit dem einzig richtigen Zusatz serviert, einer herrlich dicken *crème double:* Ich will nicht behaupten, daß diese wunderbare *Mousse au chocolat* die traditionelle Küche der *Kronenhalle* rettet. Aber wer sie und das einmalige Ambiente des Restaurants als Entschuldigung dafür anführt, daß er immer wieder dorthin zurückkehrt – wie sollte man es ihm verübeln?

DIE ANONYMEN

Nun besteht die Gastronomie der Schweiz in ihrer Mehrzahl genausowenig aus außergewöhnlichen Häusern wie die Gastronomie eines anderen Landes. Ihr Ruf wird vielmehr geprägt von den hundert mehr oder weniger unbekannten Restaurants, die der Reisende besucht, weil er gerade Hunger hat, und nicht, weil er durch einen Restaurantführer oder persönliche Empfehlungen darauf verwiesen wurde. Dabei wird er zwei Kategorien von Gasthäusern vorfinden: Solche, denen schon äußerlich anzusehen ist, daß dort Gastronomie als eine Verpflichtung verstanden wird, die nicht bei der Maggiflasche endet. Vom antiken Wirtshausschild bis zu den kupfernen Kasserollen an den Wänden, von den kunstgeschmiedeten Flaschenregalen im Gastraum bis zum Patron, der die Gäste mit der Kochmütze auf dem Kopf begrüßt, hat dort alles eine kultiviert-gastliche Bedeutung. Die andere Kategorie beschränkt ihre Dienstleistung auf Küche und Service. Mehr als die Sättigung der Gäste wird dort gar nicht angestrebt. Doch muß die Nüchternheit des Ambiente ebensowenig eine negative Bedeutung haben, wie der freundliche Wirt vor seinen Ehrendiplomen eine Garantie dafür ist, daß in seinem Haus auch gut gekocht wird.

Nach meinen Erfahrungen ist das Niveau in beiden Kategorien sehr ähnlich und hat tatsächlich jenen guten Durchschnitt, von dem eingangs schon gesprochen wurde. Ich halte das für einen Glücksfall. Gewiß hatte ich in der Schweiz auch deprimierende Eßerlebnisse. Aber so oft und so fürchterlich reingefallen wie in der Bundesrepublik, wie in Italien und sogar in Frankreich, bin ich in der Schweiz nie. Das ist, glaube ich, ein Verdienst der zweiten Kategorie, der schmucklosen, altmodischen Wirtschaften mit ihrer furchteinflößenden Salz-Pfeffer-Zahnstocher-Ausrüstung auf den Tischen, mit den Münzschränken des örtlichen Sparvereins an den Wänden und der Getränkekarte, auf der die Limonaden mehr Platz einnehmen als der Wein. Dort erlebt man, weil man sie nicht erwartet, die angenehmsten Überraschungen. Salate, die gründlich trockengeschwenkt wurden, bevor sie mit einer anständigen *Vinaigrette* serviert werden; geschnetzelte Leber, die keineswegs verbrannt und richtig gewürzt ist; Suppen, die wider Erwarten nicht der Tüte entstammen, und Rösti, deren Zustand manchem prominenten Restaurant zur Ehre gereichten. In einem mehr als bescheidenen Gartenrestaurant wurde uns das Essen auf vorgewärmten Tellern serviert und zusätzlich noch ein Rechaud auf den

Tisch gestellt, der die Schüsseln mit den restlichen Speisen warmhielt. In einem vergleichsweise trostlos aussehenden Dorfgasthaus bestellte ich, um nun endlich die Tiefen der Schweizer Gastronomie zu erleben, ein Entrecôte und bekam ein perfekt gebratenes Stück Fleisch von einer Qualität, wie man sie in den Steak-Häusern der Großstädte oft vermißt.

Wenn jedoch die weise Beschränkung auf wenige und einfache Gerichte zugunsten einer angeblich attraktiven Vielfalt aufgegeben wird, ereignen sich fast unweigerlich jene kleinen Katastrophen, die wohl jeder erlebt hat, der die Wahl seiner Futterplätze dem Zufall überließ. Folgerichtig sind Pannen häufiger dort anzutreffen, wo man sich die größere Mühe gibt. Es ist immer das sogenannte beste Restaurant der Region, wo dann die Unvollkommenheiten am deutlichsten sind. Deutlich für denjenigen, der Vergleichsmöglichkeiten hat; die Mehrzahl der Gäste, die zum größten Teil Stammgäste sind, würde jede Kritik an „ihrem" Restaurant empört zurückweisen. Sie honorieren die Anstregungen des Wirtes mit einer durch nichts zu erschütternden Anhänglichkeit, und hier wiederum ist der Grund zu suchen, warum solche Restaurants schon seit Jahren die gleichen Schwächen haben: Da alle glücklich und zufrieden sind, bleibt alles beim alten. Bestenfalls will man sich anschließen an das, was man unter französischer Küche versteht, und so stehen dann *Coquilles St. Jacques* auf der Karte, aber auch im Sommer, wenn sie tiefgefroren sind. Oder es werden Krebse gratiniert, allerdings in einer dicken *Sauce Nantua* oder einer anderen Sauce, deren Bechamelanteil ausreichte, den für eine Drei-Zimmer-Wohnung benötigten Tapetenkleister zu liefern. Krebse einfach *à la nage* zu kochen, ist nicht raffiniert genug, ist zu billig.

Natürlich hat der Chef nach französischem Vorbild eine Wildpastete im Repertoire, die er mit der leider üblichen *Sauce Cumberland* serviert, nein, nicht mit einer konfektionierten *Cumberland,* sondern von ihm selbst gemacht, und weil ihm für seine Gäste nichts gut genug ist und weil ihn gerade die Muse küßt, parfümiert er die Sauce zusätzlich mit alles übertönendem, penetrantem Rosenöl, was ihm im Kanton den Ruf einträgt, ein kreativer Koch zu sein. Natürlich weiß unser Wirt, daß die als Fleischdekoration so beliebten Kirschen und Ananasstücke nur Ausdruck kulinarischer Hilflosigkeit sind. Er arbeitet statt dessen mit Artischockenböden aus der Dose und vielen fetten Markscheiben.

Natürlich flambiert er auch am Tisch, wozu er sich eine prächtige goldene Kette um den Hals hängt, die dem Flammenspektakel die gleiche Aufmerksamkeit verschafft wie Tusch und Trommelwirbel einem doppelten Salto in der Zirkuskuppel.

Es muß wohl kaum erwähnt werden, daß seine geschnetzelte Leber makellos ist; auch die Rösti lassen nichts zu wünschen übrig; das Rindersteak ist selbstverständlich *comme il faut.* Aber die dunkelbraune Anonymität der dazu gereichten Sauce ist dann auch wieder selbstverständlich. Das alles spielt sich in einem Ambiente ab, dessen kleinstes Detail noch andeutet, wie sehr das Wohlbehagen seiner Gäste für den Wirt zum Lebensinhalt geworden ist. Den Eindruck, er wolle an ihnen auch noch verdienen, läßt er erst gar nicht aufkommen: Vor dem Essen spendiert er einen Hauscocktail (rot mit Apfelsinenscheibe) und zwischendurch ein kleines Sorbet oder einige vom Vortag übriggebliebene *Fleurons.* Zum Käse werden drei Sorten Brot angeboten, einschließlich des hygienisch verpackten Knäckebrotes, von der Butterportion ganz zu schweigen. Beim Abschied übertrifft der Wirt sich selbst und überreicht den Damen je eine Rose. Die Gäste sind entzückt.

Also kommen sie immer wieder aus den umliegenden Ortschaften, die Honoratioren, die dort den Ton angeben. Nirgendwo findet man dankbarere Gäste und freundlichere Wirte als in diesen liebevoll gepflegten Landgasthäusern; nirgendwo wird so viel guter Wille investiert, damit die Begegnung des Kunden mit der Gastronomie einen glücklichen Ausgang nimmt. Daß die Erkenntnis, das Gegenteil von Kunst sei nicht Kitsch, sondern gut gemeint, auch auf diese gastronomische Idylle zutreffen könnte, scheint allen Beteiligten ausgeschlossen. Was soll's auch: Jeder Koch ist nur so gut wie seine Gäste.

RESTAURANT „GIARDINO" IN BRISSAGO/TESSIN

Sind die begehrten beiden Sterne im französischen „Michelin" verzeichnet, ist ihre Berechtigung selten umstritten. Anders in der italienischen Ausgabe des Freßführers. Wenn das entsprechende Restaurant dann noch auf Schweizer Boden steht und französische Küche bietet, kann die Auszeichnung alles mögliche bedeuten. *Giardino* ist ein Musterbeispiel dafür. Diesem gastronomischen Leuchtturm kommt besondere Bedeutung zu, weil die Landschaft, in der er steht, das Tessin, kulinarisch gesehen im Dunkeln liegt. Das ist um so erstaunlicher, als sich an den Steilhängen der Täler und den Ufern der Seen viele Menschen angesiedelt haben, denen mehr Muße und mehr Geld zur Verfügung stehen, als anderen, und die man deshalb auch in Dingen des Geschmacks für besonders anspruchsvoll hält. Doch wenn sie schlemmen wollen, sind diese Zeitgenossen auf das Zwei-Sterne-Refugium in der Stadtmitte von Brissago angewiesen. Kein Wunder, daß sie unisono ein Loblied singen auf ihr *Giardino*.

Wie sollten sie auch nicht! Die kleinen, fast winzigen Gaststuben sind wieder einmal ein Beispiel für die hohe Kunst der Schweizer Wirte, das Öffentliche durch Intimität behaglich zu machen und die Behaglichkeit trotz Dekorationen nicht zu verkitschen. Wie sonst wäre es möglich, daß jemand alte Grammophontrichter, Omas Kaffeemühlen und all die anderen bizarren Prunkstücke der Trödelläden zusammenstellt und doch beim eintretenden Gast nichts anderes auslöst als die schöne Empfindung: Wie ist es gemütlich hier!

Und wie freundlich man bedient wird! Ich habe immer schon die Beobachtung gemacht, ob in München, Moskau oder Zürich, daß Serviererinnen liebevoller mit den Gästen umgehen als ihre männlichen Kollegen. Auch in Brissago ist das nicht anders. Wir hatten vorbestellt – man muß das hier, sonst hat man keine Chance, einen freien Tisch zu kriegen –, aber meinen Namen finden sie nicht, wahrscheinlich wurde er falsch verstanden, falsch notiert, das hier wird er sein, nein?, macht auch nichts, wie wär' es dann mit diesem Tisch? Selten auch wurde die Frage nach einem Aperitif schneller durch den vernünftigen Zusatz ergänzt: „Oder wollen Sie gleich mit einem Wein anfangen?" Natürlich wollen wir genau das und registrieren dankbar, daß die Weingläser dünn und schön ziseliert sind. Auch stimmt uns die Beschränkung auf nur zwei Tagesmenüs hoffnungsfroh, und als eine Scheibe hausgemachter Terrine, die *à la carte* für nur 8 Franken angeboten wird, sich als fein und edel, wenn auch ein wenig trocken, erweist, die darauf folgende Londonderry-Suppe (Kalbscrème mit Schildkröte, Curry und Sahne verfeinert) einfach köstlich ist, sind wir dem kulinarischen Glück schon ziemlich nahe.

Doch dann verlöscht der Leuchtturm plötzlich und unerwartet. Ein zwar leichter, aber farb- und geschmackloser, auf Spinat angerichteter Kloß, dessen Grundsubstanz man bestenfalls erraten kann, war mit einer Sauce übergossen, deren Hauptbestandteil Bechamel, also Mehl ist, worauf das ganze ohne Notwendigkeit unter dem Salamander überbacken war: *Mousse de truite gratiné,* mithin Fisch. Daraus bestand angeblich auch ein anderer Kloß in der gleichen Sauce, nach der gleichen Methode präpariert und von gleicher Undefinierbarkeit, das *Gratin de langoustinos.* Die kulinarische Finsternis verdichtete sich noch mehr, als mir ein *Croquette de ris de veau* serviert wurde. Richtig zubereitete Kalbsmilch (oder -bries) sind seit eh und je ein Höhepunkt der feinen Küche. Und zubereiten lassen sie sich auf die verschiedenste Art und Weise – man muß nur darauf achten, die unwahrscheinliche Zartheit des Fleisches nicht durch starkes Braten zu zerstören oder sein feines Gewebe nicht mehlig und trocken zu dünsten. Es ist leider so, daß diese Delikatesse in vielen Provinzküchen auf mehr oder weniger exotische, um nicht zu sagen, barbarische Weise ruiniert wird. Was man bei *Giardino* damit anstellte, war kaum weniger furchtbar. In kleinste Stücke zerrissen, war das Bries zusammen mit einer dicken Bechamel zu einer golfballgroßen Kugel geformt, in Kartoffelbrei gehüllt und ausgebacken worden. Es hätte der deprimierenden, braunen Sauce nicht bedurft, um einen Briesfreund in tiefe Trauer zu stürzen. Fröhlichkeit konnte auch beim *Poussin Monica* nicht aufkommen, weil die plattgeklopfte Hühnerbrust, die diesen schönen Namen trug, paniert war. Zwar nicht wie ein Schnitzel *Milanese*, aber doch in enger Symbiose mit den fettaufsaugenden Semmelbröseln, wie man das unter zwei Michelin-Sternen in der gastronomischen Gegenwart eigentlich nicht mehr erwartet.

Ebenfalls ein Relikt aus glor- und kalorienreichen Bechameltagen war ein *Mignon de Veau Orloff,* zu dem wieder kleine, ausgebackene Kroketten serviert wurden, diesmal massiv Kartoffel, die nach dem Willen ihres Schöpfers in der bekannten braunen Sauce rollen mußten.

Die Finsternis lichtete sich erst wieder, als die Zunge sich an einer Nudelbeilage erholen konnte, die, mit getrockneten Pilzen und Schinkenstückchen gewürzt, nun wirklich delikat zu nennen wäre, hätte nicht auch ihr ein Löffel Bechamel zur Weichheit verholfen.

Crêpes Suzette gehören zwar auch zur alten Küche, und Bedenken sind vor allem angebracht, wenn der Patron vor den Augen seiner Gäste selbst zur Pfanne greift wie Karajan zum Taktstock und hinter einer rollbaren Spezialkonstruktion den Geist der Orangen mit dem Körper der Mehlpfannekuchen vereint. Doch als die Flammen erloschen und wir sie dann auf dem Teller hatten, erhellte der Leuchtturm erstmals wieder die Tessiner Nacht: Die *Crêpes Suzette* waren erstklassig.

So wurde uns die Anhänglichkeit der Stammgäste doch noch verständlich, auch wenn es sich bei diesen nicht um Hundebesitzer handelt, für die *Giardino* allerdings einen besonderen Service bereithält: „Wenn Sie wünschen, sagen Sie uns Bescheid: Der Chef denkt auch an Ihren Hund *à la maison!*"

MÖVENPICK – AG

Eine direkte Verbindung zu ziehen von den Spitzenbetrieben der Schweizer Gastronomie zu einer konfektionierten Abfütterungs-AG, das heißt, von Häusern wie dem *Restaurant de l'Hotel de Ville* in Crissier im gleichen Zusammenhang zu sprechen wie von der *Mövenpick-AG,* das mag unfair erscheinen; ungerecht ist es sicherlich. Und doch manifestiert sich der Zustand der Schweizer Gastronomie für den größten Teil der ausländischen Besucher in entweder der einen oder der anderen Kategorie. Wer die *Kronenhalle* nicht kennt, von Crissier noch nichts gehört hat, der weiß aber sehr wahrscheinlich, was er unter *Mövenpick* zu verstehen hat.

Ungerecht wäre es nun wirklich, die Küche des Fredy Girardet mit der einer *Mövenpick*-Filiale zu vergleichen. Was der eine kann, will der andere erst gar nicht; wo ein kreativer Patron Artistik bietet, erstreben Manager Rationalisierungserfolge. Der profane Endeffekt, nämlich die Sättigung der Gäste, spielt sich auf zwei völlig verschiedenen Ebenen ab und außerdem – das soll keineswegs verschwiegen werden – bei ebenso unterschiedlichem Preisniveau.

Dennoch ist das im Ausland geläufige Bild von der Schweizer Gastronomie ohne das *Mövenpick* nicht komplett. Schweizerisch sind am *Mövenpick* allerdings nur die Weine, vorwiegend aus eigener Kellerei. Alles andere hat jenen genormten, internationalen Charakter, der entweder Drugstore, Cafeteria, Pub oder Lunch-Counter genannt wird, weil die Bezeichnung Restaurant oder gar Gasthof völlig unangebracht wäre. Denn diese Imbißstuben mögen aussehen wie sie wollen – tatsächlich gibt es von Filiale zu Filiale große Unterschiede – ein Ort, zu dem man sich begibt, um klassische Gastronomie zu erleben, sind sie nicht. Das jeweilige, bunte Dekor ist immer nur die Imitation einer Imitation und läßt auch nicht einen Augenblick die Hoffnung aufkommen, hier könnte man ,,in entspannter Atmosphäre gepflegte Gastlichkeit genießen". Es sind die *Mövenpick*-Cafeterias nichts anderes als die Fortsetzung der Kantine mit anderen Stilmitteln.

Dieser andere Stil äußert sich zunächst und vor allem im Service. Der ist betont freundlich, bemüht und schnell, wie überhaupt das reibungslose Funktionieren des Betriebes zu loben ist. Lobenswert ist auch das Bemühen, Spezialitäten der Saison möglichst frisch und möglichst preiswert in möglichst vielen Variationen vorrätig zu haben. Da gibt es in der Spargelzeit eine besondere Spargel-Karte mit zahlreichen Varianten der Zubereitung; Artischocken werden in der Saison auf fast ebenso viele Arten angeboten. Manchmal sind es Langusten, dann wieder frische Beerenfrüchte, die als Spezialität der Woche in großen Mengen und bester Qualität bereitgehalten werden, was dem Gast durch bunte Plakate oder andere unübersehbare Werbeträger angekündigt wird. Überhaupt gehört in einer *Mövenpick*-Filiale die Reklame zum Essen wie die Fliege zum Kuhstall. Das beginnt mit und auf den verschiedenen Speisekarten, die in unterschiedlichen Größen und Farben auf den Tischen liegen, das setzt sich fort im buntbedruckten Papieruntersatz, der die Tischdecke ersetzt und für einen Fruchtsaftlikör oder sonst ein freizeitverschönendes Produkt wirbt, und endet noch lange nicht bei den unzähligen Reklametafeln, die an dünnen Fäden von der Decke hängen wie Fastnachtsdekorationen. So kann ein Mißverständnis erst gar nicht aufkommen: Hier wird gekocht, um die Dividenden der Aktionäre zu verbessern.

Um es noch einmal zu sagen: Es ist ungerecht, dies alles mit einer sich an der *Grande Cuisine* orientierenden Gastronomie zu vergleichen, und unfair wäre es, nicht darauf hinzuweisen, daß die *Mövenpick*-AG nur eine unter vielen ist, deren Filialen sowohl in Paris zu finden sind wie in Berlin, Köln und Amsterdam. Mag sein, daß diese Schweizer Einrichtung sogar ein bißchen besser kocht als vergleichbare Unternehmen in anderen Ländern – das Weinangebot ist jedenfalls eindeutig besser –; mag sogar sein, daß man hier fürs gleiche Geld reeller beköstigt wird, als in einer privat geführten und auf ihre Art genauso unzulänglichen Beiz. Anzunehmen (und zu hoffen) ist aber auch, daß all die jungen Gäste, die dort Ellenbogen an Ellenbogen mit dem Nebenmann in der Mittagspause ihre genormten Salatteller essen (sechs verschiedene Bestandteile in grün und rot + zwei Mandarinenschnitzel und einer Lychee aus der Dose, mit French/American/Hawaiian-Dressing getränkt), daß diese Gäste am Wochenende, wenn sie sich und ihrer Begleitung ein genußvolles Essen gönnen wollen, eines der alten, traditionellen Gasthäuser aufsuchen.

Auch dort kann es passieren, daß von sieben Artischockenge-richten sechs durch die Sauce verdorben werden, weil deren exotische Schärfe den ohnehin schwachen Eigengeschmack des bretonischen Gemüses erschlägt. Auch dort ist es möglich, daß die Garnituren zum ehemals tiefgefrorenen Rindersteak von einem unsinnigen Dekorationsbestreben zeugen: rote Tomatenviertel, hellgrüne Kresse, weiß-gelbe Eierhälfte, dunkelgrüne Gurke. Auch dort kann einem der Schweiß auf die Stirn treten, weil die Menge des verwendeten grünen Pfeffers mit der Modernität der Küche gleichgesetzt wird. Doch während sich dort die Unzuläng-lichkeit als menschliche Schwäche darstellt, die, wer weiß, an die momentane Unpäßlichkeit eines Kochs gebunden sein mag, jedenfalls aber der Hoffnung auf Änderung noch Platz läßt, erscheinen Cafeterias wie das *Mövenpick* wie unkorrigierbare, automatisierte Institutionen, die man entweder akzeptieren muß, wie sie sind, oder aber bei der Suche nach kulinarischer Qualität konsequent meidet.

HOTEL REAL, VADUZ: HIER SPEIST DER FÜRST PERSÖNLICH.

Es soll die alte Köchin des Fürsten von Liechtenstein außerge-wöhnlich leckere Palatschinken machen können – das erzählte mir, bei der Erinnerung noch genußvoll mit der Zunge schnalzend, ein nicht unbedingt als Anhänger der Mehlspeisen-Küche bekannter Herr, der Gelegenheit hatte, die Pfannekuchen im fürstlichen Schloß zu probieren. Doch bei Anlässen, die die Möglichkeiten seiner Privatküche überfordern würden, verläßt der Fürst sein Schloß und ißt in Vaduz im *Hotel Real*.

Man glaubt es kaum, wenn man zum ersten Mal die kleine Hauptstadt des Fürstentums durchquert; denn die Existenz eines kulinarisch ernstzunehmenden Etablissements ist in diesem Ort schwer vorstellbar. Er besteht – neben den sprichwörtlichen, wenn auch nicht sichtbaren Briefkästen – fast ausschließlich aus Touristen-Cafés, aus Postkartenständen, Spazierstockverkaufsstellen, Zigarettenkiosken und Andenkenläden, wo man Lederhosen kaufen kann, Halstücher und Alkoholika, *duty free*. Schon der Versuch, in Vaduz Grundnahrungsmittel zu kaufen, bereitet Schwierigkeiten; für alles, was den Ansprüchen eines Feinschmekkers genügen soll, sind Fahrten in benachbarte Kantone notwendig. (Sollte ich trotz verzweifelter Suche jedoch in einer Vaduzer Gasse ein Geschäft übersehen haben, in dem keine Zigaretten, sondern frische Enten, keine Aufkleber mit dem Landeswappen, statt dessen jedoch wohlassortierte Käse und feine Gemüse, zartes Lammfleisch und edle Fische angeboten werden, so bitte ich um Vergebung.) Auch das Hotel des Felix Real unterscheidet sich äußerlich kaum von den anderen Durchgangsstationen der Busreisenden, und so möchte man den Landesherrn bedauern, der im eigenen Land, kulinarisch gesehen, offenbar auf dem trockenen sitzt.

Was man nicht zu wörtlich nehmen darf: Das *Hotel Real* führt einen Vaduzer Riesling-Sylvaner, der mich wegen seiner wunderbaren Harmonie und Reinheit entzückte. Beneidenswert das Land, das einen solchen Wein hervorbringt. Zumindest das Problem, womit man die letzten dreißig Minuten vor dem Abendessen verbringt, ist damit ein für allemal gelöst. Ein zweiter Blick in die Weinkarte bestätigt wieder einmal: Das Weinangebot in der gehobenen Schweizer Gastronomie darf man als Glücksfall bezeichnen. Im *Real* zeichnet es sich neben der exzellenten Sortierung auch noch durch eine wohltuend zurückhaltende Kalkulation aus.

Beobachtet man außerdem, mit welcher Sorgfalt die freundlichen Serviererinnen sogar Karaffenweine behandeln, beginnen die auf der Straße entstandenen Zweifel zu schwinden, und man schöpft wieder Hoffnung – bis einem die Speisekarte gereicht wird: Ohne Desserts verzeichnet sie über neunzig verschiedene Gerichte. Da klingeln beim erfahrenen Esser sämtliche Alarmglocken. Doch schon bald verwandelt sich das bedrohliche Geräusch in ein Freudengeheul, wenn nämlich dem Gast als

Vorspeise die hausgemachte *Foie gras* serviert wird. So frisch, saftig und wunderbar aromatisiert, gehört sie eindeutig in die oberste Kategorie dieser köstlichen und kostbaren Delikatesse. Um so bedrückender wird die Stille, mit der dann die zweite Vorspeise registriert wird. Die „Meeresfrüchte in der Muschel überbacken" erwiesen sich als perfekt zubereitet und gewürzt, doch die kleinen Hummer- und Muschelstücke waren auf und in eine dicke Schicht Kartoffelpüree gebettet, als müßten sie allein zur Sättigung des Gastes herhalten, wobei das Püree auch noch unterdurchschnittlich war. Es ist diese Zusammenstellung zwar nicht ungewöhnlich, aber eben doch: gewöhnlich, und das erwartet man nicht dort, wo Fürsten speisen. Glücklicherweise hat der Gast gleich darauf Gelegenheit, erneut in Jubelrufe auszubrechen, weil nämlich das „Salm-Filet in Estragonsauce" von einer Qualität ist, wie sie auch in elsässischen Restaurants nicht übertroffen wird. Gewiß, es wird in Vaduz nicht im Stil der Neuen Küche gekocht, das heißt also, Sahne und Butter sind hier die Grundlagen, auf denen der Chef des Hauses seine Küche aufbaut. Aber wie er das macht, wie das alles abgeschmeckt ist, das läßt dann die Gretchenfrage nach der *Nouvelle Cuisine* zur bloßen Ideologie absinken. Die Frage der Bedienung, ob man als Beilage zum Salm Reis oder Kartoffeln möchte, sollte man allerdings einfach ignorieren. Es wäre schade um jeden Tropfen der herrlichen Estragonsauce, wenn man sie mit einer stärkehaltigen Beilage vermanschte, anstatt pur zu löffeln. In der Begeisterung über die Sauce wird man es, ungerechterweise, kaum registrieren, daß der Fisch selber perfekt pochiert ist, was beim Garen der ziemlich flachen Schnitte eine Frage von Sekunden ist. (Um es noch einmal zu sagen: Perfekt heißt im *Hotel Real* nicht, daß die Neue Küche mit ihren extrem kurzen Kochzeiten in Vaduz bürgerliches Terrain erobert hätte; dazu ist der Weg nach Crissier nun doch zu weit.) Was aber will man an einem Gratin aus frischen Flußkrebsen noch verbessern, wenn die überbackene Sahnesauce so leicht ist und so eindeutig und kräftig – vielleicht eine Spur zu salzig – nach Krebsen schmeckt wie hier?

Bei den Kalbsnieren „Henry IV" konnte ich sogar eine deutliche Modernisierung registrieren, da die dazu gehörenden Artischokkenböden nicht, wie es das klassische Rezept vorschreibt, mit glacierten Nußkartöffelchen und *Sauce Béarnaise* gefüllt waren, sondern lediglich mit einer leichten *Hollandaise*. Die Kalbsnieren selbst waren auf eine nicht übliche Art in größere, dünne Scheiben geschnitten, eine angenehme Abwechslung zu den kleingeschnetzelten Nieren der bürgerlichen Häuser, und *à point* gebraten. Eine Variation davon, *à la mode du chef,* war mit gerösteten Zwiebeln belegt, die, wunderbarerweise, nicht den befürchteten, ordinären Zwiebelgeschmack ans zarte Fleisch brachten, sondern (wurden sie nach dem Kleinhacken gewaschen, wie das von peniblen Küchenchefs gemacht wird?) aufs angenehmste mit den Nieren harmonisierten.

Und dann aß ich die Kutteln. Daß in einem solchen ambitionierten Restaurant, trotz der neunzig verschiedenen Speisen, Kutteln überhaupt angeboten werden, ist schon ein Wunder. Diese Innereien stehen in der Gunst der Gäste gemeinhin an letzter Stelle. Nur wenige mögen sie; und diese Spezialisten bevorzugen die deftige Zubereitungsart der Bistros. Auch dort heißen sie meistens *Tripes au vin blanc* wie hier im *Hotel Real*. Aber hier war nichts deftig, keine Spur von Penetranz, kein *haut gout,* und die Fleischstreifen selbst so zart und so wohlschmeckend in der Weißweinsauce, daß meine Begleitung mir die Kutteln vom Teller stahl und in meine Jubelrufe einstimmte.

Zur Schonung der Stimmbänder wurde es nun Zeit, das Jubeln einzustellen. Dazu bot das Lammragout Gelegenheit, das zwar nicht zäh oder faserig war, aber auch nicht nach Lamm schmeckte und in einer nicht sonderlich bemerkenswerten Sauce serviert wurde.

Die Dessertkarte enthielt wieder eine Rarität, ein *Soufflé au Grand Marnier.* Aus Neigung und professioneller Neugier bestelle ich dieses *Soufflé,* wann immer es möglich ist, und ich habe sogar in den berühmtesten Häusern Frankreichs ziemlich mißglückte Exemplare dieses duftigen, luftigen und eindrucksvollen, allerdings auch schwierig herzustellenden Desserts gegessen. Schwierig ist es, der *Soufflé*masse ein ausreichendes Orangenaroma mitzugeben, ohne daß sie zu flüssig wird und dadurch zusammenfällt. Meistens wird das *Soufflé* deshalb mit *crème patissier* hergestellt, also auf einer Mehl-Milch-Basis, wodurch es eben nicht so leicht wird, wie es sein müßte; oft sogar ziemlich schwer und klebrig. Das war es im *Real* nicht, aber es fehlte ihm die ausreichende Menge Likör, wie überhaupt das Orangenaroma und die Süße kaum wahrzunehmen waren. Schließlich war das *Soufflé,* um die Einsturzgefahr des empfindlichen Gebildes von vorneherein auszuschließen, in einer flachen Form gebacken wie Salzburger Nockerl, anstatt in einer Charlotteform mit hohen Wänden.

Daß man in der Küche des *Hotel Real* mit Orangenaroma durchaus umzugehen weiß, bewiesen dann die *Crêpes du patron* mit heißer Orangensauce, die möglicherweise nicht mit den Palatschinken der Fürstenköchin konkurrieren können, aber in einem bürgerlichen Restaurant wie im *Real* oder in irgendeinem anderen, ambitionierten Gastronomiebetrieb nicht besser sein könnten, als sie bei meinem Besuch waren.

8 × Straßburg

Viele Faktoren haben dazu beigetragen, daß heute in der Bundesrepublik besser gegessen, besser gekocht wird als je zuvor. Niemand, der diese Entwicklung beobachtet hat, wird die Rolle übersehen, die das Elsaß, und damit Straßburg, dabei spielt. Millionen Deutsche haben dort ihre ersten Lektionen in französischer Küche bekommen: Französisch ohne Tränen. Denn der Schritt vom Westfälischen Sauerkraut zum Straßburger *Choucroute* ist nicht sehr groß, und deutsche Spätzle-Esser fühlen sich vor einer Portion Zander in Riesling mit Nudeln nicht hoffnungslos verloren. Nicht zu vergessen die elsässischen Weine, die der deutschen Zunge ebenfalls nicht allzu exotisch vorkommen dürften. Die elsässische Küche kann man mit der ersten Geliebten eines Mannes vergleichen, die ihm alles beigebracht hat, was er später bei anderen immer wieder sucht. Ich will damit nicht sagen, daß deutsche Feinschmecker auch im Rhônetal oder in Bordeaux nach Sauerkraut fragen und überall ihren Gewürztraminer trinken. Doch wer würde leugnen, daß diese Küche eine verführerische Eigenschaft hat, die immer seltener und damit immer wichtiger wird? Es ist ihre Unverwechselbarkeit, ihre alemannische Herkunft. Mögen auch Pariser Gourmets im *Bernardin,* wo sie ihre Austern mit einem *Bouzy Rouge* hinunterspülen, die Nase rümpfen, wenn vom Elsaß die Rede ist – um nichts in der Welt möchte ich auf die Wiedererkennungsfreude verzichten, wenn ich zu einer sanft pochierten Seezunge diesen typischen Dreiklang aus Fischfond, *Crème fraîche* und *Hollandaise* auf der Zunge habe! Der heutige Straßburg-Besucher hat es allerdings nicht leicht, wenn er diese Jugendliebe wiedertrifft. Denn entweder ist sie noch genauso deftig-herzlich wie früher, dann fehlt ihr die Raffinesse, die er inzwischen ebenfalls schätzen gelernt hat; oder aber die Verfeinerung hat alle Spuren ihrer einstigen Schönheit ausgelöscht. Je höher das jeweilige Restaurant in der Gunst der Guides von Michelin, Kléber und Gault + Millau steht, um so rarer ist die Chance, dort nostalgisch zu genießen; um so größer die Wahrscheinlichkeit, sich im Schatten des Straßburger Münsters zu fühlen, als säße man in Paris am Tisch.

Nun bedeutet das wiederum nicht, es mache keinen Unterschied, ob man in Paris bei *Faugeron*(zwei Michelin-Sterne) ißt oder im Straßburger *Au Crocodile* (ebenfalls zwei Sterne). Es macht sehr wohl einen Unterschied. Denn auch, wenn sie sich raffiniert gibt, auch wenn sie ihren provinziellen Ursprung verleugnet wie ein Ballettmeister seine bäuerliche Mutter, die Straßburger Küche kann sich nicht vollständig von ihrer elsässischen Tradition trennen. Ich begrüße das. Andererseits aber konserviert das gewisse Schwächen, die, sagen wir es offen, ebenfalls mit der Regionalküche verbunden sind. Nicht die Butter- und Sahnesaucen, die, solange sie nur aus dem beschriebenen

Dreiklang bestehen, vor jeder konformistischen Abmagerung geschützt werden sollten. Es wird jedoch in Straßburgs Küchen generell zu stark gesalzen, jedenfalls stärker als in anderen Provinzen. Ich führe das auf die Elsässer Weißweine zurück. Denn während stark gesalzene Saucen mit einem *Chambertin* oder einem *Médoc* einfach nicht zusammengehen, haben vor allem die Rieslinge die Eigenschaft, daß man sie auch gegen den Durst trinken kann. (Wie gut passen sie zu Geselchtem und Sauerkraut!) Damit gleichen sie in gewisser Weise dem Bier, das ja auch in Straßburg eine große Rolle spielt, und das immer eine kräftig gewürzte Küche zum Verbündeten hat. Ein Wort noch über die berühmte Straßburger Gänseleberpastete. Früher stopften im Elsaß tatsächlich viele Bauern ihre Gänse. Heute gibt es dort nur noch ein, zwei Großbetriebe, die die Lebern importieren und verarbeiten. Das konfektionierte Endprodukt in den Tiegeln und Dosen ist für den Feinschmecker uninteressant. Die Art und Weise, in der die einzelnen Köche im Elsaß ihre hausgemachte *Foie gras* herstellen, hat drei Merkmale, die früher sicher einmal typisch waren für diese Terrinen im allgemeinen: sie sind stark gewürzt, stark mit Alkohol parfümiert und lange im Wasserbad pochiert. Das macht sie schwer und mächtig. Wer wissen will, welche Köstlichkeit eine *Foie gras* wirklich sein kann, der muß schon einige hundert Kilometer nach Westen fahren, um sie kennenzulernen.

AU CROCODILE

Zweifellos das eleganteste Restaurant der Stadt. Das war es schon immer; kürzlich sind dem Renovierungsbestreben des liebenswürdigen Besitzerpaares M. und E. Jung noch ein paar alte, gemütliche Bänke zum Opfer gefallen; die Wände wurden mit modernem Stoff bespannt, *Air Condition* und Tonbandberieselung geben dem *Crocodile* den letzten Schick.

Ein wichtiges Indiz für das Niveau eines Restaurants sind die

Weingläser; hier sind sie von der feinsten Sorte. Wer sich solche kostspieligen Details leistet, den darf man mit Fug und Recht einen Perfektionisten nennen. Für die feinen Gläser liegen entsprechend feine Weine bereit. Der rare *Clos Ste. Hune* von Trimbach dürfte zu den besten Rieslingen des Elsaß gehören. Ich fand ihn nur hier. (95 Francs für den 75er). Wenn sich in Straßburg die europäischen Staatsoberhäupter treffen, ist es Emile Jung, der für sie kochen darf. Seine Küche bemüht sich um die eingangs beschriebene Distanzierung von elsässischer Tradition, die nur noch bei den Saucen zu entdecken ist. Sie sind verhältnismäßig stark gewürzt und von samtiger Butterigkeit. Als aufwendige Kreation erweist sich eine entbeinte mit *Foie gras* gefüllte und mit *Glace* überzogene Wachtel, deren Würzung wiederum auf den Abendgast abgestimmt zu sein scheint, der mittags ein kräftiges Sauerkraut mit Geräuchertem gegessen hat. Diesen Eindruck hat man bei der feinen Fisch-oder Kalbsbriesterrine dann nicht mehr, während bei dem Bressehuhn mit Languste nur die lange Kochzeit der Langustenstücke störte; sie waren fest und trocken. In der kräftigen Sauce hätte ich sie aber ohnehin nicht eindeutig identifizieren können. Der exzellente Service ist dem eleganten Lokal angepaßt; das sind auch die Preise: rund 500 Francs für zwei Personen. (10, rue Outre, Telefon 321302, sonntags und montags sowie vom 8. 7.–6. 8. und 25. 12.–2. 1. geschlossen.)

BUEREHIESEL

Nahe beim Europa-Parlament, mitten im Parc de l'Orangerie, steht dieses Haus, das vor hundert Jahren in Molsheim abgerissen und hier als Beispiel für elsässische Architektur wieder aufgebaut wurde. Seit siebzig Jahren beherbergt es ein Restaurant. Das Haus ist nicht renoviert – jedenfalls seit langer Zeit nicht mehr –, man sieht's an der alten Holztäfelung, den Holzdecken, Stühlen, an einigen Schadstellen im Verputz – und man findet es gerade richtig so. Die Authentizität, die beim Kochen so wichtig ist, erweist sich auch der stromlinienförmigen Innenarchitektur überlegen, weil sie etwas vermittelt, das jener abgeht: Gemütlichkeit. Merkwürdigerweise spielen deutsche Gäste im *Buerehiesel* kaum eine Rolle; die Straßburger sind hier ziemlich unter sich. Der Patron und Küchenchef heißt Antoine Westermann. Er ist jung und hat, wie alle Jungen, den Ehrgeiz, sich von der Tradition der Väter zu lösen. Wie er die Fische kocht, das Fleisch gart, die Salate komponiert, das ist nicht mehr die Küche von gestern. Modern ist auch die dekorative Art, mit der die Speisen auf dem Teller angerichtet werden. Zum Beispiel der Steinbutt auf einem Lauchpüree, umgeben von einer Sauce, die mit Curry abgeschmeckt ist: weißhellgrün-gelb. Die Sauce aber besitzt nostalgische Qualitäten, sie hat jene Sahnigkeit, die den Esser sich befriedigt zurücklehnen läßt: Zum Teufel mit den Kalorien – so schmeckt's jedenfalls besser! Das gleiche läßt sich von anderen Fischgerichten sagen, die wegen ihrer Saucen kaum als Zwischen-, sondern als Hauptgerichte anzusehen sind. Wenn also auch im *Buerehiesel* kein Sauerkraut auf der Karte steht und kein Backeoffe, wenn auch der modernen Küche auf der Speisekarte Reverenz erwiesen wird – auf der Zunge gibt sie sich als das zu erkennen, was sie immer noch ist: die kräftige, unverwechselbare Küche des Elsaß. Die überdurchschnittliche Weinkarte mit der großen Auswahl an herrlichen Bordeaux und Burgundern – von den Elsässer Weinen ganz zu schweigen – ist die beste, die ich in Straßburg und Umgebung sah. Cirka 400. Francs für zwei Personen. (4, parc de l'Orangerie, Telefon 616224, dienstag abends und mittwochs sowie 8.–24. 8. und 14. 2.–6. 3. geschlossen.)

A LA BARRIÈRE

Den Vorort La Wantzenau darf man getrost zu Straßburg rechnen; zwölf Kilometer sind keine Entfernung. Die Straßburger jedenfalls denken so, hierhin fahren sie schnell einmal, weil La Wantzenau gleich drei nicht ungerühmte Restaurants beherbergt. Ich bevorzuge *A la Barrière.* Ein schönes altes Haus, innen allerdings renoviert, so daß man sich genausogut in der Schweiz oder in Österreich wähnen kann: Neo-Rustikal vom Fließband. Die Küche ist das nicht, sie ist elsässisch bis auf die Kükenknochen. Hier liebt man die Kräuter, verwendet sie reichlich, sowohl in der *Vinaigrette* zum aromatischen, leichten Pressack, wie auch zu den – nicht einmal butterigen – Froschschenkeln. Reichlich ist hier überhaupt alles. Das *Pièce de Boeuf* für vier Personen könnte auch sechs sättigen; reichlich sind auch die Portionen bei den Fischen, nicht lange pochiert, aber, natürlich, keine *Nouvelle Cuisine,* und die Saucen voluminös wie eh und je. Jede Portion reicht für einen zweiten Teller, der dann auch den Gast sättigt, der zu Fuß von Straßburg hierher gelaufen ist. Da das alles ganz unprätentiös serviert wird, da hier in erster Linie nicht für den versnobten Gourmet gekocht wird, sondern für den Gast, der zwar Qualität verlangt, aber auch hungrig ist, und da – schließlich – der Patissier ein großer Könner ist (die wunderbare *Charlotte au chocolat!*) und die Rechnung wohltuend niedrig, bleibt nur zu sagen, daß hier alles stimmt: solides Handwerk ohne Schnickschnack, ohne krampfhaftes Bemühen um eine Verfeinerung, die weder zum Haus noch zur Kundschaft paßte. 300–350 Francs für zwei Personen. (3, route de Strasbourg, 67610 La Wantzenau, Telefon 962023, mittwoch abends und donnerstags sowie 22. 8.–13. 9. geschlossen.)

AU GOURMET SANS CHIQUÉ

Dieses kleine, sehr kleine Restaurant entspricht der Idealvorstellung vieler Feinschmecker von einem Gourmet-Tempel schlechthin. Viel dunkles, altes Holz, hohe Bänke, die die einzelnen Tische in Nischen verwandeln, harmonische Proportionen des Raumes; Kitsch ist vermieden, Wanddekorationen, ein bemalter Bauernschrank – nichts ist aufdringlich. Die Zurückhaltung, mit der hier Geschmack bewiesen wird, hat fast etwas Englisches. Ein Blick in die Weinkarte garantiert seltene Wonnen: ein 73er *Cheval Blanc* für 120, ein 71er *Mazy Chambertin* für 90 Francs, das sind Preise, die man einfach nicht glauben will. (Deutsche Gastronomen verlangen das Vierfache!) Auch der erste kulinarische Eindruck ist vielversprechend: das warme, kleine Zwiebeltörtchen, das dem Gast mit einem Kir unaufgefordert angeboten wird, ist leicht und gut. Beim *Salat Gourmand* entpuppte sich der Spargel allerdings als Dosenspargel, die *Foie gras* als zu lange gekocht und zu stark gewürzt (44 Francs). Im *Cassolette de Ris de Veau* (39 Francs) war das Bries erstklassig, nur die Sauce, obwohl mit geschlagener Sahne zur *Mousseline* veredelt, hatte eine Bechamelbasis. Das hat übrigens nicht unbedingt zur Folge, daß sie schwerer wäre als mit viel Butter und Sahne, nur schmeckt sowas plötzlich konfektioniert; es gehen die Nuancen verloren, auf die der Feinschmecker Wert legt. Auch ein *Navarin des Ecrevisses* (60 Francs) wurde durch eine sehr salzige Sauce um den Ruhm gebracht, ein Meisterwerk zu sein. Abgesehen von zu deftigem Gebäck rundeten makellose Süßspeisen das Bild von einem Restaurant ab, das eines der intimsten, gemütlichsten Straßburgs ist, wo in der Küche sehr achtbare Leistungen neben Unzulänglichkeiten entstehen, die ein Essen im *Au Gourmet sans Chiqué* je nach Glück bei der Auswahl zu einem durchaus erfreulichen oder aber zu einem weniger befriedigenden Erlebnis machen können. Dieses Risiko kostet für zwei Personen rund 320 Francs. (15, rue Ste-Barbe, Telefon 320407, sonntags abends geschlossen.)

VALENTIN-SORG

Von den Panoramafenstern im 14. Stock des Hochhauses, wo sich dieses Restaurant befindet, hat man einen imposanten Blick über die Stadt und die angrenzende Natur. Reduziert der Gast seine Aufmerksamkeit auf die nähere Umgebung, erkennt er, daß er in einem eleganten Restaurant sitzt. Elegant und modern. Allenfalls erinnern die gekurbelten Unterlegdeckchen auf den Tischen an Tradition und Handarbeit. Zahlreiche Kellner, ein eifriger Direktor lassen Ambitionen vermuten und wecken Hoffnungen. Die Kartoffelchips, die mit grünen Oliven und Kümmelstangen als *amuse gueule* serviert werden, machen den Gast jedoch stutzig. Auch die rohen Zwiebelringe auf einer geräucherten Forelle, das hartgekochte Eiviertel zur Terrine, haben einen deutlichen Bremseffekt auf seine hohen Erwartungen. Das ist gut so, denn die sogenannte Sauerampfersauce zum Zander hätte ihn sonst vom Stuhl gehauen: eine unglaublich dicke Mehlpampe ohne Geschmack, wie er sie zum letzten Mal in einem deutschen Ratskeller gegessen hatte. Großes Staunen auch beim Hauptgericht, das unter einer zentimeterdicken, sumpfigen, ockerfarbenen Masse begraben ist und sich nach langwieriger Säuberungsarbeit als ein anständiges Kalbsmedaillon entpuppt. Da spielt es schon keine Rolle mehr, daß zum Lammkarree – am Fleisch war nichts auszusetzen – die Karottenbeilage absolut geschmacklos war und die dazu servierte Sauce ebenfalls: ihr wenigstens hatte als einziger unter vielen kein Mehl zur Entstehung verholfen. Sollte unser Gast nun dieses Restaurant nur besucht haben, weil er nichts anderes als ausgezeichnete *Profiterolles* zum Nachtisch essen wollte, so wird er es beglückt verlassen. 350 Francs für zwei Personen. (6, Place de l'Homme-de-Fer, Telefon 321216, sonntags abends und dienstags sowie 15.–31. 8. geschlossen.)

MAISON DES TANNEURS

Für mich besteht der Reiz Straßburg nicht (mehr) darin, daß dort einige Köche ihren Pariser Kollegen nacheifern, sondern in dem, was authentisch elsässisch ist und – im Sauerkraut. Tatsächlich schmeckt dieses deftige Gemüse hier besser als sonstwo und nicht einmal deftig. Sauer, gewiß, und die Würste und der Speck lassen an Deutlichkeit nichts zu wünschen übrig. Aber wer wollte leugnen, daß das sehr delikat sein kann? Das *Maison des Tanneurs,* auch *Gewerstub* genannt, bezeichnet sich selbst als „Haus des Sauerkrauts". Und das ist es auch; sowie eines der schönsten

Renaissance-Häuser der Altstadt, direkt an der Ill gelegen: Fachwerk-Gastronomie. Wer hier einkehrt, sollte sich erst gar nicht mit den anderen Angeboten der Speisekarte beschäftigen. Das Sauerkraut – nach Art des Hauses oder als Champagnerkraut (jeweils für zwei Personen = 90 bzw. 110 Francs) – ist schließlich die Spezialität des beliebten Lokals. Bei einem radikalen Anhänger der *Nouvelle Cuisine* mag der Anblick der riesigen Portion mit den hochgetürmten Fleisch- und Wurstwaren Betroffenheit auslösen. Aber, Ertl sei's geklagt, die Würste sind besser, das Kraut aromatischer und der Riesling sauberer als vergleichbare Produkte aus Deutschen Landen. Wer vorher noch einen saftigen Zwiebelkuchen (14 Francs) oder ein Dutzend Schnecken – ohne Knoblauch – (29 Francs) ißt, der kann sagen, er sei in Straßburg gewesen. Und er wird, mit Blaubeeren und *Crème fraiche* zum Nachtisch und zwei Flaschen Riesling (ja, durstig wird man dabei) für zwei Personen 320 Francs zahlen müssen. (42, rue du Bain-aux-Plantes, Telefon 327970, sonntags und montags sowie 1.–11. 7. und 22. 12.–23. 1. geschlossen.)

L'AMI SCHUTZ

Diese Altstadtkneipe ein Feinschmecker-Lokal zu nennen, wäre ein Witz. Und doch bietet sie kulinarische Attraktionen ersten Ranges. Jedenfalls für jene, die sich tagelang in Frankreichs Spitzenrestaurants vom jeweiligen Stand der Verfeinerung haben beeindrucken lassen und nun auf der Rückreise sind. Sie erleben im *L'Ami Schutz* die Alternative zur Raffinesse der hochbesternten Etablissements: die Küche der Einfachheit. Das bedeutet aber nicht: die Küche der Armut, das bedeutet nicht: die Primitivität der Dilettanten. Es ist die Küche, die man in der Altstadt von Köln zu finden hofft, die man am Münchener Viktualienmarkt sucht, am Hamburger Hafen, neben fränkischen Barockkirchen. Die man bei uns jedoch vergebens sucht. Es gehört wohl eine ungebrochene Tradition dazu, das gefüllte Schweineherz, den Kalbskopf in

Riesling, die Ochsenzunge und die Kuttelwurst in solcher Reinheit hinzukriegen wie in dieser Straßburger Beiz. Die Bratkartoffeln mit Quark, der Preßkopf, der Ochsenmaulsalat und, natürlich, das Sauerkraut – all diese simplen Dinge werden gerade beim verwöhnten Feinschmecker mehr als ein achtungsvolles Staunen bewirken, weil er, der so oft vom hohen Anspruch Enttäuschte, zu würdigen weiß, was hier, wenn auch auf einem ganz anderen Niveau, geboten wird: solide Qualität. Extravagant sind hier lediglich die rotlackierten Glühbirnen in den Lampen. Glücklicherweise nicht in allen. Für zwei Personen von 50–180 Francs. (1, Ponts Couverts, Telefon 327698.)

HOSTELLERIE DU CERF
(MARLENHEIM)

Zwanzig Kilometer sind für den Feinschmecker kein Umweg, geschweige denn eine Reise. Deshalb zähle ich dieses nicht unbekannte Restaurant in Marlenheim, 20 km westlich von Straßburg an der N 4 gelegen, zur Straßburger Gastronomie. Und innerhalb dieser nimmt es möglicherweise den ersten Platz ein. Auch Robert Husser, Patron und Chef, verbindet Motive der elsässischen Küche mit einer modernen Kochtechnik. Die Gelassenheit, mit der er dabei vorgeht, läßt jedoch krampfhaftes Schielen nach dem letzten Schick oder die Verlegenheit der Provinz erst gar nicht aufkommen. Wieder einmal erweist sich neben der handwerklichen Meisterschaft auch das Temperament des Küchenchefs als überaus wichtig für das gastronomische Resultat. Hussers Fähigkeit, Proportionen richtig einzuschätzen, gibt ihm einen Vorsprung vor den furchtsam-nervösen und den trotzig-verbissenen Köchen. So wirkt sein *Salat Gourmand* trotz Mangostreifen neben den Krebsschwänzen nicht verkrampft, und das Nebeneinander von Rösti, *haricots verts* und Sauerkirschen zum Rehmedaillon nicht hilflos. Seine Saucen sind die leichtesten der Region, wenn auch nicht weniger kräftig gesalzen als es im

Riesling-Land üblich ist. Dafür habe ich nur bei ihm korrekt temperierte Rotweine getrunken, überall sonst wurden sie ausnahmslos zu warm serviert. Seine Speisekarte vermeidet Banalitäten, ohne sich originell zu gebärden, und weckt durch eine verführerische Tageskarte den Wunsch, hier bald wieder zu essen und neue Entdeckungen zu machen. 350 bis 400 Francs für zwei Personen. (30, rue Général de Gaulle, 67520 Marlenheim, Telefon 875006, 17 Zimmer. Montags und dienstags mittags sowie Februar und 25. 6.–10. 7. geschlossen.)

Die Blau-Weiß-Roten

Sie heißen *Bistro* oder *Bouillabaisse,* haben blau-weiß-rote Dekorationen, und für Leute, die immer noch nicht kapieren, stehen die verheißungsvollen Worte *cuisine française* auf der Speisekarte – französische Küche. Ein fester Begriff, der viele falsche Vorstellungen weckt. Ist schon – 25 Jahre nach Beginn des Touristischen Zeitalters! – ihre gelegentliche Gleichsetzung mit Artischocken und Knoblauch ziemlich verwunderlich, so wirkt die allgemeine Vorstellung, es handele sich bei der französischen Küche um etwas Unnachahmliches, etwas Exotisches, geradezu deprimierend. Denn wenn eine Küche, die nur mit Butter oder Olivenöl arbeitet, bei der Wasser stets durch Wein oder Bouillon ersetzt wird und die sich durch Vielfalt auszeichnet, wo Quantität allein schon sättigen würde, wenn ein solcher Kochstil als fremdländisch bezeichnet wird, dann ist dieses Bekenntnis für jeden, der sich eine Anhebung unseres gastronomischen Niveaus erhofft, mehr als entmutigend. Sieht man nämlich von einigen südlichen Provinzen ab, so arbeitet die französische Küche grundsätzlich mit den gleichen Nahrungsmitteln und den gleichen Gewürzen wie die deutsche Küche. Was sie schließlich doch himmelweit von den Hervorbringungen unserer heimischen Kocherei unterscheidet, ist nicht ihre Grundstruktur, sondern sind die Ansprüche der Esser: Man vergleiche einmal das gastronomische Durchschnittsniveau der beiden nur 85 km auseinanderliegenden Städte wie Straßburg und Karlsruhe!

In guten deutschen Restaurants wird sowieso „französisch" gekocht. Wenn ein Koch seine Lieferanten nicht danach aussucht, wer am billigsten ist, sondern wer die beste Qualität liefert; wenn er sich die Mühe macht, aus seinen Kochbüchern solche Rezepte herauszusuchen, die zum Beispiel mit einem Fisch mehr anzustellen wissen, als ihn in heißes Bratfett zu werfen; wenn er nicht danach fragt, ob er eine oder zwei Stunden Mehrarbeit für bessere Leistung in Kauf nehmen muß; wenn er auf Fertigsaucen, auf Konserven und, bei den meisten Produkten, auch auf Tiefgefrorenes verzichtet – dann kann man von ihm sagen, er hat eine gute Küche, er kocht „französisch". Es muß hier wohl nicht extra betont werden, daß es auch in Frankreich eine Unzahl von schlechten Restaurants gibt, daß man dort mit Steaks und Pommes frites genauso erbärmlich abgespeist wird wie hier. Doch wer würde sich schlechte Beispiele wohl als Vorbild nehmen wollen?

Offenbar tun sie es aber doch. Was bei uns nämlich zum größten Teil in den blau-weiß-roten Kneipen geboten wird, ist genau die Karikatur von dem, was der Gast auf Grund von Namen und Aufmachung erwartet. Das beginnt mit dem „franz. Landwein, rot und weiß, in der Karaffe". Frankreich ist zu Recht wegen seiner Weine berühmt. Das bezieht sich aber nicht auf diese *vins ordinaires,* diese billigen, sauren Krätzer, die billigen deutschen Weinen höchstens voraushaben, daß sie nicht unnatürlich gesüßt sind.

Geradezu ein Witz ist die „Pariser Zwiebelsuppe", die zwischen Hamburg und München für das typisch französische Gericht schlechthin ausgegeben wird, wo sie doch in Wahrheit im Umkreis der ehemaligen Pariser Hallen einen kulinarischen Stellenwert hat wie das „saure Lüngerl" in den Kneipen am Münchener Viktualienmarkt. Das gleiche gilt für die beliebte Kombination Steak – Pommes frites – Salat. Auch sie ist nur typisch für Touristen-Raststätten, wo man sich keine Mühe machen will, keine Einfälle hat und mit der Genügsamkeit der Gäste rechnet.

Ein wenig erfreuliches Kapitel ist auch das kalte Machwerk mit der vielversprechenden Bezeichnung „Terrine Maison" oder „franz. Landpastete". Griesig, grau und einer dicken Scheibe Landleberwurst ähnlich, sind diese deftigen Terrinen furchtbare Kalorienbomben und ein Relikt der schweren Küche von gestern. In guten Restaurants verschwinden sie mehr und mehr von den Speisekarten und machen den leichteren Fischterrinen Platz. Außerdem sind sie in den meisten Fällen auch nicht hausgemacht, sondern stammen aus einer der Fabriken, die alles, was auf vier Beinen läuft oder fliegen kann, in Nahrungsmittel verwandeln. Wenn dann dazu die penetrant süßliche *Sauce Cumberland* (aus derselben Fabrik) serviert wird oder gar die ätzend sauren, kleinen Gurken, dann sehnt sich der deutsche Gast, der ausnahmsweise einmal Wein bestellt hat, reumütig und mit Recht nach seinem Bier.

Wenden wir uns den Fischen zu. Tatsächlich arbeiten französische Köche mit ganz anderen Arten als ihre deutschen Kollegen. Doch die frischen Jakobsmuscheln oder der Petersfisch, die in Elsässischen Feinschmeckerrestaurants serviert werden, könnte es genauso frisch und genauso gut in jeder deutschen Stadt geben. Es müßte nur die entsprechende Nachfrage bestehen. Das gleiche gilt für Steinbutt, Barsche und all die anderen Fische, die man auf unseren Märkten vergeblich suchen wird – weil niemand danach sucht. Es ist deshalb zuviel verlangt, in einem *Bouillabaisse* genannten Restaurant eine echte Bouillabaisse zu erwarten. Eine Suppe aus den hier zur Verfügung stehenden Fischen kann auch sehr gut sein. Nur sollte sie dann eben „Fischsuppe" genannt werden, meinetwegen auch *Soupe de Poisson,* aber nicht so heißen, wie die ausschließlich aus frischen Mittelmeerfischen zubereitete südfranzösische Spezialität.

Als französische Spezialität wird auch gern die Unsitte ausgegeben, für das *Couvert* genannte Gedeck einen Extrapreis zu berechnen. Das ist – auch in Frankreich – nichts anderes als eine indirekte und ziemlich unverschämte Preiserhöhung. Denn Sitzplatz, Teller, Besteck und Serviette kann man ja wohl schwerlich als Extras bezeichnen und mit einem Aufpreis belegen. Leider muß man dafür sogar in jenen Restaurants berappen, die hier eigentlich nicht zur Diskussion stehen: die wirklich erstklassigen und daher naturgemäß auch teuren Spitzenlokale.

Was nun kann man erwarten, worauf soll man achten, wenn man ein „Bistro" besucht? Zunächst nichts „typisch Französisches", sondern das, was in einem gutgeführten Restaurant selbstverständlich sein sollte: daß man nicht ratlos nach einem Tisch suchen muß; daß der Kellner über Tagesspezialitäten Auskunft geben kann, und zwar nicht nach der Devise: „Das ist alt, das muß verkauft werden"; daß er über die vorrätigen Weine Bescheid weiß. Nach der Bestellung sollte sofort Weißbrot und Butter serviert werden, und auch bald, auf jeden Fall noch vor dem ersten Gang, der Wein. Dieser wird nur am Tisch geöffnet, und zwar erst, nachdem der Gast sich überzeugen konnte, daß Sorte und Jahrgang mit seiner Bestellung übereinstimmen. Handelt es sich um Weißwein, gehört er in einen Eiskübel; Rotweine, die im Speiseraum in dekorativen Regalen lagern, sind bei einer Raumtemperatur von 20 Grad in jedem Fall zu warm. Daß ein *Beaujolais,* obwohl ein Rotwein, überhaupt nicht chambriert werden darf, sondern kellerkalt getrunken wird, hat sich inzwischen wohl herumgesprochen. Wo er dennoch lauwarm serviert wird, muß man sich, was das weitere Essen angeht, auf das Schlimmste gefaßt machen.

In einer guten Küche wird so wenig wie möglich vorgekocht. Deshalb sind lange Wartezeiten zwischen den einzelnen Gängen eher normal als ein Grund zur Beanstandung; im Gegenteil sollte allzu schnelles Abfüttern den Gast mißtrauisch machen.

Köche müssen mit der Mode gehen, das ist verständlich. Auch und gerade in den besten französischen Restaurants gibt es Modeerscheinungen. Kein Wunder, wenn sie bei uns ihre Nachahmer finden. Man darf also nicht überrascht sein, wenn man bei der Bestellung eines größeren Menüs den Rat bekommt, zwischen Fleisch- und Fischgang ein Sorbet einzuschieben, also ein Wassereis aus süßem Fruchtmark. Das aß man schon in der Renaissance zur Belebung der Geschmacksnerven zwischendurch.

Beerenfrüchte werden in Frankreich zum Nachtisch gern mit *crème double* serviert, das ist eine ungewöhnlich dicke, gelbliche Sahne mit leicht säuerlichem Geschmack, die es bei uns kaum gibt. Ihr Vorhandensein in einem blau-weiß-roten Restaurant sollte man als hoffnungsvolles Zeichen dafür nehmen, daß sich der Koch bei der Beschaffung seiner Produkte Mühe gibt; möglicherweise benutzt er sie auch zur Verbesserung seiner Saucen. Dann ist man endlich einer Küche nahe, die sich vom Durchschnitt wohltuend unterscheidet, die Besseres will als das, was den meisten Gästen genügt. Es ist jene Küche, die man die französische nennt.

Der edle Rote aus dem Rhônetal: Hermitage

Meine erste Bekanntschaft mit einem *Hermitage* machte ich in Paris, im *Aux Lyonnais*. Es ist eines jener Bistros, die seit über einem halben Jahrhundert ihren Charakter unverändert erhalten haben und sich nicht zuletzt aus diesem Grund bei den Parisern und den Touristen großer Beliebtheit erfreuen. Damals lebte „Vater" Violet noch, der ganz dem Bild eines kauzigen Patrons entsprach und diesen Eindruck sicherlich auch noch kultivierte, wenn er seinen Gästen die Speisekarte aus der Hand nahm und ihnen diktatorisch vorschrieb, was sie zu essen und zu trinken hatten. Zu essen gab es bei ihm, wie schon der Name seines Bistros sagte, die Gerichte der Lyonnaiser Küche, vom Löwenzahnsalat mit Speck und Würsten über einen gigantischen Hechtkloß bis zum Bressehuhn *à la crème* und zur Ente auf Kohl alle regionalen Spezialitäten. Es war keine leichte Kost, aber es schmeckte herrlich. Und früher oder später trank man bei ihm einen *Hermitage*. Einen weißen.

Ich kann mich an den Jahrgang nicht mehr erinnern, aber ich war verblüfft und entzückt von der Fülle dieses Weins und von seiner Trockenheit, die alles andere als sauer war, was ja bei Weinen der unteren Preisklasse nicht so selbstverständlich ist. Es wurde dieser weiße *Hermitage* im Laufe der Zeit einer der Hauptgründe, warum ich immer wieder im *Aux Lyonnais* aß. Nahm ich bei solchen Gelegenheiten Pariser Freunde mit in das Lokal, so waren sie von der Qualität dieses Weins nicht weniger überrascht, als ich es beim ersten Mal gewesen war. Denn wenn schon der rote *Hermitage* recht selten ist: Der weiße ist außerhalb der Region, in der er wächst, praktisch unbekannt.

Diese Region ist das Rhônetal, und zwar jener merkwürdige Berg, 17 km nördlich von Valence, der wohl jedem aufgefallen ist, der nur einmal daran vorbeigefahren ist. Er erhebt sich hinter dem Ort Tain wie eine Kohlenhalde in Gelsenkirchen, nur nicht so schwarz. Die Rebstöcke stehen am Südhang auf einer nur 750 mal

3000 Meter großen Fläche. Der Berg wird von den wohl größten Namensschildern gekrönt, die auf irgendeinem Weinberg angebracht sind. *Hermitage* steht auf einem, auf zwei anderen, ebenso riesigen Transparenten, liest man die Namen der beiden größten Weinhändler der Region, „Jaboulet" und „Chapoutier". Doch ihnen gehört nicht alles, was an den Berghängen wächst.

Viel, viel mehr Wein wächst am Fuße des Berges und in der Ebene dahinter. Doch der darf sich nur *Croze-Hermitage* nennen, ist fast ausschließlich rot und dank der Tüchtigkeit der genannten Händler bis in unsere Kaufhäuser vorgedrungen. Der *Croze-Hermitage* ist leichter als der rote *Hermitage,* er ist nicht so fruchtig und wird nicht so alt wie dieser. Doch noch einmal zurück zum weißen *Hermitage,* den ich im *Aux Lyonnais* kennengelernt hatte. Wenn ich vorhin schrieb, er sei „ein Wein der unteren Preisklasse", so stimmt das nur im Hinblick auf den Preis, den Vater Violet dafür verlangte; es mögen 25 oder 35 Francs gewesen sein. Jedenfalls rechnete ich mir aus, daß er beim Erzeuger weniger als die Hälfte kosten würde, und das wäre dann tatsächlich preiswert, um nicht zu sagen billig gewesen. Bei meiner nächsten Fahrt durch das Rhônetal hielt ich also vor dem Büro des Erzeugers. Es waren die Gebrüder Delas in Tournon. Doch zu meiner Verblüffung kostete die Flasche dort 24,70 Francs. Das war damals eine stolze Summe für einen Weißwein und weit mehr, als ich dafür ausgeben konnte. Doch lernte ich bei meinem Besuch bei Delas-Frères einiges über den Hermitage, ich erfuhr, was für eine Bewandtnis es mit der seltenen Traube hat, aus der der rote Hermitage gewonnen wird. Sie heißt Syrah. In Frank Schoonmakers Weinlexikon steht über sie der Satz: „Sie liefert einen tieffarbenen, spätreifen Wein mit hohem Gerbstoffgehalt und einer unvergleichlich schönen Blume." Knapper und treffender kann man es nicht sagen. Wenn ich allerdings die „unvergleichlich schöne Blume" näher erklären soll, wird's schwierig. Die französischen und englischen Weinschriftsteller sind sich mehr oder weniger einig, daß der Duft eines roten Hermitage an Maulbeerbäume erinnert. Ich bin nicht in der beneidenswerten Lage, mich an den Duft von Maulbeerbäumen zu erinnern, ja, ich kann mich nicht einmal erinnern, Maulbeerbäume überhaupt je gerochen zu haben. Die zweithäufigste Entdeckung der feinen Nase, den Duft von Veilchen, kann jedoch auch ich herausschnüffeln. Das bedeutet aber nun nicht, daß ein roter Hermitage eindeutig nach Veilchen duftet, das tun schließlich auch gewisse schwarze Pastillen, die wir als Kinder lutschten, und mit diesen hat das herrliche Bukett des Weins wiederum nichts zu tun. Wenn ich jetzt noch sein drittes Kennzeichen zitiere, nämlich den Duft der Hagebutte, so mag es vielen Lesern gehen wie mir mit dem Maulbeerbaum. Dennoch geben diese blumigen Beschreibungen eine Vorstellung davon, daß es sich hier um ein außergewöhnliches Bukett handelt, und zwar um eines, das mit dem eines Burgunders wenig Ähnlichkeit hat. Viel eher zielt diese Duftmischung in die Richtung Bordeaux (Veilchen!), und tatsächlich gibt es dafür ein weiteres, interessantes Indiz. Der rote Hermitage ist nämlich der *vin du médicin* für den Bordeaux (wie der *Châteauneuf-du-Pape* für den Burgunder). Das heißt, in schlechten Bordeaux-Jahrgängen wird der Bordeaux mit Hermitage verschnitten, um ihm auf die Beine zu helfen. (*Verschnitten* hört sich übrigens schlimmer an, als es in diesem Fall ist, da der Bordeaux ja ohnehin aus mehreren Rebsorten gemischt wird.) Die Eignung des Hermitage zur Unterstützung des Bordeaux beruht alllerdings nicht nur auf dem Charakter seines Buketts, sondern hat mindestens ebensoviel mit seinem erwähnten hohen Gehalt an Gerbsäure zu tun. Diese Gerbsäure (Tannin), die den Wein in der Jugend hart und widerborstig macht, sorgt dafür, daß er ein hohes Alter erreicht, ohne plötzlich schwach auf der Brust zu werden, wie das beim Beaujolais und den auch ziemlich tannin-armen Burgundern leicht passiert. Das alles verdankt der Hermitage der Syrah. Wie es heißt, soll sie bereits sechshundert Jahre vor Christus im Rhônetal angebaut worden sein; es heißt aber auch, ein Kreuzfahrer habe sie dorthin gebracht, wo er sich als Eremit (daher der Name!) niedergelassen habe. Eine dritte Anekdote schreibt einem anderen Kreuzfahrer, dem Gaspard de Sterimberg, die Einfuhr aus Persien (Shiraz?) zu, wo er aber nachweislich niemals war. Doch all diese Anekdoten sind für den Weinliebhaber unserer Tage ebenso wenig von Wert, wie die Sprüche des Brillat-Savarin für den Esser. Die einen mindern nicht das Risiko, einen Hermitage vom falschen Produzenten zu kaufen und damit eine saure Enttäuschung zu erleben; die anderen schaffen die schlechten Köche nicht aus der Welt.

Ich will damit sagen, daß zwischen einem Hermitage und einem Hermitage ein ebenso großer Unterschied bestehen kann wie zwischen einem *Vougeot* und einem *Vougeot;* der gemeinsame, steinige Boden bedingt nicht automatisch auch ein gemeinsames Qualitätsgefühl bei den Winzern. Und damit komme ich zu meiner zweiten Begegnung mit diesem herrlichen Wein. Diesmal war es bei *Pic* in Valence, wo ich mit einigen Freunden aß. Wir probierten dazu die Weine der Region, also Hermitage. Ich kann nicht mehr sagen, welche wir zuerst tranken; denn den großen Eindruck dieses Abends hinterließ der rote Hermitage von der Domaine J. L. Chave.

Die 126 Hektar der Domaine, die nur einen kleinen Teil in der Mitte des Weinberges bei Tain ausmachen, sind seit 1481 im Besitz der Familie Chave. Zwei Drittel davon – das entspricht auch dem Durchschnitt bei anderen Winzern – entfallen auf Rotwein, der Rest ist weiß. Der Ertrag pro Hektar: 30 Hektoliter! Diese Quantitätsbegrenzung ist, wie jeder halbwegs informierte Weinliebhaber weiß, die erste und eine der wichtigsten Voraussetzungen, damit man überhaupt von einem erstklassigen Wein sprechen kann. Übrigens wird neben den weißen und den roten Hermitage noch ein dritter Wein produziert. Es ist dies ein *vin de paille,* ein sogenannter Strohwein, weil die ausgelesenen Weißweintrauben auf Strohmatten gelagert werden, bis sie fast zu Rosinen geworden sind. Der dann aus ihnen gewonnene Wein ist likörartig süß und entsprechend schwer. *Vin de paille* findet man sonst nur noch im französischen Jura und in Italien, wo er *passito* genannt wird. Der Strohwein von Hermitage ist allerdings nicht im Handel. Die Winzer produzieren ihn ausschließlich für den Eigenbedarf.

Auch Monsieur Chave hat im Keller ein kleines Fäßchen. Davor versammeln sich sonntags seine Freunde, und sie trinken ein Glas als Aperitif. Oder er füllt eine Karaffe ab und trägt sie zum Tisch, um sie zur *Foie gras* zu servieren. Denn nicht nur weiß er, der den Freuden der Tafel auf aktive Weise nachgeht, indem er selber jagt und kocht, daß ein süßer Wein zur *Foie gras* ein raffinierter Genuß ist, er macht die *Foie gras* auch selber! Oberhalb des Ortes Mauves hat er ein kleines Bauernhaus, dort hält er Enten (und anderes eßbares Tierzeug), die er mästet, um die begehrte Fettleber frisch und in bester Qualität zur Verfügung zu haben.

Vor hundert Jahren, als süße Weine viel häufiger getrunken wurden als heute, stand der *vin de paille* aus Hermitage in höherem Ansehen als alle anderen Likörweine in Frankreich. Überhaupt zählte der Hermitage in den vergangenen Jahrhunderten zu den berühmtesten Weinen. Ludwig XIV. schickte dem englischen König Charles II. zweihundert Fässer mit den besten französischen Sorten: Champagner, Burgunder und Hermitage. 1828 war der Hermitage auf der Liste des auch damals schon großen Pariser Weinhändlers Nicolas der teuerste Rotwein: Die Flasche kostete 6 Francs, wohingegen man einen *Château Lafitte* schon für einen Franc weniger bekam. Ich weiß, auch das beweist letzten Endes nichts. Doch scheint mir die Erinnerung an die ruhmreiche Vergangenheit der Hermitage-Weine nicht unwichtig zu sein angesichts eines Winzers, dem diese Vergangenheit auch eine Verpflichtung für die Gegenwart bedeutet. Denn J. L. Chave ist ein Traditionalist, er macht, wie er sagt, seine Weine noch „auf die alte Art". Daß also in seinen mit dickem, schwarzem Schimmel überzogenen Kellergewölben keine Stahltanks stehen, ist selbstverständlich. Zu seinem Traditionsverständnis gehört auch, daß er den Wein ausschließlich mit Eiweiß klärt, und daß die Gärung in offenen Holzbottichen erfolgt. Zweimal täglich geht ein Arbeiter mit einer Stange von Bottich zu Bottich und durchlöchert die nach oben gestiegene, feste Maischeschicht – ein Verfahren, daß sich in den fünfhundert Jahren des Bestehens dieses kleinen Weinguts nicht geändert hat. Sogar das muß zugegebenermaßen nicht a priori eine Qualitätssteigerung bedeuten. Es soll denn auch der

Nachteil der traditionellen Vinifikation nicht verschwiegen werden: Der Hermitage der Domaine Chave reagiert empfindlicher auf den Transport als andere Weine, er braucht hinterher länger, um sich zu erholen. Und wenn er dann nicht in einem gleichmäßig kühlen Keller lagert, dann kann eintreten, was der *propriétaire* aus Mauves registrierte, als er einen Freund in Paris besuchte, dem ein solcher Keller fehlte: „Ich erkannte meinen eigenen Wein nicht wieder!" Dennoch meine ich, daß bei einem Wein, der die ganz persönliche Handschrift eines Winzers trägt, der unverwechselbare Eigenschaften besitzt, die sich auf der Zunge des Trinkers als schlechthin überwältigend darstellen, daß man bei einem solchen Wein auch die Besonderheiten der Kellertechnik würdigen muß, um ihm gerecht zu werden.

Übrigens sind die Weine des Monsieur Chave so gut wie nicht im Handel, weil sie – höchstes Kompliment für einen Winzer! – zum größten Teil von französischen und Schweizer Spitzenrestaurants aufgekauft werden. Dort bei Bocuse und Rostang, im Pariser *Taillevent* und im *Lion d'Or* in Genf, findet man auf den Weinkarten auch manchmal noch Abfüllungen aus den 30er Jahren.

PS: Wenn Sie in der Schweiz vom Hermitage sprechen, können Sie leicht mißverstanden werden: Unter der Bezeichnung Ermitage wird im Wallis ein Weißwein produziert, auch er eine Rarität und von den wenigen, die ihn kennen, hochgeschätzt. Aber mit den kräftigen, tiefroten, tanninreichen Rhôneweinen mit der unvergleichlich schönen Blume hat er nichts zu tun.

Sag mir, wo die Hühner sind

Als Heinrich IV. – der gute König, wie er seitdem genannt wurde – den Franzosen versprach, es solle ein jeder am Sonntag ein Huhn im Topf haben, da habe er ausdrücklich an die Hühner der Bresse gedacht. Das jedenfalls behaupten heute die Hühnerzüchter dieser

Landschaft zwischen Saône und Doubs. Sie mögen sogar recht haben, obwohl sich nicht mehr feststellen läßt, wie vor fast vierhundert Jahren die Bressehühner geschmeckt haben. Zwar gab es damals noch keine massengezüchteten Brathähnchen mit wässerig-weichem Fleisch, das entweder nach Fischmehl schmeckt oder nach gar nichts. Aber Hühner geraten auch nicht automatisch zur Delikatesse, wenn man sie sich selbst überläßt. Lediglich im Suppentopf machen auch alte Hennen noch eine gute Figur. Und darum ging es damals ja fast ausschließlich, als Heinrich IV. sich den populären Beinamen verdiente; denn das 16. und 17. Jahrhundert war das Zeitalter der Suppeneintöpfe. Was selbstverständlich nicht ausschließt, daß irgendein verfressener Abbé seine

Kapaunen mit getrüffelten Milchbrötchen mästete, damit er schon an der irdischen Mittagstafel auf himmlische Freuden vorbereitet wurde.

Die Alternative zu mehr oder weniger verwahrloster Aufzucht und den berüchtigten Hühner-KZs ist jedem Feinschmecker unter dem Namen Bressehuhn bekannt. Die Landschaft, der diese Hühner ihren Namen verdanken, ist schön. Es ist nicht die Postkartenschönheit der Côte d'Azur, sie ist nicht imposant wie Savoyen, nicht so kuschelig wie die Dordogne und nicht so feudal wie Burgund. Es ist eine stille Schönheit, voller Charme, aber ohne Glamour: altes, altmodisches Bauernland, das weder von der entstellenden Flurbereinigung heimgesucht wurde, noch touristische Attraktionen jener Art bietet, die unausweichlich Tankstellenkulturen und Campingplätze zur Folge haben. Die Bresse ist im Osten, zum Jura hin, leicht hügelig, zur Saône im Westen hin flach, und besteht vor allem aus kleinen Weiden, die mit Hecken und dichten Baumreihen eingefriedet sind. Oft scheint es mehr Wald zu sein als Weide, was den biedermeierlichen Charakter der Landschaft unterstreicht. Die einzige in größeren Mengen angebaute Ackerfrucht ist Mais, das klassische und beste Hühnerfutter. Die Hühner selber aber sieht man nicht.

Man sieht Kühe auf den Weiden, weiß-braune oder die weißen Charollais-Rinder mit ihren Kälbern; auch braune Ziegen sind nicht selten. Wo aber, fragt sich der Reisende, sind die Hühner? Wenn er Pech hat, fährt er einen halben Tag kreuz und quer über die schmalen Landstraßen, kurvt ergebnislos zwischen den versteckten Bauernhöfen herum, ohne eines zu Gesicht zu bekommen. Bauernhöfe gibt es genug, meistens sind sie in ziemlich ramponiertem Zustand; lange, flache Gebäude mit großem, überhängendem Dach, das die außen liegende Treppe und eine Holzgalerie schützt, wo die Maiskolben zum Trocknen aufgehängt werden. Die Hühner, die in den Bauerngärten herumscharren, wird man nur so lange für die berühmten Bressehühner halten, bis man diese dann doch zu Gesicht bekommt: schneeweiße Bilderbuchhühner, die auf den grünen Wiesen herumstolzieren. Des

Rätsels Lösung ist einfach: Nur relativ wenige Bauern sind berechtigt, diesen Stolz der Bresse aufzuziehen; eine Art Zulassung ist notwendig.

Was ist nun das Besondere an diesem Federvieh? Eigentlich nichts. Es sind ganz normale Hühner einer bestimmten Rasse. Außergewöhnlich ist die leidige Tatsache, daß die Hühner, die wir normalerweise kaufen können, von ganz, ganz seltenen Ausnahmen abgesehen, keine normalen Hühner sind. Die Misere der Hühnerfarmen mit ihrer Massenaufzucht, mit Spezialfutter und wachstumsfördernden Zusätzen, mit Hormonen und Antibiotika, schließlich die Fließbandschlachtanlagen und die Wasserkühlung – das alles ist bekannt. Ihr verdankt das Huhn den schlechten Ruf, den es seit Jahrzehnten in Europa und Amerika hat. Dabei kann Hühnerfleisch nicht mehr und nicht weniger sein als eine außergewöhnliche Delikatesse, feiner, zarter und bekömmlicher als fast jedes andere Fleisch. Nun, die Bressehühner sind das auch heute noch, weil sie eben dies sind: normal.

In Bechanne bei St.-Etienne-du-Bois (Ain) werden die Eier in einer zentralen Brutstätte ausgebrütet und die Küken nach dem Aschenputtel-Prinzip ausgesondert: Die Guten ins Töpfchen, die schlechten ins Kröpfchen. Das heißt, nur die guten Küken werden auf die verschiedenen, lizensierten Bauernhöfe verteilt. Dort wachsen sie unter idealen Bedingungen auf, laufen sechzehn Wochen lang auf den grünen Wiesen herum, werden also doppelt so alt wie Industriehühner, und kriegen als Zusatznahrung zu dem, was sie auf den Wiesen finden, in den letzten fünf Wochen Mais und Milchprodukte zu fressen. Antibiotika sind strikt verboten. Das Produkt solcher Aufzucht muß mindestens 1500 Gramm schwer sein und kostet dann auf den Märkten in Frankreich ungefähr doppelt so viel wie ein Fabrikhuhn. Die kulinarische Qualität eines Bressehuhns mit der eines tiefgefrorenen zu vergleichen, käme einer Beleidigung des ersteren gleich. Was ein gutes Huhn auszeichnet, läßt sich am besten erklären, indem man aufzählt, was und wie es nicht sein darf; denn die nun folgenden Begriffe sind uns Konsumenten leider viel vertrauter als die seltenen Qualitätsmerkmale: dünne, zerbrechliche, zum Teil noch knorpelige Knochen sowie weißes, weiches, sehr wässeriges Fleisch sind die Indizien dafür, daß das Huhn zu schnell groß geworden und zu jung gestorben ist. Nach sieben bis acht Wochen hat es nach üblicher Kalkulation genug gefressen und muß auf den Markt. In diesem Alter beginnen die Bressehühner gerade, sich ihres freien Lebens zu freuen. Nun ist es nicht so, daß es frei aufwachsende, gut genährte Hühner nur in der Bresse gäbe. Auch andere Landschaften, zum Beispiel das Perigord, haben den Ehrgeiz, überdurchschnittliches Geflügel zu produzieren. Aber zwischen Doubs und Saône hat man in der Hühnerzucht die größere Erfahrung. Das zahlt sich aus, sowohl für den Hersteller als auch für den Verbraucher.

Wenn der Verbraucher ein Feinschmecker ist - und das wird er immer sein: wer wäre sonst bereit, für bessere Qualität auch einen höheren Preis zu zahlen? –, kann eines Tages in ihm der Wunsch wach werden, die Bresse zu besuchen. Es wäre vielleicht etwas zu viel Enthusiasmus vorausgesetzt, täte er es nur der Hühner wegen. Die Vorstellung, daß da einer zwischen den heckenumsäumten Wiesen anhält, aussteigt und die scharrenden Hühner beobachtet, und es läuft ihm dabei das Wasser im Mund zusammen, diese Vorstellung beschwört keinen Feinschmecker, sondern dessen Karikatur. Überdies hat die Bresse neben dem gackernden Federvieh auch andere Attraktionen, die einen Besuch plausibel machen. Da ist neben der unaufdringlichen Schönheit des Bauernlandes ja auch noch eine Regionalküche, deren Ruf keineswegs gering ist. Ihn verdankt sie nicht zuletzt der Nähe des Lyonnais, jener Landschaft, die mit Recht als das Herzstück der französischen Küche bezeichnet wird. Von Fernand Point bis Paul Bocuse und seinen berühmten Nachbarn haben die großen Küchenchefs eine verfeinerte Version der Lyonnaiser Küche weltweit als *Grande Cuisine* bekannt gemacht. Von Lyon bis in die Bresse aber ist es sozusagen nur ein Katzensprung. Und doch unterscheidet sich die Küche der Bresse von der benachbarten Edelküche beträchtlich. Sie ist das geblieben, was die andere überwunden und verfeinert hat: bäuerlich. Die Speisekarten gleichen sich, hier wie dort, wie ein Hühnerei dem anderen. Hier wie dort spielen die Bressehühner eine große Rolle, die Hechtklößchen, die Froschschenkel und die Flußkrebse, alles Produkte dieser Landschaften. Der Unterschied besteht darin, daß die Köche des Lyonnais (die jungen, ehrgeizigen Köche, wohlgemerkt!) ihre Küche zwar nicht in eine *Nouvelle Cuisine* à la Guérard verwandeln wollen, ihr aber doch eine Leichtigkeit geben, die der Feinschmecker schon aus reinem Selbsterhaltungstrieb erwartet und verlangt. In der Bresse aber wird gekocht wie eh und je. Das bedeutet Sahne und Butter, und Butter und Sahne. Auf den ersten Blick, beim ersten Biß ist das eigentlich eine eher angenehme Überraschung. Denn das weiß der vielreisende Feinschmecker, daß die moderne, leichte Küche auch Gleichmacherei bedeutet: an der Atlantikküste wird heute kaum anders gekocht als im Elsaß. In der Bresse aber ist sie noch zu finden, die typische Regionalküche. Wer auf der Reise in den Süden hier Station macht – der Umweg ist ja nur minimal – und die berühmten Hühner an Ort und Stelle probiert, vorher noch in Butter gebratene Froschschenkel und hinterher vielleicht einen Zuckerkuchen, der erlebt unverfälschte Regionalküche, wie sie immer seltener wird. Wer sich allerdings mehrere Tage hier aufhält und keine Mahlzeit ausläßt, der sollte zwischendurch auf einem Bauernhof arbeiten oder aber seine Badezimmerwaage auf den Müll werfen. Nicht nur die Butter- und Sahnemengen zeugen von einer unbekümmert traditionellen Küche, auch die Kochmethoden sind nicht auf dem Stand der heutigen Erkenntnisse. Um es deutlich zu sagen: Das berühmte Bressehuhn wird in der Bresse fast ausschließlich zu lange gekocht. Das heißt also, eine saftige, leicht rosa Hühnerbrust finden Sie bei den jungen Köchen um Lyon oder bei ihren Kollegen in München und Hamburg. Doch in Bourg-en-Bresse sind die Hühnerbrüste mehr oder weniger trocken. Weniger, weil sich die bessere Hühnerqualität positiv bemerkbar macht. Das Fleisch eines Fabrikhuhns wird, wenn es auch nur zehn Minuten zu lange im Ofen war, nicht nur trocken, sondern auch faserig. Die Bressehühner sind da weniger empfindlich. Besonders in Verbindung mit einer dicken Sahnesauce ist auch eine zu lange gebratene Hühnerbrust in der Bresse noch keine Katastrophe. Allerdings auch kein gastronomisches Meisterwerk. Das ist ganz allgemein das, was einen Feinschmecker in der Bresse erwartet: keine Katastrophen, aber auch keine Meisterwerke. Und große Portionen. (Auf die Frage des Kellners, ob der Gast lieber Brust oder Keule vom Huhn möchte, sollte dieser sich vorsichtshalber für die Keule entscheiden.) Die Bewohner der Bresse sind nicht nur stolz auf ihre Hühner, sondern auf ihre landwirtschaftlichen Produkte ganz allgemein. Mit gutem Grund. Die Butter- und Sahneküche der Bresse hat sich wahrscheinlich auch deshalb so gut gehalten, weil Butter und Sahne dort von ganz hervorragender Qualität sind. Das gleiche gilt übrigens auch für die Normandie. Was für eine wunderbare *Crème fraiche* ist das, die den schweren Saucen den gefährlich-schönen Geschmack gibt! Wie lange schmeckt man das Aroma der nichtpasteurisierten Butter nach, wenn man in einem Dorfgasthaus die traditionellen Froschschenkel mit gehacktem Knoblauch gegessen hat, das butterige Sonntagsessen dieser Landschaft! Feine, frische Ziegenkäse kommen geradewegs vom Bauern nebenan; die beste Gelegenheit sie zu kaufen, findet man auf den Wochenmärkten. Der größte ist die Bourg-en-Bresse. Bauern aus dem weiteren Umkreis bieten dort an, was von der Oma neben der eigentlichen Hausarbeit großgezogen wurde: ein paar unansehnliche Aprikosen, frische Bohnenkerne, lebende Kaninchen, Tauben und Hühner (allerdings ohne das wichtige „Bresse"-Siegel. Ebensowenig, wie man die Zuchthühner überall herumlaufen sieht, werden sie an jeder Straßenecke verkauft), Blumen, Beeren und was sonst ein kleiner Bauerngarten noch hervorbringt. In Bourg-en-Bresse gibt es auch eines der beiden Zwei-Sterne-Restaurants des ganzen Bezirks, die *Auberge Bressane*. Ich kenne kaum ein Restaurant dieser Kategorie, in dem so gleichgültig gegenüber den Gesetzen der modernen, feinen Küche gekocht wird: die Portionen sind riesig, die Garzeiten viel zu lang, die Saucen gallenerschütternd – kurz, hier wird die alte Deftigkeit zelebriert, daß man sich ein halbes Jahrhundert zurückversetzt glaubt. Die einheimischen Gäste aber genießen es, als wären sie nicht mit dem Auto herangerollt, sondern stundenlang über Stock und Stein geritten. Man kann die *Auberge Bressane* im Hinblick auf ihre zwei Sterne als kulinarischen Witz betrachten oder, wie ich es tue, als Beispiel für die Toleranz, die einer Küche entgegengebracht werden sollte, die nicht *à la mode* ist, nicht einmal einen zeitgemäßen Stil vertritt, aber dann doch wieder einen in sich geschlossenen, authentischen Charakter beweist. Würde überall so gekocht, es wäre unerträglich weil unverträglich. Aber in der mehr oder weniger abgemagerten Küchenlandschaft unserer Tage gehört so etwas unter Denkmalschutz. Es ist wie mit dem Jahrhunderte alten, buckligen Kopfsteinpflaster, über das der Tourist, nur hundert Meter vom Restaurant entfernt, entlangstolpert, wenn er durch einen der drei Höfe des der Eglise de Brou angegliederten Klosters geht. Das ist ungeheuer mühselig; aber nach all den zigtausend Kilometern scheußlich betonierter Straßen: welch eine Erholung für das Auge, welche Labsal für den Geist vermittelt dieses handgepflasterte Stück Boden (und eine Erklärung dafür, warum früher, als alle Straßen hier so gepflastert waren, die Bressaner Holzschuhe trugen wie die Holländer). Der Besuch in der spätgotischen Eglise de Brou einschließlich des angrenzenden Klosters, in dem sich ein entzückendes Provinzmuseum befindet, ist übrigens der kulturhistorische Höhepunkt einer Fahrt durch die Bresse. Die aus weißem Marmor gehauenen Sarkophage der Margarete von Bourbon, Margarete von Österreich und des Herzogs Philibert von Savoyen, genannt der Schöne, sind kaum weniger prächtig als die der Herzöge von Burgund in Dijon; das Chorgestühl ist mit herrlichen, weltlichen Schnitzereien verziert, und das Schiff der schönen Kirche wird vom Chor durch einen Lettner abgeteilt, eine Rarität im Kirchenbau.

Bourg-en-Bresse mag das logische Ziel einer Bressereise sein; zunächst aber erreicht der Reisende, so er von Norden kommt, Coligny, und damit die erste lohnende Station für den Feinschmekker: das Restaurant *Le petit Relais*. Es heißt nicht nur so, es ist auch klein, geradezu winzig und liegt in einer Kurve der Durchgangsstraße. Da kann der Mittagsgast von Glück sagen, daß auch die Lastwagenfahrer irgendwo sitzen und essen. Donnert doch einmal einer am Fenster vorbei, kann es passieren, daß dem Esser das Huhn von der Gabel fällt. Dem gepflegten Interieur des kleinen Lokals entspricht der Stil der Küche: sorgfältig zubereitet, mit Maßen ambitioniert und ohne Chichi. Die Fische und ihre Saucen gelingen dem Chef zweifellos besser als Fleisch. Ein sympathisches Restaurant, wo man für relativ wenig Geld so essen kann, wie naive Optimisten das in Frankreich überall erwarten.

Coligny hat aber noch eine andere Attraktion. Es ist die D 86, eine Landstraße kleinster Ordnung, die am Ortsausgang nach links oben in die Juraausläufer führt. Nach wenigen Kilometern beginnt eine traumhaft schöne Gegend ohne sichtbare Zivilisationsschäden, die nicht nur das Auge erfreut, sondern auch für den Kulinariker glückverheißend ist: eine ideale Picknicklandschaft! Ich gestehe, daß ich Picknicks liebe. Damit meine ich natürlich nicht den primitiven Notbehelf, nicht die am Straßenrand ausgepackten Butterbrote und den Kaffee aus der Thermosflasche zum hartgekochten Ei. Abgesehen davon, daß für ein Picknick notgedrungen nur kalte Speisen in Frage kommen, muß sich deren Qualität ja nicht von den Vorspeisen in Restaurants unterscheiden. Allerdings muß man wissen, wo man alles Nötige einkaufen kann; das Angebot in Kleinstädten und Dörfern ist ja meistens nicht überwältigend. Wenn man sich dann bei den Tellern, Gläsern und Besteck nicht von praktischen Gesichtspunkten leiten läßt, sondern auch dabei der Qualität den Vorrang gibt (kein Plastik!), kann ein Picknick ein kulinarisches Fest sein. Und das Hochplateau an dieser Straße mit dem überwältigenden Rundblick ist dafür wie geschaffen. Im Herzen der eigentlichen Bresse findet man solche Stellen kaum, doch an ihrem östlichen Rand, in den Hügeln des Jura, gibt es Stellen, von wo aus man bei klarem Wetter den Mont Blanc sehen kann! Ich verzichte wohlweislich darauf, sie genau zu lokalisieren, es könnte sonst der Begriff von einer „Picknick-Belastung der Natur" entstehen. Ebenfalls am Rande der Bresse, genaugenommen schon nicht mehr dazugehörend, in Richtung

Nantua, Bellegarde, liegt Ochiaz und dort das kleine Restaurant eines ehemaligen Kochs der *Pyramide* in Vienne, die *Auberge de la Fontaine.* Die Erfahrungen des Chefs aus dem berühmten Restaurant wirken hier deutlich nach: Die Portionen sind nicht so riesig, die einzelnen Gerichte verraten den Drang des Chefs zum Höheren, oft ist ihre noble Herkunft unverkennbar. Das flach geschnittene Lachsfilet, der leicht gratinierte Turbot, das Huhn in der Essigsauce (allerdings mit der dicken Haut), Forellenmus mit Trüffelsauce, all das beweist einen für diese Landschaft überdurchschnittlichen Ehrgeiz, wobei gelegentliche Unregelmäßigkeiten allerdings nicht ausgeschlossen sind, zum Beispiel zu lange Garzeiten und nicht sehr sorgfältiges Abschmecken der Saucen. Am besten sind hier die Desserts, vor allem die *Marjolaine,* eine Erfindung des seligen Point, und die Zitronentorte. Nun ist das, was man in den vielen Landgasthäusern zu essen kriegt, handwerklich gewiß schlechter gemacht, kulinarisch anspruchsloser – aber gleichzeitig hat man in Ochiaz das Gefühl, daß diese ambitionierte Verfeinerung hier auf dem Lande, in der schlicht-rustikalen Umgebung nicht passend sei.

Wirkliche Eleganz und fast luxuriöse Verfeinerung gibt es in der Bresse nur einmal: *La Mère Blanc* in Vonnas. Dieses Zwei-Sterne-Haus fällt deutlich aus dem ländlichen Rahmen, und daß Georges Blanc ehrgeizig bemüht ist, für sich und sein Restaurant den dritten Stern zu bekommen, ist in der Branche kein Geheimnis. Der Service ist aufwendig – trotzdem allerdings noch verbesserungsfähig –, und die Gäste, die hier auch übernachten können, sind, wie überall in ähnlichen Häusern, meistens Durchreisende, darunter viele devisenstarke Ausländer.

So groß der Abstand auch ist, der die übliche Regionalküche von dieser raffinierten Küche trennt, in der die *haricots verts,* wenn sie nicht dünn genug sind, der Länge nach geviertelt werden, so offensichtlich hier höchstes Niveau angestrebt wird (wenn auch, glücklicherweise, die regionalen Spezialitäten nach wie vor angeboten werden), so sind einige Schwächen nicht zu übersehen, Unregelmäßigkeiten vielleicht nur, die nicht verallgemeinert werden können, aber ebensowenig wegzuleugnen sind. Zu salzige oder zu klebrige Saucen, Gleichgültigkeit bei der Behandlung der Rotweine mögen bei einem kritischen Gast das Gefühl erwecken, daß hier der allgemeine Eindruck wichtiger genommen wird als die Einzelheit. Eine Stufe tiefer, ein Stern weniger und etliche Francs billiger ist *Berard* in St.-André-de-Corcy, nur 10 km von Mionnais entfernt, wo Alain Chapel residiert. In Corcy fand ich die befriedigendste Küche der Bresse. Befriedigend ist das Restaurant deshalb, weil hier Anspruch und Resultat, Ambiente, Service und Preis in einem harmonischen Verhältnis zueinander stehen. Da hier kein dritter Stern angestrebt wird, finde ich es nicht weiter tragisch, wenn Vorspeise, Hauptgericht und Dessert das äußerste sind, was ein normaler Esser vertilgen kann: die Saucen sind so sahnig, so butterig – und ach, so lecker! –, daß ein aus mehr Gängen bestehendes Feinschmecker-Menü nicht denkbar ist. Dafür gehören die Hechtklößchen zu den besten weit und breit, ist das Bressehuhn in der Morchelsauce beispielhaft, sind die Desserts von großer Köstlichkeit. Der Küchenchef hat die feine Zunge des geborenen Abschmeckers. So wie hier stellt man sich die Küche der Bresse vor, so ist sie leider nur selten: kräftig, ohne plump zu sein; einfach, aber in ihrer Einfachheit makellos.

Dabei liegt Corcy, genaugenommen, gar nicht mehr in der Bresse. Aber die ist nicht so groß, daß man alles ausklammern könnte, was sich ein paar Kilometer außerhalb der Hühnerzuchtregion befindet. So gehören Grenzüberschreitungen für den auf Abwechslung bedachten Bresse-Besucher zwangsläufig zum täglichen Huhn. Entlang der West- und Südgrenze warten die Restaurants des Beaujolais und der Region Lyon mit einer moderneren Küche auf den knoblauchduftenden Froschesser. Eines davon möchte ich erwähnen, das zu meinen Lieblingsrestaurants gehört: die *Auberge du Cep* in Fleurie-en-Beaujolais, von Bourg in einer guten halben Stunde zu erreichen. In diesem Jahr haben die Inhaber, M. und Mme. Cortembert, den zweiten Michelin-Stern bekommen, für das kleine und fast einfache Restaurant eine hohe, aber längst verdiente Auszeichnung. Ich halte den Stil des Patrons, diese immer perfekte Synthese aus *Grande Cuisine* und moderner Küche für ideal, seine gleichbleibende Qualität bewundernswert und die Verantwortung und die Sorgfalt, mit der er seinen Beruf ausübt, für beispielhaft.

England kulinarisch – mehr oder weniger eßbar

Wenn Dantes Hölle eine Delikatessenabteilung hätte, müßten sich Engländer dort wie im Himmel fühlen – so ungefähr lautet unsere Vorstellung vom englischen Essen: milchiger Tee in Tassen mit dem Bild der Königin; eine Lawine schwerer und unbekömmlicher Magengreuel zum Frühstück; Steak und Kidney Pie, Plumpudding ohne Pudding; Fish 'n' Chips frisch aus dem Zeitungspapier; verbrannte Lammkoteletts; in ungesalzenem Wasser zerkochte Gemüse, mit warmem Bier hinuntergespült in Mägen, die sich schon in den Kolonien vor nichts gefürchtet haben, und das alles untermalt von kreischender Dudelsackmusik ... Wir haben es hier, das erkennt jeder, mit einem kontinental-europäischen Vorurteil zu tun, wie es falscher nicht sein kann: Dudelsäcke sind keine englische Einrichtung. Alle anderen Details dieses Schreckensgemäldes stimmen mehr oder weniger.

MEHR ODER WENIGER

Sie stimmen mehr, wenn man sie mit den Augen eines Franzosen betrachtet, weniger aus deutscher Sicht. Als ich einen in England kochenden, französischen Küchenchef nach den Eßgewohnheiten seiner Gäste fragte, hob er seufzend die Arme und hatte einen Blick in den Augen wie Hackethal, wenn er über die Krebsvorsorge redet. Aus deutscher Sicht sind solche Vorurteile weniger berechtigt, weil unsere Einstellung zum Essen mit der der Engländer nahe verwandt ist. Beide Nationen sind auf Nationalgerichte stolz, die aus der Arme-Leute-Küche von vorgestern stammen und außer ihrem hohen Sättigungsgrad keine kulinarischen Vorzüge haben. Beide sind anspruchslos und der Verfeinerung abhold; puritanisch-streng die einen, preußisch-sparsam die anderen. Kulinarische Raffinesse wird den Franzosen überlassen.

DER ENGLISCHE TEE

Auf den meisten Teedosen ist der Britische Löwe abgebildet, mit Recht; denn Tee und England sind Synonyme. Gerechterweise müßte auch das Känguruh mit aufs Bild; denn der Anteil des Beuteltees ist irritierend, zumindest in den Cafés und Hotels. Da muß der pulloverbepackte Tourist schon Glück haben, wenn er nachmittags um fünf Uhr zum High Tea einen Tee vorgesetzt bekommt, der auf Teeblätter aufgegossen wird. Im feudalen *Ritz* kriegt er ihn, aber der hohe Preis (zwei Portionen mit den obligaten Sandwichs 5 Pfund 80) macht den Billigkauf bei Marks & Spencer sinnlos. Beim Eingießen kann man sich entsetzlich blamieren, wenn man erst den Tee und dann die Milch in die Tasse gießt; andersherum ist es richtig. Einen erkennbaren Vorzug hat diese Reihenfolge nicht, sie ist reines Ritual, an dem man die Klassenzugehörigkeit des Teetrinkers (U oder non-U) ablesen kann bzw. ablesen zu können glaubt.

DAS ENGLISCHE FRÜHSTÜCK

Wenn Sie in England gut essen wollen, müssen Sie dreimal täglich frühstücken, hat Somerset Maugham einmal gesagt. Seitdem haben sich die Zeiten geändert. Für den Touristen ist es, vor allem in London, heute leichter, einmal täglich gut zu essen, als das zu bekommen, was man unter einem Englischen Frühstück versteht. Er würde auch eher erschrecken, als daß ihm das Wasser im Munde zusammenliefe beim Anblick der berühmten Kalorienbombe aus

Eiern, Speck, Haferschleim, Backpflaumen, trocken geräuchertem Fisch, Bratwürsten und Nieren. Das dreimal zu vertilgen, wie es der Schriftsteller riet, ist nur jemandem zuzumuten, der zwischendurch das Derby in Epsom mitreitet. Immerhin wird das Verschwinden des traditionellen Frühstücks in der englischen Öffentlichkeit heftig beklagt. Wahrscheinlich braucht man es dort, um gegen die kulinarischen Unbilden des Tages gewappnet zu sein, so wie eine kalte Dusche am Morgen naßkaltes Wetter erträglicher macht. Die Hörnchen übrigens und anderes Weizengebäck, das zum geschmähten *Continental Breakfast* serviert wird, sind erstklassig.

YORKSHIRE PUDDING & KIDNEY PIE

So typisch englisch, wie Sauerkraut und Eisbein typisch deutsch sind. Beides ist nur in Ausnahmefällen delikat zu nennen, dennoch wird beides wie ein Nationalheiligtum gegen die Befürworter einer modernen Ernährung verteidigt. Der Yorkshire Pudding ist eine Art ungesüßter Windbeutelteig, der zu einem hohlen, puffigen Kissen gebacken wird und die traditionelle Beilage zum berühmten Roastbeef bildet, aber auch zu anderem Fleisch gegessen wird. Beim Steak and Kidney Pie handelt es sich um in Teig eingebackkene kleingeschnittene Kalbsnieren und Rindfleisch. Da der Teig eine lange Zeit braucht, bis er heiß ist, müssen die Nieren wohl oder übel ebenso lange mitkochen. Übel ist das deshalb, weil Nierenstücke sich in Hartgummi verwandeln, wenn sie zu lange gekocht werden. In einem Pie geschieht das zwangsläufig immer. Zusammen mit den Nieren kann auch anderes Fleisch als Pie gebacken werden.

DIE BEILAGEN

Es stimmt, daß in der englischen Küche Gemüse vorzugsweise in ungesalzenem Wasser gekocht werden und dann ohne weitere Behandlung auf den Tisch kommen. Es muß dies eine uralte Sitte sein; denn die Bewegung, mit der Engländer, kaum daß ihnen das Essen vorgesetzt wird, zunächst einmal zum Salzstreuer greifen und die Gemüse blindlings mit einer dicken Salzschicht bestreuen, ist nicht erlernbar, sowas wird vererbt. Sogar die Salzstreuer sind dafür konstruiert: sie haben nur ein Loch, aber mit enormem Durchmesser. Das klingt schlimmer, als es ist. Denn was soll eigentlich an einem Gemüse besser sein, das mit einer dicken, weißen Mehlpampe zusammengekleistert wird, wie das bei uns geschieht? Bekömmlicher ist das Wassergemüse allemal, und wenn es nicht matschig gekocht wird, besteht eine große Chance, daß es – auch ohne Salz – etwas Seltenes und Kostbares enthüllt: seinen Eigengeschmack. Vorausgesetzt, es stammt nicht aus der Konserve. Wie in den meisten schlechten deutschen Restaurants bestehen in den meisten englischen Restaurants die Beilagen nicht nur aus Kartoffeln und einem Gemüse, sondern neben dem erwähnten Yorkshire Pudding noch aus Brunnenkresse, drei oder vier anderen Gemüsen, die blödsinnige Ziertomate fehlt ebensowenig wie der überflüssige Zierspargel, ein Knödel kann dabei sein und vielleicht noch zusätzlich eine Handvoll Strohkartoffeln. Die Kellner geben jedenfalls keine Ruhe, bis sie die Teller so vollgehäuft haben, daß schon das Ticken der Uhr eines vor dem Restaurant vorbeifahrenden Rolls-Royce den ganzen vegetabilen Haufen ins Wanken bringt. Ein aus fünf, sechs Gängen in kleinsten Portionen bestehendes Feinschmecker-Menü essen, das kann man inzwischen in den deutschen *Nouvelle Cuisine*-Restaurants, in England noch nicht.

LAMMKOTELETTS MIT MINTSAUCE

Die Popularität dieses Gerichts läßt sich mit der des deutschen Schweinekoteletts vergleichen, sein kulinarischer Rang kaum. Lammkoteletts haben einen eindeutig besseren Geschmack, sind zarter und gesünder. Am zartesten sind sie, wenn sie innen noch rosa sind. Daß sich diese simple Erkenntnis so schwer durchsetzt, ist verwunderlich in einem Land, dessen Einwohner seit jeher die Delikatesse des Lamms erkannt haben. Ich will damit nicht sagen, daß ich in England keine zarten und rosa Lammkoteletts gegessen habe. Meistens waren sie das jedoch nicht, außerdem dick paniert und manchmal mit Holzkohlenaroma so stark gewürzt, als wären sie beim großen Brand von London (1666) dabeigewesen. Die Pfefferminzsauce ist für unsere Zungen zweifellos ungewohnt. Stammt sie aus der Fabrik, wird man sich auch nicht an sie gewöhnen wollen.

Im Privathaushalt oder in einem guten Restaurant gemacht, kann sie jedoch ganz gut schmecken – nach Pfefferminz, gewiß, und süß. Aber schließlich ist auch die deutsche Kombination von Rehrücken und Johannisbeergelee nicht gerade eine logische Zusammensetzung. Das englische Lammfleisch jedenfalls ist von feinster Qualität.

AUSTERN UND FISCH

England hat eigene Austernbänke; am bekanntesten sind die von Colchester. Die größten Sorten haben fast fleischähnliche Konsistenz, die kleineren schmecken intensiver. Fische sind von beneidenswerter Frische, in großer Auswahl und preiswert zu haben. Wer jedoch glaubt, an einem frischen Fisch sei nicht viel zu verderben, der sollte eine der 25 verschiedenen Variationen probieren, die die auf Fisch spezialisierte *Wheeler's* Restaurant-Kette in London von der wunderbaren Dover-Seezunge auf der Karte hat. Fish and Chips – in Fett gebackene Fischfilets mit

Pommes Frites – werden verkauft wie bei uns Bratwürste und Schaschlikspieße. Wer an letztere gewöhnt ist, wird erstere vorzüglich finden.

ROASTBEEF

Der Stolz der englischen Küche hat nichts mit den gleichnamigen dünnen Scheiben zu tun, die hierzulande gerollt und trocken auf den kalten Büffets herumliegen. English Roastbeef ist für den Fremden die risikoloseste Möglichkeit, Fleisch und gleichzeitig gut zu essen. Es wird im großen Stück gebraten und auf einem Servierwagen durchs Restaurant gerollt. Je nach Wunsch des Gastes schneidet der Fleischkellner von der schmalen Seite, wo das Fleisch mehr durchgebraten ist, oder von der sehr rosa und sehr saftigen Breitseite einige Scheiben herunter. Das Fett wird fast immer mitserviert, wogegen man nichts einwenden sollte, weil man seine Konzentration jetzt für wichtigere Dinge braucht. Erst bei der Frage ,,Gravy, Sir?" gebietet sich eine abwehrende Handbewegung. Die Sauce ist nämlich nichts anderes als Bratfett, aber nicht im geringsten gewürzt. Nach der Saucen-Eröffnung geht es darum, einen anderen Kellner daran zu hindern, die bereits beschriebene Errichtung des Gemüseturms auf dem Teller zu beginnen. Hat man das geschafft, bleibt nur noch übrig, den Meerrettich zurückzuweisen, der den zarten Fleischgeschmack (wie überhaupt den Geschmack jeder Speise) erschlagen würde. War der Gast erfolgreich, wird er zu Hause erzählen können: ,,Also, so schlecht ißt man in England nun wirklich nicht!"

AUGENSCHMAUS

Wie der Kunstfreund in die Londoner National Gallery gehen wird, um die imposanten Rembrandts, Tizians und andere Prachtschinken der europäischen Malerei zu sehen, so darf der Freund des guten Essens die Schinken bei *Harrod's* nicht auslassen. Im Hauptsaal der Lebensmittelabteilung, wo sie mit Würsten und Kaviardosen von der Decke baumeln, wird wahrscheinlich mehr fotografiert als gekauft. Kein Wunder; das Arrangement der vor den Jugendstilkacheln kunstvoll aufgestapelten Genußmittel (die Fischpyramide!) ist ein Schlaraffenland für die Augen. Die Metzgerei bietet Qualitäten, die den deutschen Feinschmecker das Heimweh vergessen lassen. Wild und Wildgeflügel einschließlich des schottischen Moorhuhns *(Grouse)* sind in der Saison frisch und reichlich vorhanden. Trotz des gewiß nicht billigen Kaufhauses liegen die Preise zum Teil erheblich unter bundesdeutschem Niveau, die Freundlichkeit der Verkäufer hoch darüber.

PLUMPUDDING

Dieser Pudding, der kein Pudding ist, sollte ein Jahr reifen. Dann erst, behaupten Kenner, hätten die Aromastoffe der einzelnen Bestandteile jene homogene Vermischung erreicht, die einen guten Plumpudding auszeichnet. Er wird traditionsgemäß an Weihnachten gegessen und wirkt dann wie die deutschen Knödel zum Gänsebraten: stimmungsfördernd, aber gallebelastend. Äußerlich gleicht er einer kleinen Kokosnuß, er ist braun und fest. Innerlich hat er alles, was dick macht: Kandiertes Obst, Mandeln, Rosinen, Mehl, Brotkrumen, braunen Zucker, Eier, Weinbrand und – Nierenfett. Alles wird zusammengeknetet und acht Stunden im Wasserbad gekocht. An Weihnachten wird er wieder erhitzt und gestürzt, wobei wenigstens ein Teil des Nierenfetts flüssig wird und abgegossen werden kann. Dennoch bleibt davon so viel im „Pudding", daß man noch Stunden nach dem Essen einen talgigen Geschmack im Mund hat. Für passionierte Talgesser ein Hochgenuß.

PUBS

Jeder europäische Großstadtbewohner weiß heute, wie ein englischer Pub aussieht. Von Rom bis Stockholm werden sie nachgebaut. Doch in Wirklichkeit sind sie unnachahmlich, ob es sich um viktorianische Pracht-Pubs handelt, um die schlichten, oft primitiven Pubs der einfachen Leute, oder um Land-Pubs, die beides sein können und oft zusätzlich eine ungewöhnlich familiäre Atmosphäre bieten. Die viktorianischen Pubs mit ihrem roten Plüsch, den dunklen Holztäfelungen, ziselierten Spiegeln und poliertem Messing sind wunderschön. Man staunt, daß deutsche Antiquitätenhändler noch nicht alle aufgekauft und nach Pöseldorf verschifft haben. Es gibt Stadtführer von London, in denen sie verzeichnet sind. Über das dort ausgeschenkte Bier mögen deutsche Biertrinker sich lustig machen. Man holt es sich jedenfalls an der Theke, bezahlt und verzieht sich in den Hintergrund, wo die anderen Gäste herumstehen – Tische gibt es nur wenige – und lärmend palavern, wahrscheinlich von der furchtbaren Gewißheit gehetzt, den Pub um drei Uhr verlassen zu müssen: zwischen 15 und 17 Uhr ist geschlossen. In der Mittagszeit bieten Pubs Gelegenheit zu einem schnellen Imbiß, das können in den günstigsten Fällen zarter Räucherlachs und frische Salate sein. Touristen, die ihren mehr oder weniger kurzen Londonaufenthalt mittags in einem Pub verbringen und abends in einer Wine Bar, haben, so meine ich, ihr Ernährungsproblem auf die vernünftigste Weise gelöst.

WINE BARS

Sie werden immer mehr, sind manchmal nichts anderes als auf Wein umgestellte Pubs, manchmal kleine Selbstbedienungsrestaurants mit einer großen Auswahl an offenen und Flaschenweinen, wo es einfache Gerichte bis zum Brathähnchen gibt. Die billigsten Weine sind – wie überall – die teuersten, die teuren oft geradezu sensationell billig, wenn es sich um rote französische Spitzenweine handelt. Leider werden sie immer, auch in Luxusrestaurants, viel zu warm serviert. Englische Weißweine werden mehr und mehr produziert; sie sind frisch, leicht, spritzig und ziemlich sauer, gleichen also deutschem Wein minus Zucker.

DIE RESTAURANTS

Auch unter Feinschmeckern gibt es Leute, die mal einen neuen Pullover brauchen. Wenn sie in London eintreffen, werden sie sich durch nichts davon abbringen lassen, die guten und besten Restaurants der Stadt auszuprobieren. Was erwartet sie? Zunächst einmal die Erkenntnis, daß Spitzenrestaurants mit einem guten Service überall gleich teuer sind. Ob München, Paris, New York oder London: 100 Mark pro Person muß man einkalkulieren, wenn man kein Abstinenzler ist. Alle anderen englischen Restaurants liegen unter deutschem Preisniveau. Die zweite Erkenntnis ist ebenfalls nicht neu: Wo ehrgeizige Köche am Werk sind, wird französisch gekocht. In London schätzungsweise in über zwanzig Restaurants, das sind fast so viele, wie in der Bundesrepublik insgesamt. Nun behaupte ich allerdings, daß die jungen deutschen Köche allesamt eleganter und moderner kochen, als in irgendeinem der Londoner Restaurants gekocht wird, auch wenn dort ein Franzose am Herd steht. Es liegt am *Double Creme*. Zu einem Zeitpunkt, da, von Frankreich ausgehend, in der modernen Küche immer leichter, immer gesundheitsbewußter gekocht wird, versteht der englische Gast unter französischer Küche offenbar vor allem dicke Sahnesaucen. Ob Fisch, ob Fleisch, ob Blätterteig, die im Grunde vorzügliche, aber unglaublich dicke englische *Double Creme* muß dran. Der Feinschmecker ist bereits nach Vor- und Hauptgericht so satt, wie er es eigentlich nicht einmal nach Käse und Dessert sein möchte. Keine Frage, daß das manchmal wunderbar schmeckt, keine Frage, daß in diesen Restaurants das Essen immer noch besser ist, als es der Pulloverkäufer aus Dortmund gewohnt ist – bloß vollkommen ist es nie.

Erstaunlich wenige Restaurants sind auf das spezialisiert, was man unter englischer Küche versteht. Dabei sind die Engländer in Sachen ihrer Küche weitaus traditionsbewußter als andere Nationen. Elisabethanische Gerichte werden nicht etwa als Kuriositäten angesehen, sondern als lebendige Tradition verstanden. Doch in Wirklichkeit ist über diese Küche mehr zu lesen, als daß man sie probieren könnte. Wenn überhaupt, lernt man sie auf dem Land kennen. Dort sind wundersame Erlebnisse bei exzentrischen Wirten in pittoresker Umgebung möglich, und wenn das kulinarische Ergebnis nicht gerade sensationell sein sollte, spielt das eigentlich keine Rolle. Denn das Drum und Dran eines englischen Restaurants auf dem Lande, sei es ein ehemaliger feudaler Herrensitz, sei es ein umgebautes Bauernhaus aus dem 16. Jahrhundert, ist jede Menge trockengebratener Fasane wert.

Als Entschädigung bietet London wie keine andere europäische Stadt unzählige exotische Restaurants, worunter die chinesischen sicherlich die besten sind, auch wenn man nicht immer weiß, ob eine nach fadem Spülwasser schmeckende Suppe eine chinesische Köstlichkeit darstellt oder wirklich nur fades Spülwasser ist. An indischen, italienischen, jüdischen, japanischen Restaurants herrscht kein Mangel, und dann gibt es noch Restaurants, die so unvergleichlich schön sind, daß man dort wenigstens einmal gewesen sein sollte, ganz egal, was die Zunge davon hält.

Es muß nicht immer Porridge sein

Mag sein, daß Englands beste Restaurants auf dem Lande zu finden sind, wie Kenner behaupten. Den Pulloverkäufer, so er zu den Feinschmeckern gehört, interessiert jedoch, was mehr oder weniger nah an der Oxford Street liegt. Deshalb hier eine unvollständige, aber dennoch nicht nutzlose Übersicht über Londoner Restaurants, deren Namen am häufigsten genannt werden:

*Tante Claire,*S. W. 3, 68 Royal Hospital Road, Telefon 3526045. Die Konsequenz, mit der hier von der französischen Speisekarte bis zum französischen Personal alles getan wird, um England vergessen zu lassen, wirkt ziemlich affektiert. Aber nicht zu leugnen: In dem kleinen Restaurant wird mindestens so gut gekocht wie bei den ehrgeizigen Konkurrenten, wahrscheinlich sogar eine Spur besser.

*Le Gavroche,*S. W. 1, 61 Lower Sloane Street, Telefon 7302820. Londons bekanntestes Schlemmerlokal. Riesige Portionen, schwere Sahnesaucen. Obwohl auch hier französische Köche, von der *Nouvelle Cuisine* so weit entfernt wie ein Münchener Balkangrill von Dalmatien. Teuer.

Carrier's, N. 1, 2 Camden Passage, Telefon 2265353. Kitschige Dekorationen, als wäre *Carrier's* eine Kreuzung aus Milchbar und Wintergarten. Nichts ist durchschnittlich, nichts normal, auch die Kellner nicht und nicht das Essen. Banale Salate und prätentiöse Vorspeisen gehen ungewöhnlich delikaten Fleischgerichten voraus, deren Beilagen makellos sein können. Zu volle Teller, lauwarme Rotweine. Doch mit etwas Glück bei der Auswahl ist ein fast vollkommenes Essen möglich.

The Dorchester, W. 1, Park Lane, Telefon 6298888. Das berühmte Luxushotel hat Londons größte Küchenbrigade. Ein begabter Schweizer Chef bringt es fertig, trotzdem eine individuelle Karte mit raffinierten Gerichten vorzulegen und produziert Meisterhaftes. Sonntags ist Roastbeeftag und der Five o'clock tea eine nationale Institution. Elegant und teuer.

The Connaught, W. 1, Carlos Place, Telefon 4997070. Das feinste und englischste aller Hotel-Restaurants, wo der Klomann dem Gentleman die imaginären Schuppen von der Jacke bürstet. Kann gut sein, ist sehr teuer.

Scotts, W. 1, 20 Mount Street, Telefon 6295248. *Scotts* behauptet, die besten Austern der Welt zu haben, bietet aber zu sehr hohen Preisen nur durchschnittliche Nobelküche mit viel Bechamelsauce für Gäste, die vorher Cocktails trinken und nachher im Bentley gefahren werden.

Wilton's, W. 1, 27 Bury Street, Telefon 9308391. Altes, intimes Restaurant in schönem Jugendstil – King Edward was here –, wo das Moorhuhn perfekt gebraten wird. Vor Brotsauce und Hummersuppe wird gewarnt. Der Stilton Blue ist erstklassig, der Portwein auch. Sehr teuer.

Rules, W. C. 2, 35 Maiden Lane, Telefon 8365314. Londons schönstes Restaurant, ein viktorianisches Schmuckstück mit furchtbarer Küche. Eßbar sind lediglich Austern, der Stilton und die Desserts. Dennoch Platz reservieren lassen (im Parterre).

Cafe Royal Restaurant, W. 1, 68 Regent Street, Telefon 4379090. Das Superding an Belle-Epoque-Dekor, einstmals Treffpunkt etablierter Künstler, heute fast Museum. Sündhaft schön und sündhaft teuer; eine Sünde wider die Vernunft wäre es, hier zu essen. Aber gesehen haben muß man es. Die wahnwitzige Vorstellung, Heinrich Böll könnte hier beim Champagner-Frühstück sitzen, macht den ganzen Unterschied zwischen englischer und deutscher Lebensart deutlich.

Simpson's-in-the-Strand, W. C. 2, 100 Strand, Telefon 8369112. Eine baedeckerreife, pittoreske Londoner Institution, weil alt und obwohl schmuddelig, kein Einlaß ohne Schlips und Jacke. Berühmt, wenn auch nicht gelobt, für original englische Küche. Wer hier ißt, wird woanders nur angenehm überrascht werden: schlimmer geht's nimmer.

Poons, W. C. 2, 41 King Street, Telefon 2401743. Nüchtern modernes Interieur, gleichgültige Bedienung, aber wahrscheinlich das beste chinesische Essen in London. Reis nicht pappig, Sojasauce unaufdringlich und Nudelteige hauchdünn.

Waterside Inn, Ferry Road, Bray-on-Thames (bei Eton), Telefon 0628206 91. Ein Illhaeuser-Duplikat *(Auberge de l'Ill),* direkt am Fluß gelegen, mit schönen Weiden vor den Glaswänden (Fensterplatz bestellen!). Fast gelungene Verbindung von *Nouvelle* und *Grande Cuisine.*Ofenwarmes Weißbrot, erstklassige Fischgerichte, vorbildliche Weinkarte. Trotz der überschweren Sahnesaucen das lohnendste Ausflugsziel außerhalb von London. Sehr teuer.

Mein Londoner Lieblingsrestaurant ist weder das beste noch das älteste noch das gemütlichste. Aber es bietet eine mehr als zufriedenstellende Küche, hat eine überaus liebenswürdige, ausschließlich weibliche Bedienung und wartet mit einer Weinkarte auf, die wegen der Auswahl an französischen Spitzenweinen zu Billigpreisen geradezu sensationell zu nennen ist. Es ist nur mittags geöffnet und ständig von Weinfreunden belegt, obwohl es eigentlich anderen Freunden vorbehalten sein sollte. Wer kennt's?

Manhattan Cooking

Besteht die amerikanische Küche wirklich aus Hot-Dogs plus Coca-Cola? Aus Hamburger, neben denen bayerischer Leberkäs eine kulinarische Offenbarung ist? Besteht sie aus einem Ozean von Tomatenketchup, aus verheerenden Kalorienbomben, die manchmal die Gestalt von Milchshakes, manchmal die von Torten annehmen, aber immer gleich süß schmecken? Leider muß ich sagen: ja! Jeder Schnellimbiß, jede Billigkneipe bestätigt es. Doch was bedeutet das, gemessen an den Gaumengreueln, die die gehobene Gastronomie der USA für den unvorbereiteten Touristen bereithält: Die matschigen Konservengemüse, die sumpfig-süßen Saucen zu grindigen Pommes frites in den feinen Country-Clubs; die offenbar landesübliche Methode, alles, was auf den Grill gelegt wird, durch zu scharfe, lange Hitze in bitteres und hartes Leder zu verwandeln, wofür der Gast wegen der feinen Umgebung kaum weniger als 10 Dollar berappen muß! Was bedeutet schon das wattige Sandwich aus der billigen Sandwichbar, gemessen am wattigen Sandwich, das in einem gepflegten Restaurant auf der Karte steht und von den Gästen als Mahlzeit akzeptiert wird!

Wer das einmal erlebt hat, wird nie wieder verständnislos amerikanische Touristen beobachten, die in München begeistert von Brauhaus zu Brauhaus ziehen, nie wieder jene verspotten, die es in den Kneipen am Rhein so *wonderful* finden.

Natürlich gibt es Ausnahmen, sogar viele. Aber der europäische Normaltourist, der nicht weiß, wo er sie suchen soll, wird sie schwerlich finden. Die meisten Ausnahmen gibt es in New York. New York bedeutet für den Touristen Manhattan. Dort wohnt er; in andere Stadtteile traut er sich, vernünftigerweise, nicht hinein. In Manhattan gibt es eine Handvoll Restaurants, deren Namen wahrscheinlich jedem bekannt sind, der zwischen der Freiheitsstatue und der Kunstlawine in den Museen noch Interesse für das Kulinarische aufbringt: *La Grenouille, Lutèce, La Caravelle,*usw. Sie sind alle sehr teuer und haben in New York den Ruf, den bei uns *Maître* in Berlin, *Tantris* in München und der *Adler* in Oberbergen haben, ohne jedoch einem dieser Restaurants wirklich ebenbürtig zu sein. Doch eine oder mehrere Spezialitäten haben sie alle, die man anerkennend bis entzückt genießen kann. Vielleicht ißt man sich sogar durch zwei, drei Gänge begeistert hindurch, bis zur *tarte de poire,* die aus einem kalten Blätterteigfloß besteht, auf dem ein ebenfalls kaltes Birnenkompott sich seit Tagen im Überleben übt.

The Four Seasons gehört zur Spitzengruppe. Möglicherweise trägt auch der Wolkenkratzer, in dem es sich befindet, zu seinem Ruhm bei. Er wurde von Mies van der Rohe erbaut. Ob der den heutigen Speisesaal tatsächlich als Restaurant vorgesehen hatte, weiß ich nicht. Jedenfalls erinnert die riesige, schummerig beleuchtete Halle bestenfalls an das Büro einer Fluggesellschaft, wenn einen nicht gleich Erinnerungen an pompöse Trauerhallen befallen. Der zweite Eindruck ist überaus positiv: Die auf den Tisch gestellten, frisch gebackenen *Croissants* sind so gut, wie man sie in Paris kaum findet; mundwässernd auch die beispielhafte Weinkarte. Doch wenn man als Vorspeise Austern mit Meerrettich und Ingwer ißt, schüttelt man nicht nur den Kopf wegen dieser Zusammenstellung. Eine kalte, süße Apfelsuppe als Vorspeise mit einem Cidre-Fruchteis war sehr, sehr lecker; nur hätte ich sie lieber als Nachspeise gegessen. Die überbackenen Muscheln waren auch nicht schlecht, doch war die *Sauce Mornay* zu hart geworden. Ähnlich unvollkommen auch die Lammkoteletts, die zwar innen schön rosa und zart, durch zu starke Grillhitze außen aber bitter verbrannt waren. Schließlich sehr süße, schwere Desserts, so daß sich der gute Eindruck, den der Seewolf in einer aromatischen Muschelsauce gemacht hatte, wieder abschwächte. Alles in allem hat man jedoch nicht das Gefühl, schlecht gegessen zu haben, eher das Gegenteil. Nur, ein denkwürdiges Ereignis ist es auch wieder nicht.

Bevor sich der Tourist in New York auf solche kulinarischen Abenteuer einläßt, sollte er folgendes wissen: Alle besseren Restaurants sind zu den Essenszeiten überfüllt, telefonische Tischbestellung ist also notwendig. Allerdings sind auch fast alle Restaurants, sofern sie nicht ausschließlich abends servieren, durchgehend geöffnet. Man kann also in aller Ruhe um vier Uhr nachmittags essen gehen, ohne sich um einen Platz Gedanken machen zu müssen. Übrigens ist es mittags billiger als abends; meistens unterscheidet sich auch die Abendkarte von der Mittagskarte durch eine größere, manchmal durch eine völlig andere Auswahl. Krawatte ist häufig Bedingung.

Sitzt man schließlich am Tisch, bekommt man automatisch ein Glas mit Wasser und Eiswürfel vorgesetzt. Ich weiß nicht warum. Vielleicht haben die Gäste Nachdurst von den Cocktails, die sie woanders bereits getrunken haben. Diese amerikanische Unsitte hat auch zur Folge, daß man häufig Gäste sieht, die das ihnen vorgesetzte Essen, ohne es überhaupt probiert zu haben, erst einmal verschwenderisch mit Salz bestreuen: nach drei doppelten Dry Martinis braucht die alkoholisierte Zunge schon starke Reize, um überhaupt noch etwas wahrzunehmen. Diese leicht beduselten Esser trinken dann zum Essen keinen Alkohol mehr, was sicher sehr löblich ist. Rätselhaft bleibt nur, wie die magenzerfetzende Kälte des Eiswassers mit dem Gesundheitstick der Amerikaner in Einklang zu bringen ist. Wein, vor allem ganze Flaschen, sieht man jedenfalls selten. Dabei ist die Auswahl allgemein groß, und die kalifornischen Weine sind – wer hätte das gedacht! – teilweise ganz phantastisch! Vor allem die roten *Cabernet Sauvignon* sind vielen französischen Weinen überlegen und außerdem billiger. Da sich auch die Weißweine aus Kalifornien vor keiner Konkurrenz schämen müssen, hat der Weinfreund in New York nichts zu befürchten.

Um so ängstlicher soll er nach Mahnung ortsansässiger Profi-Esser sein, wenn die Rechnung kommt. Seymour Britchky, der Verfasser eines halbwegs brauchbaren Restaurantführers, schätzt, daß eine von zehn Rechnungen Fehler zuungunsten des Gastes aufweist. Wie man das allerdings feststellt, in einer fremden Währung rechnend, die Speisekarte ist längst verschwunden, und vielleicht reichen die Englischkenntnisse nicht aus, der Blutalkohol dagegen doch – das ist eines der Probleme, mit denen sich Touristen nicht nur in New York herumschlagen müssen. Trinkgeld wird nicht mitberechnet, man gibt es dem Kellner erst, wenn er das Wechselgeld bringt: 15 bis 20 Prozent vom Endbetrag. Der enthält auch noch eine Steuer von acht Prozent, die auf den Speisekarten nicht berücksichtigt wird und erst auf den Rechnungen erscheint. Ein Hauptgericht zu 10 Dollar kostet also im Endeffekt knapp 13 Dollar. Geht man in eines der besseren Restaurants und macht sich für zwei Personen einen netten Abend mit einer Flasche Wein, Vor- und Hauptgericht, Dessert und Kaffee, wird man leicht 60 bis 90 Dollar los, und wenn es wirklich ein gutes Restaurant war, ist man noch billig davongekommen.

Abgesehen von den bewährten Restaurants der New Yorker Hitliste gibt es Restaurants, in die man gehen sollte,

weil das Essen überdurchschnittlich ist,

weil das Lokal sehenswert ist, wobei die Küche eine geringere Rolle spielt,

weil man dagewesen sein muß, wenn man im „richtigen" Lokal gewesen sein will.

Um mit der letzten Kategorie anzufangen: Da ist zuerst einmal das *21.* Schickeria-Treffpunkt, wo von den Jet-Set-Prinzessinnen bis zum TV-Sportreporter die Prominenz immer wieder mal reinschaut. Der Feinschmecker betritt solches Terrain nur zögernd. Doch groß ist die Überraschung, wenn er sich vom Nebentisch ab-

und seinem Teller zuwendet: Es ist alles anständig, teilweise sogar erfreulich gut. Zwar werden Austern und rohe Muscheln mit einem Ketchup-Meerrettich-Brei serviert, aber wer sich dieses scharfe Zeug auf seine Austern schmiert, ist selber schuld. Dafür ist die *Marmite Henry IV* makellos, die Bouillon frisch, Gemüse und Fleisch nicht zerkocht. Sodann die Spezialität, der *21-Burger*. Das ist, der Name deutet es an, ein Verwandter des Hamburgers, also ein Klops, eine Boulette. Aber so saftig, so magenschonend, aus reinem Filetfleisch, nicht verbrannt und ohne harte Kruste, wünscht man ihn sich immer, so könnte er sogar – ketzerischer Gedanke – manchem Rumpsteak den Rang ablaufen. Die Bohnen dazu aus der Konserve; aber die Desserts wieder von bester Qualität. Das alles in einer Atmosphäre, die keineswegs steif und elegant ist, sondern so locker, daß es sich die Kellner schon mal leisten, mit einer Hand in der Tasche zu servieren. (Fünf erstklassige Parfüms auf der Damentoilette, leicht obszöne Fresken bei den Herren, und telefonieren kann man, wenn man dabei beobachtet werden will, vom Tisch aus.)

Nicht ganz so gut ist die Küche bei *Sardi's,* dafür hat das Restaurant einen gleichermaßen großstädtischen und altmodischen Charme, wie man ihn sogar in London selten findet. *Sardi's* liegt in der Theatergegend, hier verkehrt alles, was mit der Bühne zu tun hat.

Um 18 Uhr ist es brechend voll, aber zwei Stunden später, wenn die Theater spielen, essen nur die Kellner. Nach dem Theater wird *Sardi's* wieder gestürmt. Mögen auch die *Cannelloni* breiig sein, wegen des bunten Betriebs lohnt sich *Sardi's* allemal.

Wer das literarische New York der zwanziger und dreißiger Jahre sucht, den wird es ins *Algonquin* treiben. Er findet es in einer Straße, die heute nicht mehr zu den besseren gehört, und erlebt eine Küche, die einmal mehr beweist, daß Intellektuellen, die hier seit den Tagen der Dorothy Parker und Robert Benchley immer noch verkehren, die sinnlichen Genüsse der Tafel oft zweitrangig sind. Ein Drink in der traditionellen Halle sollte genügen.

Der genügt auch in *Maxwell's Plum.* Und doch muß man sich das einmal angesehen haben, dieses augenbetäubende Stilgemisch aus allem, was man sich unter Hollywoodkitsch vorstellt: echte Gaslaternen und falsche Tiffanylampen an den Wänden, bunte Glasfenster und gehämmerte Kupferbleche über einem; Messingrohre, Jugendstilspiegel und Hirschgeweihe – alle Manierismen in chaotischem Nebeneinander. Dazwischen drängen sich die jungen In-People, laut und glücklich, weil sie hier sind. Da sich die ständig überfüllte Bar in guter Aussichtsposition mitten im Lokal befindet, sollte man auf einen Tisch verzichten und das Essen jenen überlassen, die die stärkeren Nerven haben.

Eher bürgerlich ist die *Oyster Bar* in der Grand Central Station, ein buntgeschminktes, riesiges Kellergewölbe in New Yorks größtem Bahnhof, einem Münchener Bierkeller nicht unähnlich. Aber ein Blick auf die Speisekarte belehrt, worum es sich hier handelt. Dies ist der Ort, wo man ißt, was im Meer schwimmt. Fische aller Sorten und in allen Variationen: Austern, Muscheln, Hummer – so frisch wie hier gibt es das alles wohl kaum ein zweites Mal. Natürlich darf man nicht gerade aus dem Elsaß gekommen sein und noch die Erinnerung auf der Zunge haben, was Elsässer Köche aus Fischen zu machen verstehen. Außerdem haben die Hummer aus Maine wenig Eigengeschmack, wie auch die Austern merkwürdig wenig nach Meerwasser schmecken. Der nach New York ausgewanderte französische Maler Arman versicherte mir ernsthaft, daß sie aus hygienischen Gründen nach dem Öffnen gewaschen würden. Ob wahr oder nicht – Fischesser können hier trotzdem glücklich werden; die Karte ist riesig.

Auch ausgepichte Gourmets müssen nicht ständig wehmütig an Paris denken. Dazu besteht jedenfalls keine Veranlassung in *The Box Tree,* einem sehr kleinen Lokal, holzgetäfelt, viele Blumen, Kerzen, edles Geschirr, alles ein bißchen etepetete, aber der Koch – er stammt aus Boston – bietet ein Menü, das man eine kleine Sensation nennen kann: sehr aromatische, lockere Puddings aus Schellfischpüree mit leichtem Rauchgeschmack; eine schaumige Geflügellebermousse; ein *Gratin d'ecrevisses,* in dem die Krebsschwänze zwar etwas mehlig, also ehemals tiefgefroren waren, das aber wiederum herrlich gewürzt und leicht war; eine verblüffende Tomatensuppe mit abgeriebener Orangenschale; der Lammrükken so perfekt wie die mit Salbei gebratene Hühnerbrust. Daß Hühner und Lämmer nicht ganz den aromatischen Eigengeschmack haben, den man in Europa bei den Spitzenqualitäten erwarten kann, scheint eine amerikanische Eigenart und ist das größte Problem für die dortigen Köche. Wenn jedoch einer hingeht und diese Produkte frisch und nicht tiefgefroren verarbeitet (was sehr selten geschieht) und noch darüber hinausgehende Ambitionen hat, kann das Resultat wie in *The Box Tree* ein kulinarisches Fest sein. Wenn sie nur die Rotweine nicht so lauwarm an den Tisch brächten ...

Von gleich hoher Qualität, aber schlichter im Stil, fand ich die Küche im *Le Refuge*. Hier praktiziert ein junger Franzose die Methoden der *Nouvelle Cuisine* mit überzeugendem Erfolg. *Le Refuge* ist fast eine Kneipe zu nennen: eng, dunkel, nicht sonderlich gemütlich, und wenn man Pech hat, sitzt einem ein Gitarrenspieler im Nacken und zupft zu den vorzüglichen, leichten Gerichten, den frischen Gemüsen und saftigen Fischen, einem pling, plingeling etwas ins Ohr. Doch wenn man wissen will, wie hinreißend eine Himbeertorte schmecken kann, hier erfährt man es auf unvergeßliche Weise.

Ebenfalls sehr klein ist die *Casa Brazil*. Trotz des Namens kein brasilianisches Lokal; in der Familie der kochenden Besitzer überwiegt der deutsche Anteil. Die Küche ist glücklicherweise das, was man in New York „continental" nennt, und eher an bester französischer Hausmannskost orientiert. Eine Speisekarte gibt es nicht, täglich nur abends ein Menü. Ich aß es mit großem Genuß. Viele kleine Portionen: warme Fleischpastete, kalte Scampis in leichter Sahnesauce, Salat ohne die übliche Dressingflut, Kalbsmedaillon, Lammkoteletts oder Roastbeef Wellington – alles perfekt. Nur die Ente war etwas zu lange gebraten. Doch noch im Detail, bei den Gemüsen und bei den Süßspeisen – Rote Grütze, Zitronenschaum –, ungeteilte Bewunderung für diese sympathische Küche. Die *Casa Brazil* hat wie viele kleine Restaurants keine

Erlaubnis, Alkohol zu verkaufen. Also bringt man seinen eigenen Wein mit. Das gibt dem Weinfreund Gelegenheit, im Weingeschäft mit der schönsten und größten Auswahl der Welt einzukaufen, bei *Sherry Lehman* auf der Madison Avenue Nr. 679.

Alle besseren Restaurants sind mehr oder weniger der französischen Küche verpflichtet, verständlicherweise. Auch das *Coup de Fusil,* das zu den schicken Etablissements gehört. Hier sind besonders die raffinierten Saucen zu rühmen, allerdings auch viel zu süße Desserts zu beklagen. Die Rotweine, einschließlich Beaujolais, haben eine Temperatur, bei der ein Arzt eine Lungenentzündung diagnostizieren würde. Doch wer Klatschspaltenprominenz zaghaft am Omelette naschen sehen will, der ist hier richtig.

Berühmt in New York sind auch die Steakhäuser; unter ihnen wird *Christ Cella* an erster Stelle genannt. In den ziemlich trostlosen Räumen verblaßt der Nimbus jedoch ziemlich schnell, wenn man einem Riesensteak ausgeliefert wird, dessen Umfang geradezu unappetitlich und dessen Qualität auch nicht besser ist als die der Steaks im eleganteren *Coach House.* Der Geschmack des gleichermaßen renommierten Käsekuchens reicht ebenfalls nicht aus, um eine begeisterte Ansichtskarte nach Hause zu schicken.

Unter den zahllosen chinesischen Restaurants erfreut sich *Hunam* eines besonderen Rufes. Tatsächlich ist die Küche dort den herkömmlichen Sojasaucenverwertungsstätten haushoch überlegen, wenn auch das halbdunkle Lokal nicht eben ein Platz ist, an dem man lange verweilen möchte.

Das kann man auch vom *Waldorff-Astoria* nicht sagen, das mancher Tourist wegen seines legendären Rufes sicher aufsuchen möchte. Das alte Hotel ist mit einem immensen Aufwand an schlechtem Geschmack renoviert worden. Wer trotzdem dort ißt, wird geradezu verwundert sein, daß die Küche so schlecht nun wieder nicht ist, wenn auch Unregelmäßigkeiten sich bei einem Betrieb dieser Größe wohl kaum vermeiden lassen.

Unter den italienischen Restaurants in Manhattan fällt *Pronto* aus dem Rahmen. Es ist neu, attraktiv weiß in weiß eingerichtet, und man kann beruhigt zusehen, wie die Nudeln ständig frisch gemacht werden. Daß sie dann doch nicht immer *al dente,* sondern zu weich gekocht werden, scheint der Beliebtheit des Restaurants bei den Gästen keinen Abbruch zu tun.

Im *La Goulue* ist es neben einigen schmackhaften Gerichten – andere verraten ihre Herkunft aus der Konserve oder Tiefkühltruhe zu deutlich – die hübsche Imitation eines Pariser Bistros, die dieses Lokal mittags zu einem beliebten Treffpunkt der New Yorker macht.

Schließlich gibt es in Manhattan ein neunzig Jahre altes deutsches Restaurant, *Lüchow's,* das sogar nach Meinung nicht so anspruchsvoller Esser die schlechteste Küche der Riesenstadt bietet – was noch geschmeichelt ist, wie ich meine. Dennoch muß man *Lüchow's* gesehen haben. Am besten läßt man das Taxi draußen warten und läuft staunend durch dieses unvergleichliche, altdeutsche Monstrositätenkabinett. Gegen eine solche Anhäufung von Büffelhorn-Germanen an den Wänden, Oktoberfestgirlanden unter der Holzdecke, Walhalladekorationen, Kaiser-Wilhelm-Nippes und Teutonen-Kitsch wirken die bayerischen Schlösser Ludwigs II. wie eine Musterschau schlichten, skandinavischen Designs.

Am glücklichsten ist jedoch der Tourist zu preisen, dem es nicht so sehr aufs Essen ankommt. Er geht in die *Oak Bar des Plaza* Hotels, bestellt einen offenen Rotwein (der Weiße ist weniger gut) und sättigt sich an den herumstehenden frischen, gesalzenen Erdnüssen aus dem Carter Country, vor dem Fenster hat er den Central Park, über sich ein pompöses Hotel und, wenn es 17 Uhr ist, in sich die Gewißheit, zur richtigen Zeit am interessantesten Treffpunkt New Yorks zu sein.

Ein Barbar im Teehaus

Es stimmt nicht, daß alle Japaner Giftschlangen essen und dicke, fette Raupen; das tun nur wenige. Es ist auch nicht wahr, daß es als Delikatesse gilt, fingerlange Jungaale lebend herunterzuschlukken; dann müßte es mehr Restaurants geben, die auf sowas spezialisiert sind. Auch ist der *Fugu,* der Kugelfisch mit der tödlich giftigen Galle, keineswegs eine teure Rarität, an der exaltierte Kamikaze-Esser ihre Todesverachtung beweisen, sondern weder teuer noch selten. Auch der Normalbürger in Tokio geht ab und zu in eines der vielen Restaurants, deren Koch ein anerkannter Fugu-Spezialist ist, und hofft, wenn er die dünnen, rohen Fischscheiben ißt, daß es auch diesmal gutgehen möge.

Merkwürdig ist allerdings, daß der Fugu keineswegs besser schmeckt als andere Fische. Wer sich also der Gefahr aussetzt,

beim Fugu-Essen tot auf die Bastmatte zu sinken, kann ein völlig normaler Feinschmecker auch nicht sein. Jedenfalls nicht in den Augen eines Europäers. Von Europa aus gesehen ist die japanische Küche überhaupt alles andere als normal. Das liegt nicht an der unvermeidlichen Sojasauce, nicht am unbegreiflichen Verzicht auf Butter, Sahne und Käse. Es hat auch nichts mit dem fehlenden Lamm- und Kalbfleisch zu tun, nichts mit der Weigerung der Eidechsenesser, Tauben zu braten und Kaninchen auf die Speisekarte zu setzen. Das Absonderliche besteht darin, daß es den Japanern nicht so sehr darauf ankommt, wie eine Speise schmeckt, sondern wie sie aussieht. Dieser Vorrang der ästhetischen gegenüber den sinnlichen Empfindungen bewirkt zweierlei: einmal einen ungeheuren Reichtum an Nuancen, zum anderen eine fehlende Mannigfaltigkeit bei den Nahrungsmittelsorten. Da uns Europäern das Gespür für die feinen Nuancen fehlt, bemerken wir zunächst nur die Begrenzung auf relativ wenige Grundprodukte, und zwar spätestens nach einer Woche Aufenthalt in Japan. Das ist der Zeitpunkt, wo es viele Touristen – entgegen früheren Vorsätzen – in ein französisches Restaurant oder in die in Tokio auch vorhandenen Schweinebraten-Gedächtnisstätten deutscher Herkunft treibt. Dabei wirkt japanisches Essen nicht nur auf den ersten Blick bunt und abwechslungsreich. Doch wenn man all die bunten Sachen und Sächelchen, diese verschiedenartigen Fische in ihren verschiedenartigen Zubereitungen und die sorgfältig wie für die Puppenstube zurechtgeschnitzten und -geschnippelten Gemüsepartikel immer wieder in höchstens drei Variationen ein und derselben Sojasauce taucht, bevor man sie in den Mund schiebt, dann hat der Gedanke an gedünstete Kalbsnieren in einer mit Sahne aufgeschlagenen Chablis-Sauce tatsächlich etwas Verführerisches.

Was allerdings die japanische Sojasauce angeht, so ist sie längst nicht so penetrant und so klebrig-dick wie die chinesische. Und schon nach wenigen Tagen Aufenthalt in Japan ist der physische Organismus des Europäers die schweren, fetten Speisen nicht mehr gewohnt. Die Zunge protestiert: Alles scheint zu stark gesalzen, zu deftig gewürzt. Wenn die japanische Küche nur einen einzigen Vorzug hätte, es wäre ihre unvergleichlich bessere Bekömmlichkeit, die Leichtigkeit der Speisen, ihre Fettarmut und der Mangel an Kohlehydraten. Sogar das Stärkemehl, mit dem chinesische Köche bei allen Gelegenheiten so leichtfertig umgehen, ist in der japanischen Küche verpönt. Sie ist deshalb eine so ideale Diät, daß nur ein Argument uns Europäer auf die Dauer davon abhalten kann, unserer gewohnten, ungesunden Ernährungsweise adieu zu sagen: Auch die Japaner erreichen kein höheres Durchschnittsalter als wir. Vielleicht ist ihre geistige Beschäftigung mit den unzähligen Möglichkeiten, ein Essen zu komponieren und zu arrangieren, genau so unbekömmlich wie das gedankenlose Herunterschlingen fetter Würste. Denn wenn es theoretisch möglich ist, fünfzehn verschiedene kleine Happen in über tausend verschiedenen Reihenfolgen zu essen, so macht die japanische Küche von dieser Möglichkeit konsequenten Gebrauch. Mit anderen Worten: Ob ich einen mit Algen umwikkelten, süß-sauren Reiskloß vor oder nach einem Reiskloß esse, der mit gehacktem Ei vermischt und mit einem winzigen Kürbisstück verziert ist, dieser Unterschied ist von unendlich größerer Bedeutung als in der europäischen Küche die Überlegung, ob zum Lammkotelett grüne Bohnen, Bohnenkerne oder Selleriepüree als Beilage herhalten müssen. Wir entscheiden uns für das eine oder andere nur deshalb, weil wir seinen Geschmack vorziehen. In Japan dagegen hat die jeweilige Entscheidung eine tiefe Bedeutung, die wenig mit dem Kulinarischen, aber viel mit dem Ästhetischen zu tun hat. Worin die Bedeutung im einzelnen besteht, erlernt man als Europäer nie. Sogar Japaner geben zu, daß sie auch von ihnen oft mehr erahnt als mit Sicherheit erkannt wird. Es läßt sich – vereinfachend – die Feststellung machen, daß für einen Japaner der Wohlgeschmack beim Essen erst an zweiter Stelle steht, weil ihm ein Symbolgehalt wichtiger ist, den er eventuell nicht einmal begreift.

Nun ist das Nichtbegreifen, dieses Eingeständnis eigener Unvollkommenheit, ein traditioneller und wesentlicher Teil des japanischen Lebensgefühls; man kennt die vielen Anekdoten über große Künstler, die sich im hohen Alter immer noch als Lernende begreifen. Dieses Streben nach letzten Endes unerreichbarer Vollkommenheit kommt in der *Teezeremonie* besonders stark zum Ausdruck. Dabei handelt es sich um einen viele Jahrhunderte alten Kult des Teetrinkens, bei dem es auf sehr viel mehr ankommt, als auf die Qualität des dabei konsumierten Tees. Japanerinnen aus besseren Familien belegen kostspielige Kurse, wo sie unter Anleitung berühmter Lehrer jahrelang lernen, die Regeln der Zeremonie möglichst perfekt zu beherrschen. Diese erstrecken sich nicht nur auf den eigentlichen Ablauf des Trinkens – wie viele Schlucke darf man nehmen? Wie hält man die Fingerchen? –, sondern auch auf die Maße des Raums, in dem der Tee getrunken wird, auf die Jahreszeit, die Landschaft vor dem Fenster, das Rollenbild in der Nische, die Anordnung der Blumen – kurz, im Vergleich zu diesem streng vorgeschriebenen Zeremoniell muß ein höfisches Dejeuner bei Ludwig XIV. wie ein wüstes Picknick gewirkt haben. Bezeichnenderweise gehören die notwendigen Gerätschaften wie Teeschalen, Holzkohleofen, Teedose, Kessel, Wassertopf usw. zu den teuersten Gegenständen eines besseren Haushalts: Die schlichten Keramikgeräte sind oft viele tausend Mark wert!

Touristen haben in den Großstädten die Möglichkeit, an Teezeremonien teilzunehmen. Doch sogar in Japan lebende Europäer geben zu, daß ihnen das prätentiöse Getue unverständlich bleibt und sie langweilt. Entschieden kurzweiliger ist das Teezeremonien-Essen, *Kaiseki ryori* genannt, das sich im Privathaushalt manchmal an die Teezeremonie anschließt, in vielen Restaurants aber als Spezialität angeboten wird.

Japanische Restaurants sind meistens klein, oft geradezu winzig. Aber nur selten hockt man dort so eng beieinander wie bei uns sogar in den größten Gaststätten, wo den Wirten die Bequemlichkeit der Gäste egal ist, solange sie noch einen gewinnbringenden Tisch mehr ins Lokal quetschen können. In Tokio gibt es, wie in vielen anderen Metropolen, jegliche Art von Küche zu probieren.

Deshalb ist die japanische Hauptstadt als Testgebiet für den kulinarisch interessierten Touristen besonders geeignet. Zwei Schwierigkeiten hat er zu überwinden: Erstens die Tatsache, daß er die japanisch gedruckten Speisekarten nicht lesen kann und daß ihn kaum jemand verstehen wird; zweitens den Umgang mit Eßstäbchen. Die Stäbchen sind, wenn der Gast sie aus der Papierhülle gezogen hat, *ein* Stäbchen: es sind Wegwerfstäbchen aus billigem Holz, die am oberen Ende noch nicht auseinandergesägt worden sind. Die bricht man auseinander und nimmt sie in die rechte Hand. Irgend jemand wird einem schon erklären, wie man sich anstellen muß, um nicht völlig bedeppert dazusitzen. Spätestens jetzt, wenn einem eine kichernde Serviererin freundlich und geduldig die richtige Fingerhaltung beibringt, lernt man die fast unmenschliche Höflichkeit der Japaner schätzen. Nur mit Schaudern stellt man sich vor, was in einem deutschen Gasthaus passieren kann, wenn dort ein exotischer Ausländer Platz nimmt, ohne zu wissen, wie man mit Messer und Gabel umgeht. („Du wollen essen Menschenfleisch?")

Die dargebotene Speisekarte untersucht man kurz auf eine eventuelle Zweisprachigkeit, was immer englische Untertitel bedeutet. Hat sie die nicht, dann gibt es zwei Möglichkeiten. Entweder verläßt man das Lokal mit leerem Magen und bittet die Kellnerin pantomimisch vor die Tür. Denn dort, in einem Schaukasten oder direkt im Schaufenster, sind alle Herrlichkeiten aufgebaut, die es innen zu essen gibt – aus Wachs. Diese Imitationen sind außerdem beschildert, mit Bezeichnung der Speise (was man wieder nicht lesen kann) und Preisen in lateinischen Zahlen. Mit Hilfe der Zeichensprache macht man Miss Butterfly nun klar, was und wieviel man vertrauensvoll zu speisen wünscht. Nun kann man aber nicht immer die Kellnerin nach draußen schleppen. Besonders in kleinen, traditionellen Restaurants herrscht oft eine so vornehm-feierliche Atmosphäre, daß man es nicht wagt, die Herrschaften mit der vulgären, europäischen Dummheit zu belästigen. Vor allem, wenn es sich um ein Restaurant handelt, in dem man nicht auf Stühlen sitzt. Dort heißt es nämlich: Schuhe aus! (Auf lochfreie Socken achten!) Will man also wieder vor die Tür... Aber das sind eigentlich die einzigen Schwierigkeiten. Den Kummer, den die Japaner mit uns haben, sieht man gottlob nicht. Denn nicht nur, daß der Wirt, wie jeder gute Gastronom, mit dem Gast gern dessen spezielle Wünsche diskutieren möchte („Wollen Sie lieber die kleinen braunen oder die kleinen grünen Algen im Süppchen, Verehrtester?"), es betrübt ihn zutiefst, daß er wegen der Sprachbarriere nicht einmal das Mindestmaß an Höflichkeiten an den Gast bringen kann. Irgend etwas Nettes wird er also noch sagen, der freundliche Herr, vielleicht kann er es sich auch nicht verkneifen, einen wohlgemeinten Vorschlag zu machen – was die Situation nur verschlimmert. Das Gefühl, sich lächerlich zu machen, hatte der unerfahrene Europäer schon beim Betreten des Lokals; jetzt, ohne einen Finger gerührt zu haben, kommt er sich vor wie ein Barbar, und es steht zu befürchten, daß wir in den Augen vieler Japaner auch so wirken.

Hat man schließlich seine Bestellung glücklich aufgegeben, wird einem auf einem Holzschälchen eine Papierwurst serviert. In der Papierhaut befindet sich ein zusammengerolltes, kochend heißes, nasses Frottétuch. Damit reinigt man sich die Finger und, wenn es sein muß, auch das Gesicht. Im Sommer sind die Tücher eisgekühlt. Beides empfindet man sofort als so angenehm, daß man sich wundert, warum unsere Gastronomie diese Sitte nicht übernommen hat. Später werden noch einmal neue Tücher gereicht, ungefähr zu dem Zeitpunkt, wo bei uns in besseren Lokalen die Krümel vom Tisch gefegt werden. Und dann gibt es, natürlich, Tee. Er kommt so automatisch auf den Tisch, daß ich annehme, er wird nicht einmal berechnet. Als nächstes wird man gefragt, was denn der Herr aus Europa zu trinken gedenke, Sake oder Bier? Sake (sprich: Sacke, mit scharfem S) ist das japanische Nationalgetränk. Da es ihn auch in deutschen Kaufhäusern gibt, ist dieser Reiswein für Bundesbürger nicht unbedingt neu. Er ist wasserklar und wird warm in kleinen Krügen serviert, die so aussehen wie die Blumenvasen, die sich manche Autofahrer ans

Armaturenbrett hängen. Man trinkt ihn aus henkellosen Puppentassen. Der erste Schluck ist enttäuschend. So müßte, denkt man, warmgemachter „Piesporter Goldtröpfchen" mit einem Schuß Doornkaat schmecken. Die Japaner behaupten, beim Sake gäbe es unzählige Nuancen des Geschmacks, was man gerne glaubt. Eine an Frankenrieslinge und klassifizierte Bordeaux gewöhnte Zunge braucht jedoch mindestens eine Woche, um wenigstens einige Unterschiede zu registrieren. Aber auch Bier ist sehr populär, und man kann beides zusammen trinken, das eine wegen der Wirkung, das andere gegen den Durst. Übrigens wird man in den ersten Tagen immer mit der linken Hand trinken, weil man es nicht wagt, die einmal richtig gefaßten Eßstäbchen abzulegen. Da man unter Umständen auch ganze, gebratene Fische mit den Stäbchen zerlegen und essen muß sowie größere Fleisch- und Fischbrocken und halbe, hartgekochte Eier, springt dem Neuling hin und wieder etwas aus den krampfhaft gehaltenen Hölzern, und das ist der Moment, wo man sich über das Fehlen von Stoffservietten auch in besseren Lokalen wundert. Es empfiehlt sich also, die kleinen Schüsseln und Schalen nahe an den Mund zu heben. Übrigens gibt es im Ginza-Viertel von Tokio viele Restaurants, die Messer und Gabel auf den Tisch legen. Die Küche ist dann meistens auch etwas verwestlicht, was ihrer Qualität allerdings nicht bekommt.

Das Essen besteht immer aus mehreren Gängen bzw. aus einer unaufhörlichen Reihenfolge von verschiedenen, in der gleichen Art zubereiteten Dingen. Was in welcher Reihenfolge gegessen werden muß, ist nicht leicht zu erkennen. Suppen, das steht fest, ißt man am Ende eines Menüs, die kalten Sachen zuerst. Die Rechnung verlangt man wieder pantomimisch, Trinkgeld gibt man nicht, und dann ist man bereit für die Abschiedszeremonie. Die besteht darin, daß man, je nach Klasse des Restaurants – vielleicht hängt es auch davon ab, ob man einen guten oder schlechten Eindruck gemacht hat – durch ein Spalier von sich immer wieder verbeugenden und Danksagungen murmelnden Menschen geht.

Wie das nun schmeckt, was man unter den hier beschriebenen Umständen zu essen bekommt, ist schwer zu sagen, weil viele, ja die meisten Speisen der japanischen Küche überhaupt nicht mit europäischen Maßstäben beurteilt werden können. Nach unseren Geschmackskategorien hat da vieles mehr Ähnlichkeit mit marinierten Badeschwämmen, mit Reifen-Flickzeug oder eingelegten Notizbüchern als mit dem, was wir unter Delikatessen verstehen. Umgekehrt muß einem Japaner, der zum ersten Mal nach Europa kommt, unser Essen wie Viehfutter schmecken, und die Art, wie wir es servieren, wird ihn an noch Schlimmeres denken lassen. Es ist also hier eine objektive Beschreibung nicht möglich. Wer all diese undefinierbaren Dinge immerzu köstlich und herrlich findet, ist sicherlich ein Snob, und wer sie grundsätzlich für ungenießbar erklärt, ein Ignorant. In ihrer Eignung für die europäische Zunge stehen nach meinen Erfahrungen folgende Speisen an der Spitze:

Tempura = fritierte Garnelen, Fische und Gemüse

Sashimi = rohe Fischstücke

Yakitori = gegrillte Fleischspieße

Shabu shabu = Rindfleisch und Gemüse, gekocht

Sukiyaki = Rindfleischfondue

Die Ähnlichkeit der Tempura mit den Fritüren der Mittelmeerländer (Scampi fritti, etc.) ist nicht zufällig. Portugiesische Mönche brachten die Tempura im 16. Jahrhundert nach Japan. Ich hatte das Glück, sie bei Herrn Ituya Honda, einem anerkannten Tempura-Meister, in seinem Restaurant *Tempachi,* No. 6. 6–3 Ginza, zu essen. Das Restaurant ist klein, je sechs Personen können auf Stühlen vor zwei Theken sitzen, hinter denen Herr Honda und ein zweiter Koch an der Friteuse stehen und schweigend und behutsam immer neue, immer andere mundgerechte Happen ins heiße Öl legen. Auch die Gäste, in Pantoffeln und mit vorgebundener Schürze, essen schweigend und vermeiden, dem Meister allzu aufdringlich auf die Finger zu sehen, wenn er mit seinem 3 cm langen Daumennagel die grauen und rosa Garnelen von ihrem Panzer befreit; wenn er Chrysanthemenblätter einseitig mit Teig bestreicht; wenn er immer wieder Teigreste aus dem Öl fischt. Fünfzehn Jahre muß einer üben, bis er als Tempura-Koch anerkannt wird, Meister darf er sich dann noch lange nicht nennen...

Ich notierte nach und nach sechzehn verschiedene Fisch- und Gemüsestücke, die er für uns zuerst in Eierteig und dann ins Öl tauchte: Garnelen der verschiedensten Rassen und Größen, Früchte vom Gingkobaum, Scheiben von der Lotoswurzel, Blüten, Paprikastreifen, Krakenstücke, Spargelstangen, ganze Zwiebeln, Schwertfischfilets, frischer Ingwer, Pilze, und das alles so leicht, der Teig so hell und locker, daß daneben jede europäische Fritüre deftig und grob wirkt: eine ganz große Delikatesse! Natürlich tauchten wir, wie es sich gehört, alles in eine mit Orangensaft verdünnte Sojasauce oder wahlweise in einen Brei aus Rettichpüree, Sake, Sojasauce und Wasser. Bei allen Einwänden gegen diese braune Allroundsauce muß ich zugeben, daß sie bei der Tempura der bei uns üblichen *Sauce Tartare* bei weitem vorzuziehen ist. Als Beilagen wurden uns in einer kleinen Schüssel eine der typischen bunten und kalten, süßsäuerlichen Gemüsemischungen serviert. Bei dem Wort „Mischung" darf man nun nicht an das lieblose Durcheinander eines gemischten Salats denken. Hier lagen die einzelnen Gemüseteile so übereinandergeschichtet, daß ihre verschiedenen Farben schön zur Geltung kamen und sich ein rundgeschnittenes Stück Rettich gegen einen länglichen Lattichstengel grafisch abhob. Auch spielt bei solchen Mischungen die Konsistenz der einzelnen Bestandteile eine wichtige Rolle. Wenn das eine Gemüse weich ist, soll das nächste hart sein, das dritte vielleicht holzig, das vierte wattig usw. Zu einem deutschen Gemüseeintopf, in dem alles gleichmäßig weich gekocht ist, läßt sich kein größerer Kontrast denken. Ich gebe jedoch zu, daß ein Pichelsteiner meinem Geschmack mehr entspricht; daß es sich dabei aber um eine Primitivform des Kochens handelt, die einen japanischen Küchenchef zum Harakiri treiben würde, ist ebenfalls nicht zu übersehen. Schließlich gab es bei Herrn Honda noch eine merkwürdige Spezialität: In eine Suppenschale wird Tee gegossen, Reis dazugegeben, Algenstreifen sowie eine winzige Portion scharfer Rettich hineingerührt. Das ißt man dann als Suppe, und tatsächlich schmeckt es auch nicht mehr nach Tee. Das Dessert – drei frische Erdbeeren, jene wunderbaren japanischen Erdbeeren mit dem intensiven Aroma, und wieder etwas Tee – bekamen wir in einem kleinen Vorraum. Restaurants sind nicht billig, meistens sogar teuer und können sehr teuer sein, zum Beispiel, wenn man die berühmten Kobe-Steaks ißt. Das ist Rindfleisch von Ochsen, die massiert und mit Bier gemästet werden. Ich habe noch nie ein derartig feines, von Fettstreifen marmoriertes Rindfleisch gesehen. In Tokio kostet das Kilo von der Lende (Rumpsteak) um die 200 Mark! Da darf man sich nicht wundern, wenn in einem Steakrestaurant eine Portion Steakfleisch 50 bis 55 Mark kostet. Ein Steak nach europäischer Art bereiten die japanischen Köche daraus aber nur selten. Meistens schneiden sie das Fleisch in schinkendünne Scheiben, und der Gast kocht es in heißer Brühe am Tisch *(Shabu shabu)* oder brät es, ebenfalls am Tisch, leicht an, worauf es dann in einer Mixtur aus Sojasauce und Sake fertig geschmort wird. Die letztere Version ist das bekannte Sukiyaki (sprich: Skiyaki), und ich halte beides für eine bedauerliche Verschwendung. Denn da die dünnen Fleischscheiben in Sekunden durchgebraten bzw. -gekocht sind und damit ihre Saftigkeit einbüßen, ja, beim Sukiyaki oft verbrutzeln, geht all das verloren, was das Fleisch der Kobe-Ochsen unserem Rindfleisch so überlegen macht. Daß die Fleischstücke natürlich noch in Sojasauce getunkt werden – sie sind ja sonst nicht im geringsten gewürzt –, versteht sich von selbst. Es ist leider nicht zu leugnen: Das Schönste beim Shabu shabu ist der Anblick der dekorativ um den Wasserkessel aufgebauten Rohprodukte. Hier ißt das Auge nicht nur mit, es stiehlt der Zunge die Schau.

Die rohen Fische, die ich an die zweite Stelle setze, erscheinen manchen Europäern, die ohne Bedenken Tatar und Austern essen, zunächst ungewöhnlich. Dabei gibt es sie auch bei uns schon seit geraumer Zeit, genauer gesagt: in französischen Restaurants, die sich der Neuen Küche verschworen haben. Sogar in der Bundesrepublik servieren ehrgeizige Köche rohe Lachsforellen, Petersfische und ähnliche Delikatessen in dünnen Scheiben, die nur leicht mit Olivenöl und Zitrone beträufelt werden. Ich meine, daß es in der Fischküche, abgesehen von einigen klassischen Leckerbissen wie Seezungen in Champagnersauce oder frischer Lachs mit Sauerampfer, keine ähnlich delikate und angenehme Zubereitungsart für Fisch gibt.

Auch die Japaner sind dieser Meinung: Sashimi ist bei ihnen eines der beliebtesten und festlichsten Essen. Theoretisch müßte es überall gleich gut schmecken, da ja ein Koch dabei nichts anderes zu tun hat, als die verschiedenen Fische kunstgerecht in portions-große Stücke zu schneiden. Doch wie es beim Rindfleisch verschiedene Qualitäten gibt, so ist auch das Fleisch des Thunfischs von unterschiedlicher Güte. Und mit Thunfisch beginnt und endet ein Sashimi-Essen. Sein mageres, rotes Fleisch oder das der rosa und etwas fetteren Sorte, steht immer im Mittelpunkt beim Sashimi. Entsprechend dem Rang, den die rohen Fische an der japanischen Tafel einnehmen, sind die Sashimi-Platten besonders kunstvoll verziert. Im japanischen Restaurant des *Keio-Plaza*-Hotels (es beherbergt in 45 Stockwerken unter anderem neun Restaurants, an deren Spitze ein deutscher Chefkoch steht!) wurde uns ein ganzes Schiff voller Fischstücke und -scheiben serviert, das den kunstvollen Dekorationen europäischer Konditoren in nichts nachstand. Steinbutt, Rouget, Hummerfleisch, alles war taufrisch, der Thunfisch butterweich und die Rechnung dem Aufwand entsprechend hoch. Nur fünfhundert Meter weiter, nahe dem Shinjuku-Bahnhof, aßen wir in einer auf Fisch spezialisierten Kneipe, ein endloses Menü, das unter anderem auch rohen Thunfisch enthielt (zugegeben, er war nicht so zart, wie im *Keio-Plaza,* aber auch rohe Muscheln und rohe Tintenfischstücke, sowie gebratenen Aal, der sogar hier, in einer Pinte, wie man sie in europäischen Großstädten in der Marktgegend findet, sorgfältig auf dekorativem Farnkraut angerichtet war. Danach bekam jeder eine winzige, nicht ausgenommene und im Ganzen gebratene Forelle von wunderbar kräftigem Geschmack, darauf folgte ein ebenso minderjähriger Rouget, der hier Tai genannt wird. Auch dieser Fisch war nicht ausgenommen und im Ganzen gegrillt, ohne

Sojasauce! Hier fühlte sich die europäische Zunge plötzlich in die Provençe versetzt, und zwar dorthin, wo es besonders gut schmeckt! Es folgte die leicht pochierte Leber des Laternenfischs, ein hochgeschätzer Leckerbissen, den man mit den feinsten Genüssen europäischer Küche gleichsetzen kann.

Dazu tranken wir Bier und mehrere Krüge Sake, wenn auch nicht allein, da unsere japanischen Tischnachbarn bereits in gehobener Stimmung waren und uns ständig von ihrem Reiswein einschenkten, so daß die gegenseitige Gastfreundschaft fast in ein kleines Fest ausartete. Unsere einheimische Begleitung versicherte uns übrigens, daß sei eigentlich unüblich, überhaupt sei dies kein feines Restaurant. Aber geschmeckt hat's uns herrlich, und billig war es auch.

Fein geht es dagegen beim *Kaiseki ryori* zu. In einigen Restaurants, die für diese Zeremonien-Küche berühmt sind, kann der feierliche Spaß 200 Mark pro Person kosten. Aber auch wer nur 40 Mark auszugeben bereit ist, kann eine Vorstellung davon bekommen – und steife Knie. Den Kaiseki ryori am Tisch auf Stühlen zu essen – was durchaus möglich ist –, das wäre ebenso stillos, wie im Münchener Hofbräuhaus einen Wein zu trinken. Im *Core-Building* an der Ginza ist im zweiten Tiefgeschoß ein kleines, ruhiges Restaurant, *Kacho,* wo uns die farbige Pracht am niedrigen Lacktisch auf einem schwarzen Lacktablett mit hohem, roten Rand präsentiert wurde. Ich kann nicht sagen, der Anblick sei überwältigend gewesen, weil mir das nötige Gespür für diese Art von Dekoration abgeht, die ja erst den Wert und den Sinn eines solchen Essens ausmacht. Immerhin waren die verschiedenen Bestandteile des Essens, die in verschiedenfarbigen und verschiedengroßen Töpfchen und Näpfchen gleichzeitig aufgetragen werden, auf dem Tablett so sorgfältig und so grafisch verteilt, daß die Besonderheit des Arrangements nicht zu übersehen war. Doch hauptsächlich war ich in den ersten Minuten mit der Ordnung meiner Beine beschäftigt. Es mag der Schneidersitz auf einem mehr als flachen Kissen für einen Äquilibristen überhaupt kein Problem sein, auch sind die Anhänger gewisser Sekten sicher bestens für den Besuch eines traditionellen japanischen Restaurants gerüstet – ich fand den Schneidersitz nur unbequem. Beim Niederhocken entwickelte ich die Grazie einer sich legenden Kuh, während des Essens begannen in der Schultergegend einige Muskeln zu erlahmen, und das Aufstehen – schweigen wir davon. Danach brauchte ich mehr als fünfzig Meter, bis sich niemand mehr nach dem armen europäischen Krüppel umdrehte, der da über die Straße humpelte. Ich weiß, das alles ist nur Gewohnheitssache. Aber wie schon der Volksmund sagt: Beim ersten Mal da tut's halt weh...

Abgesehen davon, daß das Kaiseki-Essen besonders schön präsentiert wird und aus mehr verschiedenen und bunteren Dingen besteht als andere Menüs, findet man in den diversen Schüsselchen immer wieder bereits Bekanntes: die rohen Fische; Tempura; eingelegte Gemüse; Sushi, das sind unzählige gesäuerte, kalte Reisklößchen in allen Farben; und all die undefinierbaren kleinen Happen, deren Geschmack man zunächst aufmerksam, dann entmutigt nachspürt, bis man die ganze Schönheit einfach verputzt, wie sie einem zwischen die Stäbchen kommt. Da die Dekorationen prinzipiell eßbar sind, versuchte ich auch, ein dickes, zähes Schilfblatt kleinzukriegen, aber das war ausgerechnet die Ausnahme von der Regel.

Dann war da noch diese Suppe, die wie alle Suppen zart und klar war, und wie alle Suppen nur sehr, sehr zaghaft gewürzt, und bei denen man nie weiß, wie sie entstanden sind. Sie könnten genausogut aus der Dose sein – was man als Kompliment für gewisse, klare Dosensuppen auffassen mag. Was aber die japanische Abart auszeichnet, sind die Dinge, die auf dem Boden der Suppenschale lagern, und zwar wieder einmal so dekorativ lagern, als habe hier ein Ästhet seine Finger im Spiel gehabt. Meistens sind es nur zwei Dinge, eins rund, das andere eckig, eins weich, das andere hart, und so weiter – ich erwähnte die Wichtigkeit des Kontrasts ja schon an anderer Stelle –, und wonach das denn schmeckt, ja, daß sowas überhaupt nach etwas schmecken muß, scheint am Ende völlig unwichtig.

Wenn ich schon andeutete, daß man in Tokio auch in modernen

Hotels ausgezeichnet essen kann und in kleinen Kneipen kaum schlechter, daß also das Qualitätsgefälle längst nicht so groß ist wie bei uns, so kann man neben gut und weniger gut auch pittoresk bis exzentrisch essen. Letzteres ist im Stadtteil Asakusa (sprich: Asaksa) möglich. Dort gibt es für Leute, die alles einmal ausprobieren wollen, das *Fukuchan*-Restaurant im Fukuchan Building beim Jintan Tower. Auch dort sieht man im Schaufenster, was man innen zu essen kriegt. Nur daß es keine Imitationen aus Wachs sind, die dort ausgestellt sind, sondern die Originale: lebende Schlangen. Neben diesen liegen kleine getrocknete und gebündelte Eidechsen, und die dicken, allerdings bereits gerösteten Raupen fehlen ebenfalls nicht: Eine weitere Spezialität kann man auf der Theke im Restaurant bewundern: Es ist der Schlangen-Sake, unserem Birnenschnaps vergleichbar, weil in den großen Reisweinflaschen schöne, ausgewachsene Schlangen treiben. Wer davon trinkt, so heißt es, gewinnt Kraft, Vitalität und hat ein langes Leben.

Die offensichtliche Abneigung der Japaner, Tiere auswachsen zu lassen, bevor man sie ißt, stellt man beim Doju-Essen fest. Das sind Jungaale, höchstens 15 cm lang. Wir aßen sie in einem alten, volkstümlichen Restaurant. Die Gäste saßen an langen Brettern nebeneinander am Boden, je zwei hatten einen kleinen Holzkohleofen vor sich, auf dem man die Aaale selber kochte oder briet. Abgesehen davon, daß die Kleinen für ihr Alter schon erstaunlich harte Mittelgräten hatten, die man ebenso wie Kopf und Schwanz mitessen muß, fehlte ihnen, wie häufig bei ganz jungen Tieren, der Artgeschmack, um dessentwillen wir gewisse Dinge überhaupt erst essen. Da war denn die übliche Sojasauce geradezu unentbehrlich.

Überflüssig erschien sie mir wieder in den Yakitoris, die in den Straßen Tokios den Platz einnehmen, den bei uns die Würstchenbuden innehaben, nur daß diese Bratereien meistens bedeutend gepflegter sind. Außerdem ist die Auswahl groß. Man kann zwischen verschiedenen Fleisch- und Gemüsespießen wählen oder sich ein richtiges Menü zusammenstellen. Gelegentlich verbrannte Fleischstellen erinnern an europäische Straßengrills.

Geradezu billig sind die 100-Yen-Sushi Restaurants, in denen manches zwar mehr als 100 Yen kostet (ungefähr eine Mark), aber nie viel mehr. Man sitzt an einer ovalen Theke vor einem Fließband, auf dem nacheinander kleine Schüsseln mit hauptsächlich gesäuerten Reisklößen auftauchen, über die man sich nach Belieben hermacht. Nudelgerichte gehören wie bei uns zur einfachen Kost. Meistens sind sie aus Buchweizenmehl, und fast immer denkt man beim Essen sehnsüchtig an gewisse italienische Trattorias, wo sowas nun wirklich besser schmeckt.

Ich erwähnte die Sehnsucht nach europäischer Küche, die sich nach dem ersten Liter konsumierter Sojasauce einstellen kann. Anspruchsvolle Feinschmecker können dann durch den Namen Paul Bocuse verführt werden, der in Tokio eine Filiale seines berühmten Restaurants eingerichtet hat. Doch von der bescheidenen Weinkarte bis zu den mehr oder weniger deftigen, großen Portionen entspricht dort alles dem Niveau eines Pariser Bistros, nur die Preise erinnern an die drei Sterne, die der Meister zu Hause voll Stolz vorzeigen kann. Da ist das *Maxim's* im Sony Building schon besser, diese verblüffende Imitation des Pariser Luxusrestaurants. Aber das Wahre sind weder die Plüschdekorationen, noch das Lammcarrée provençalisch. Aus ersteren pfeift die Klimaanlage kalte Winde in die Kragen der Gäste, letzteres kommt tiefgefroren aus Neuseeland. Aber immerhin, wer Luxus liebt und viel Geld ausgeben will (pro Person von 200 Mark aufwärts), kann hier für eine Mahlzeit lang die sensible, leichte Küche Japans vergessen. Danach aber schnell noch in den Stadtteil Shinjuku, diese bunte bis grelle Mischung aus Montmarte und Montparnasse, aus Reeperbahn und Time-Square. Dort gibt es in manchen Straßen ein Restaurant neben dem anderen, dort findet man alle Spezialitäten in allen Preisklassen einschließlich der billigsten Eßstraße Tokios: Direkt neben der Bahnunterführung an der Shinjuku-Station existiert eine lange, nur zwei Meter breite Gasse, wo man die ganze Palette japanischer Küche zu Billigpreisen kennenlernen kann. Zu erwähnen ist schließlich noch, daß man in Tokio Kaffee trinken kann, wie man ihn besser wohl nirgends findet. Das Wasser, in dem die vielen Teesorten ihr Aroma so wunderbar entfalten, eignet sich auch hervorragend zum Kaffeekochen. Geschickte Unternehmer haben daraus die Konsequenz gezogen und überall sogenannte Coffee-Houses eingerichtet, die unzählige Sorten köstlichen Kaffee anbieten. Wenn man dann noch die ebenfalls nicht seltenen Konditoreien besucht, in denen die Patissiers die in der japanischen Küche fehlenden Süßspeisen auf europäische Art zu ersetzen versuchen, als seien sie in Wien, dann gibt es für den hungrigen Touristen eigentlich keinen Grund, sich zurück zu sehnen zur deftigen, schwer verdaulichen Küche Europas.

Kulinarische Nachlese

Der formidable J. W. und seine Paradiese

Wie man so an Bücher gerät: Ich kannte einmal einen Autoverkäufer, der war gleichzeitig Verleger. (Das war wenige Jahre nach Kriegsende; heute sind Verleger gleichzeitig Autorenverkäufer.) Eines Tages zeigte er mir ein amerikanisches Taschenbuch, „Looking for a bluebird" von Joseph Wechsberg. Das würde er übersetzen und herausbringen, kündigte er an. So eng am literarischen Leben teilzunehmen, beeindruckte mich in meiner Jugendlichkeit derartig, daß ich mir Titel und Autor merkte. Als Jahre später ein anderes Buch von diesem Joseph Wechsberg in den Schaufenstern der Buchhändler lag, kaufte ich es sofort. Es hieß „Forelle blau und schwarze Trüffeln", und zum ersten Mal in meinem Leben las ich etwas über die Feinschmeckerei, über große Küche und edle Weine. Ich las es und war so beeindruckt, daß ich das Buch unbedingt verleihen mußte. Damit wurde ich es für immer los; die restliche Auflage war bald vergriffen.

Jetzt ist „Forelle blau und schwarze Trüffeln" neu aufgelegt worden. Beim Wiederlesen begriff ich die Faszination, die es damals auf den jungen Leser ausübte und auch heute noch ausübt. Es ist nicht allein die Aufzählung der leckeren Dinge, nicht die Beschreibung der Restaurants und Köche, es ist die Leichtigkeit, mit der Wechsberg den Genuß beschreibt, die Heiterkeit, die seine Texte auch für chronisch Appetitlose zum Vergnügen macht, und die lapidare Eleganz seines Stils, die sich wohltuend vom rustikalen Wortschatz abhebt, mit dem sich andere Autoren an kulinarische Themen wagen, die bei der Beschreibung eines NATO-Manövers sicher erfolgreicher wären. Bei Wechsberg hat auch ein Satz wie *„Bier schmeckt ausgezeichnet zu heißen Würstchen"* etwas Verheißungsvolles, weil er sich als unvoreingenommener Kenner erweist. Er ist mehr als ein Chronist der eßbaren Ereignisse. Er ist ein Erzähler, der sich selber einen Epikureer nennt. Tatsächlich besitzt er eine unbeirrbare, fast naive Begeisterung für das gute Essen.

Dabei genießt er keineswegs unkritisch, aber seine kulinarische Welt ist eine heile Welt, ein Paradies, in der ungarische Gulaschköche und Wiener Konditoren nicht weniger Freuden spenden als ein Besuch in der *Pyramide* in Vienne. Die Schilderung dieses Besuches ist ein geradezu klassisches, unübertroffenes Porträt eines großen Kochs und seines Restaurants. (Und war sicher nicht für mich allein der Anlaß, eine Frankreichreise so zu planen, daß sie durch Vienne führte, wo ich ehrfurchtsvoll die hohe Mauer anstarrte, die die *Pyramide* verbirgt.) Aus Dankbarkeit für das Glück, das die guten Köche in sein Leben gebracht haben, ist Wechsberg in der Lage, die Missetaten der schlechten ungeschehen sein zu lassen. Darum ist er zu beneiden. Zu beglückwünschen ist jeder Feinschmecker, der schon immer wissen wollte, wie sich Eßkultur in Literatur umsetzen läßt: Wechsbergs Buch demonstriert es in vollendeter Weise.

Die Angst des Amateurs vorm Apfelkuchen

Kürzlich lud mich Bernd Sinkel („Lina Brake") zu sich zum Essen ein. Er ist ein wagemutiger Amateurkoch, der sich weder vor komplizierten Pasteten noch vor empfindlichen Fischen fürchtet. Das Essen war aufwendig, wahrscheinlich hatte er den ganzen Tag in der Küche gestanden. Um so ärgerlicher für uns alle, daß die dicken, aus Frankreich importierten Entenbrüste, obwohl vorschriftsmäßig rosa gebraten, hart und zäh waren. Wir verwünschten den prominenten Feinkosthändler, der für viel Geld nur mäßige Qualität geliefert hatte. In solchen Fällen ist auch ein Profi machtlos. Trost brachte dann der Nachtisch. Es war eine tortengroße Karamel-Crème, wunderbar anzusehen, wunderbar in der Konsistenz und im Geschmack. Für einen Amateur eine Meisterleistung. „Da sind zwölf Eigelb drin! Rezept von Lenôtre", verriet Sinkel.

Gaston Lenôtre sieht aus wie Martin Feldmann nach dem

Abschminken. Er ist Konditor, *der* Konditor der großen französischen Küche. Wann immer die Starköche eine ihrer publikumswirksamen Zusammenkünfte haben, Lenôtre ist dabei. In Paris hat er ein Restaurant und ein paar Läden, wo er dünne Obsttorten und Sorbets verkauft, als wären es Cezannes'. Auch in der grandiosen Lebensmittelabteilung des KaDeWe in Berlin gibt eine Abteilung, die Lenôtres Süßigkeiten führt, an Ort und Stelle frisch von einem seiner Schüler hergestellt. Nun also hat der silbergelockte Meister seine Rezepte in einem dicken, von Bernd Neuner-Duttenhöfer kenntnis- und hilfreich übersetzten Buch niedergelegt. Man sollte meinen, daß – anders als bei Saucen und Gemüsen – die Rezepturen für süße Sachen ein für alle Mal festliegen und ein neues Buch darüber eigentlich nichts Neues bringen könne. Das tut Lenôtres Buch auch nur in geringem Maße. Sein *Soufflé Grand Marnier* ist sogar veraltet, weil mit Mehl gemacht, und sein Rezept von der Karamel-Crème unterscheidet sich in nichts von dem gleichen Rezept seines Kollegen François Gatti oder anderer Patissiers. Aber dann unterscheidet es sich doch wieder, nämlich in dem sehr wichtigen Punkt, daß Lenôtre ausführlich erklärt, wie und warum man dies und das zu machen hat. Gerade Amateurköche, die erfahrungsgemäß vor einem einfachen Apfelkuchen größere Scheu haben als vor einem gefüllten Spanferkel (weil ein Apfelkuchen eben doch nicht so einfach ist!), werden durch die Ausführlichkeit ihre Hemmungen vor Mürbeteig und Zuckerguß verlieren. Die Auswahl der Rezepte ist an französischen Naschgewohnheiten orientiert. Also viele Anweisungen zum Herstellen von Charlotten, Sorbets, Petits Fours, von kleinen Törtchen und Pralinen. Schmalzgebackenes fehlt ebenso wie Käsetörtchen, Bienenstich und Streuselkuchen.

Nicht weniger wichtig als die präzise Beherrschung des Handwerks ist etwas, worauf Lenôtre im Vorwort hinweist: die Qualität der Butter, der Sahne und der Eier! Wenn man erfährt, daß er die Butter für seine Konditorei täglich frisch von einem Bauernhof in der Normandie kommen läßt, dann wird hier ein Anspruch deutlich, der das A und O jeder guten Küche sein sollte. Leider hat der deutsche Konsument große Schwierigkeiten, ihn zu erfüllen, weil nämlich, trotz gegenteiliger Behauptungen des zuständigen Ministeriums, die Produkte aus deutschen Landen keineswegs so gut sind. Unsere Butter ist drittklassig und unsere Sahne für vieles viel zu dünn – um nur die Dinge zu nennen, die zum Backen nötig sind. (*Gaston Lenôtre: „Das große Buch der Patisserie"*, Vorwort von Paul Bocuse.)

Fraß acht Schock Pflaumen nebst den Kernen

Praktizierende Feinschmecker ehren das Alter nicht nur beim Wein; ihre Verehrung gilt ebenso den alten Theoretikern kulinarischen Genusses. Die Schriften der Gastrosophen Brillat-Savarin (1755–1826), des Freiherrn von Rumohr (1785–1843) und des Antonius Anthus (1802–1853) gehören zur Grundausrüstung jedes Essers, der dem Unterschied zwischen einem *Poulet de Bresse* und einem deutschen Brathuhn Bedeutung beimißt. Verhältnismäßig unbekannt in der Reihe der Küchenklassiker war bis vor einiger Zeit Eugen Freiherr von Vaerst, auch er ein Augen- und Magenzeuge jener Zeit, in der sich die Nobelküche des Ancien Regime nach der französischen Revolution verbürgerlichte und ihre schmackhaften Erfindungen bis in deutsche Provinzen verbreitete. Gleichzeitig muß allerdings auch die Völlerei zum Volkssport geworden sein. Denn Eugen von Vaerst berichtet seitenlang von Vielfraßen und ihren ungewöhnlichen Leistungen. Da weiß er von einem „Gärtner Kahle", der „fraß acht Schock Pflaumen nebst den Kernen ... Reichten die gewöhnlichen Speisen nicht, so fraß er die irdenen Schüsseln und Teller mit... Ein Spanferkel mit Haaren und Borsten galt ihm als ein Morgenbrot..." Und einen Rittmeister will er beobachtet haben, wie er acht Pfund rohes Rindfleisch aß und dazu zwei Flaschen Rum trank. In diesem Milieu war die ausführliche Beschäftigung des Autors mit dem Verdauungsvorgang nur naheliegend. Sodbrennen, Magenkrämpfe und Verstopfung schienen damals den Genuß am Essen ähnlich zu trüben wie heute die bundesweite Übergewichtigkeit. Seine immer wieder diskutierte Frage, welches Fleisch in welchem Zustand die wenigstens Blähungen verursache, erscheint merkwürdig verwandt mit den heutigen Vergleichen der verschiedenen Diäten.

Als Gastrosoph ist Vaerst mehr dem Standeskollegen Rumohr verwandt als Brillat-Savarin oder Anthus; wie Rumohr beschränkt er sich nicht auf die Apotheose von Genuß und Eßkultur, sondern bietet dem Leser praktische Unterweisungen und spart nicht mit gesalzener Küchenkritik. Von einem Restaurant berichtet er, daß ein Gast „die Suppe so elend (fand), daß er sich ein Glas Rotwein geben ließ und es in die Suppe goß, um ihr einen leidlicheren Geschmack zu geben. Sein Nachbar aber machte ihm bemerklich, daß hier der Rotwein so schlecht sei, daß man ihn mit Suppe verbessern möchte." Vielleicht nicht gerade verbessern, aber mit der Suppe abkühlen könnte man ihn auch heute noch in vielen renommierten Häusern.

Belehrungen über die verschiedenen Geschmacksnuancen (und immer wieder: die Verdaulichkeit) der Vögel, Fische und Säugetiere, wechseln ab mit Beschreibungen kurioser Eßsitten des

Altertums und schnurrigen Ansichten. „Die Grönländer trinken Fischfett, daher sind ihre Säfte so faul"; Kaviar war für den Freiherrn eine „fettige, schleimige und schwer verdauliche Speise", und über eine Antipathie der Krebse gegen Schweine weiß er Erstaunliches zu berichten: „Alle sterben ab, wenn ein einziges Schwein ihnen zu nahe kommt." Um alles über Soßen zu erfahren, durchstöbert der passionierte Freßtourist sogar das Archiv einer österreichischen Stadt mit Namen Sos.

Welchen praktischen Wert seine 1851 erschienenen Belehrungen über exotische Viktualien und den Unterschied der Haselhühner aus der Mark, aus Cleve und aus Preußen für seine Zeitgenossen hatten, läßt sich schwer abschätzen. Auf heutige Leser jedenfalls wirkt die Vielfalt der beschriebenen Genüsse eher nostalgisch – das mitteleuropäische Einheitsangebote der Supermärkte von Amsterdam bis Zürich läßt keinen Raum mehr für kulinarische Freuden, wie sie der adelige Feinschmekker noch auf dem Krankenlager im heimatlichen Schlesien genußvoll beschrieb.

„Suppen, in denen die Graupe siegt"

Wer die Hoffnung nicht aufgegeben hat, es könnten die Eßgewohnheiten der Deutschen sich noch ändern; wer sich durch den mehlverkleisterten Kalorienberg der altdeutschen Abfütterungsbetriebe hindurchfraß zu den wenigen jungen Köchen, die ihre Küche fanatisch und verzweifelt auf ein Niveau gebracht haben, wo die Identität von Nahrungsaufnahme und Genuß sich einmal nicht als inhaltloser Slogan zynischer Kühlkostfabrikanten erweist, sondern tatsächlich existiert; wer also unbeirrbar nach gastronomischen Höchstleistungen sucht, der wird mit Dankbarkeit die große Begeisterung registrieren, die das Kochbuch „Der Butt" von Günter Grass in der Öffentlichkeit hervorgerufen hat und weiter hervorruft: Hunderttausend Hobbyköche können sich nicht irren!

Die fast 700 Seiten starke Sammlung von Rezepten ist allerdings
nicht – was der Titel fälschlich verspricht – ein Fischkochbuch; es
spielt der von Feinschmeckern hochgeschätzte Butt *(turbot)* bei
den angeführten Fischrezepten nicht einmal eine große Rolle.
Seine Stelle nimmt der Kabeljau ein (Dorsch), beziehungsweise
die Köpfe dieses Billigfisches, denen die ganze Liebe des Autors
gilt. Davon zeugen zahlreiche Variationen der Dorschsuppe à la
Grass, auf der die weiß gekochten Fischaugen schwimmen wie
Fliegen in der Buttermilch. Ein Rezept schreibt mitgekochte
Bernsteinstücke vor: neun oder sieben gelochte Bernsteine auf
fünf Dorschköpfe. Diese originelle Beigabe soll der Suppe
aphrodisische Eigenschaften verleihen, was den „Butt" auch bei
„Playboy"-Lesern populär machen könnte. Wenn die beim
Nachkochen dann doch nicht die erhoffte Wirkung erzielen und
sich statt dessen am harten Bernstein einen Zahn ausbeißen, dann
ist der Verfasser nicht frei von Schuld. Denn, das muß leider gesagt
werden, seine Kochanweisungen gehen nur selten ins Detail, sie
sind für den Amateurkoch nicht präzise genug. Wie lange zum
Beispiel der Bernstein gekocht werden muß: Man erfährt es nicht.
Ob man hier wieder mit Dill und Kapern würzen soll, wie das an
anderer Stelle angegeben ist, oder gar mit Kümmel, für den der
Verfasser eine befremdliche Vorliebe zu haben scheint: Es wird
nicht mitgeteilt. Schließlich kauft die Durchschnittshausfrau ihre
Dorsche in einer „Nordsee"-Filiale, wo die Fische kopflos
eingeschwommen werden, wenn sie nicht als Fischstäbchen neben
deutschem Kaviar in der Kühltruhe liegen anstatt neben gelochtem
Bernstein.

Ebenso unvollkommen sind die Angaben bei einem anderen,
nicht weniger ungewöhnlichen Rezept, bei der Zubereitung von
Menschenfleisch. Dort findet man zwar den Hinweis „halb roh und
halb gargekocht". Also haben wir es hier mit der *Nouvelle Cuisine*
zu tun, mit ihren verkürzten Garzeiten. Doch ausgerechnet diese
interessante Kombination – neues Grundprodukt, neue Küche –
wird nicht weiter beschrieben. Welche Stücke sind die besten?
Wird Fraufleisch in der gleichen Weise zubereitet wie Mann-

fleisch? Kinder, das liest man an anderer Stelle, werden offensichtlich nur gekocht, in der Suppe, à la Dorothea. Aber welche Beilagen empfiehlt Grass? Bevorzugt er ebenfalls halbgar gekochte *haricots verts* zur eigenen Brut? Serviert man Tanten wie *Aiguillettes de Canard* mit einer *Sauce au poivre vert?* Hier, wo der Autor das zeitgenössische Küchenrepertoire bereichern könnte, hier ist er leider nicht sehr auskunftsfreudig.

Ausführlicher sind dagegen die Rezepte, die unverkennbar von der guten, alten Hausmannskost abgeleitet sind. Wir wissen inzwischen jedoch, daß Hausmannskost zwar alt, aber keineswegs gut ist, sondern im Gegenteil schwer verdaulich, organbelastend und kalorienreich. Grass versucht, diese Küche zu rehabilitieren. Damit identifiziert er sich allerdings mit einem von Paris ausgehenden Küchentrend, der nur als reaktionäre Antwort auf den hohen Anspruch der *Nouvelle Cuisine* zu verstehen ist. Wer je in einem der in Mode gekommenen Pariser Bistros die Großmutterküche an der wimmernden Galle ausprobiert hat, der wird dem Autor hier nicht bedingungslos folgen. Dabei ist nichts gegen eine Besinnung auf gewisse, in Vergessenheit geratene Rezepte einzuwenden, solange es nur darum geht, Kutteln, Hammelfüße, Kalbsköpfe und ähnliche Sonderangebote den Dosen der Hundefutterfabrikanten zu entreißen, und wenn gleichzeitig gesagt wird, wie man solche Fleischteile zur Eßbarkeit verfeinert. Das tut Grass leider nicht. Man muß im Gegenteil befürchten, daß dort, wo all diese Triperien nach seinen Rezepten gekocht werden, es eher wie in einer Abdeckerei riecht, als am Entstehungsort möglicher Delikatessen.

Vollends unverständlich ist mir die immer wieder empfohlene Verwendung von Steckrüben und Runkeln, von Hirse, dick eingekochten weißen Bohnen, Schwadengrütze, Graupensuppen und ähnlicher Rülpskost, die sogar dem Autor einmal das Geständnis entlockt: „Dem Deiwel mecht son Kleister schmäcken!"

Aber vielleicht, ja sogar wahrscheinlich rülpst kein Leser, zieht nirgendwo der Duft von schlecht gewaschenen Innereien durch eine deutsche Küche. Denn die vorliegenden Rezepte haben alle einen gemeinsamen Nebeneffekt: Die Aufzählung der Grundprodukte (Handelsklasse III), der Zutaten (aus deutschen Landen) und Gewürze (immer wieder Kümmel) bewirkt nämlich nur, daß man schon beim Lesen den Appetit verliert und darauf verzichtet, die Wassersuppen und Kartoffelberge nachzukochen. Da sich dieser Effekt bei fortschreitender Lektüre verstärkt, kann man guten Gewissens und leeren Magens behaupten, daß es sich beim „Butt" in Wahrheit um ein weiteres Diät-Buch handelt, eines aus der unübersichtlichen Schar ähnlicher Rezeptsammlungen, die dem Leser ja nicht mitteilen wollen, wie man eine Speise verführerisch wohlschmeckend zubereitet, sondern wie man trotz zahlreicher Kochvorschläge an Gewicht verliert, die Galle besänftigt und die Leber entspannt – weil es sich letzten Endes gar nicht um Kochvorschläge handelt, sondern um oberflächlich getarnte Appetitzügler.

Das, zweifellos, ist auch Günter Grass gelungen, und die sich darin ausdrückende Bedeutung des „Butt" in der kulinarischen Landschaft unserer Tage ist gar nicht hoch genug einzuschätzen. Das Buch sei deshalb vor allem den Fettsüchtigen unter den Essern empfohlen, den Nimmersatten und Vielfraßen. Als Buch zum Abnehmen; zum Abgewöhnen.

Kulinarische Kollektiv-Idylle

Entweder handelt es sich bei dem Kochbuch
  „Schlaraffenland, nimms in die Hand! Kochbuch für Gesellschaften, Kooperativen, Wohngemeinschaften, Kollektive und andere Menschenhaufen sowie isolierte Fresser" von Peter Fischer
um eine neue Taktik der revolutionären Linken, mit der die satten Bürger eingelullt werden sollen, damit man sie um so wirkungsvoller auf den fetten Bauch hauen kann, oder es ist die Kapitulationsurkunde dieser Linken vor reaktionärem Schmackofatz. Denkbar

wäre es sogar, daß es sich bei diesem Buch um die Manifestation der Einsicht handelt, daß kulinarischer Genuß und linke Ideologie durchaus vereinbar sind. (Schon seit Danton, und nicht erst seit Marx und Engels, deren ausführlich diskutierten Lebensgewohnheiten es sogar dem verraten, der die entsprechenden Bekenntnisse Brechts nicht gelesen hat.)

Ob jedoch Taktik, spätes Eingeständnis oder sonstwas, bleibt unklar aus zweierlei Gründen: Einmal, weil der Autor in seinem Vorwort mit dem letzten Rest von unverständlichem Jargon diese Unklarheit selbst stiftet; zum anderen, weil sich der Leser nicht dafür interessieren wird. Denn die Rezepte selbst sind prima.

Sie sind auch prima geschrieben, nämlich witzig, verständlich und anregend. Nur selten wird dem Leser eine Prise Klassenkampf unter die Nase gerieben, so am Beispiel eines *Chambertin Clos de Bèze,* der für den Autor der Inbegriff von Spätkapitalismus zu sein scheint. (Kostet soviel wie zwei Doppelalben Rockmusik.) Das

erinnert an die Szene in Eisensteins „Oktober", wo die Matrosen im Weinkeller des Zaren ähnliche Flaschen zerschlagen, anstatt sie auf ihre ideologische Verwertbarkeit zu prüfen.

Dennoch sind die Rezepte in „Schlaraffenland..." nicht nur gut, wenn es um Kartoffelgerichte und Eintöpfe geht. Darum geht es zwar oft, und auch häufig um asiatische, besonders vietnamesische Küche. Doch wer die schweren Eintöpfe wegen der vielen Kohlehydrate nicht mag und im Schlaraffenland besseres erwartet als die vorfabrizierten Einheitssaucen der asiatischen Küche, der hat immer noch eine fast einmalige Gelegenheit, sachkundig und vielseitig über die Zubereitung von Kutteln informiert zu werden. Vor allem aber findet der Leser vernünftige Erläuterungen zu den verschiedenen Kochtechniken. Und was er darüber hinaus an Einkaufstips und Warenkunde erfährt, ist Konsumentenaufklärung in einer so idealen Weise, daß man sich das schlichte Taschenbuch in einer etwas „schöneren" Aufmachung wünschte, damit es auch die gewöhnliche Hausfrau („Mutters Frustküche") in die Hände kriegt.

Doch wie die Dinge liegen, wird diese das viermal so teure Buch eines Fernsehkochs vorziehen oder die Ratgeber der bekannten Geschmacksverderber, Tiefkühlkost-Apologeten, Fertigprodukt-Empfehler, Saucen-aus-der-Tüte-Nehmer und anderer Mehlanrührer. Zwar wird auch in der Kollektivküche manchmal Mehl in die Saucen gerührt, aber abgesehen davon ist „Schlaraffenland..." ein originelles Kochbuch für die Küche, in der mit nicht viel Geld so gekocht werden soll, daß die von Diätfragen unbelasteten Esser beim Sattwerden auch noch Genuß finden. Daß dabei vielleicht konterrevolutionäre Tendenzen entstehen können, ist auch dem Autor klar, der zwar den Genossen rät, einen eigenen Gewürzgarten anzulegen, aber gleichzeitig warnt: „Das ist bitte nicht als Aufruf zur Idylle zu verstehen!"

Schlemmen mit Dali

Salvador Dali „Die Diners mit Gala".

Als er noch um Gala warb – so erzählte Dali in einer frühen Autobiographie – habe er sich einmal von Kopf bis Fuß mit Ziegenscheiße eingerieben. Später richtete er ein nacktes Mädchen kulinarisch an: auf einem Tisch liegend, umgeben von surrealistischen Objekten und leckeren Viktualien. Das war schon appetitlicher. Das hier besprochene Werk hat der spanische Alt-Surrealist nun vollends der Gourmandise gewidmet. Es ist, in der Hauptsache, ein handfestes Kochbuch. Die nicht weniger kulinarischen Nebensachen sind opulente Illustrationen, Dali-Collagen, Ausschnitte aus Dali-Bildern und kurze Dali-Texte, wie „Dem Krebs des Paracelsus sollte man abgehackte Köpfe oder Rumpfstücke junger Märtyrer in heißem Blut beigeben..." Doch das mit

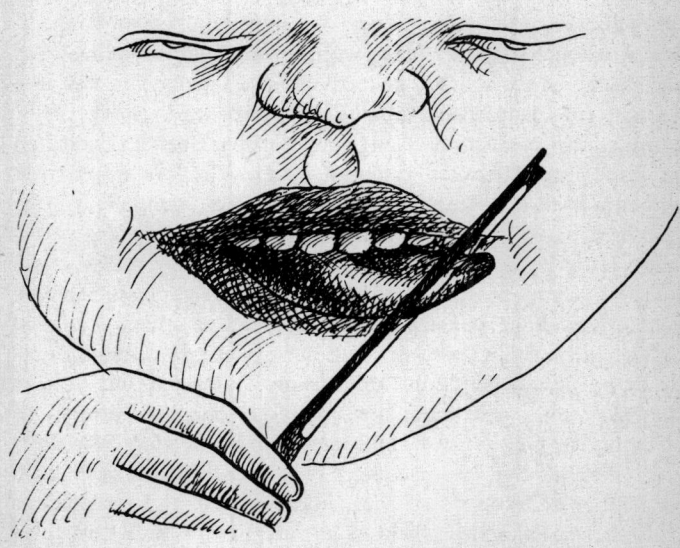

diesen Worten eingeleitet Kapitel „Herbstliche Kannibalismen" hält nicht, was es dem lesenden Menschenfresser verspricht: Es folgen Rezepte wie „Bouillon mit Ei", „Heringspüree" und „Sellerie gratiniert". Hausbacken sind die Rezepte des Salvador Dali jedoch keineswegs, das ist er seinem Ruf schuldig, und dafür garantiert auch die Herkunft der Kochanweisungen: Dali hat sie sich zum Teil aus den feinsten und teuersten Pariser Restaurants besorgt. Entsprechend aufwendig wird da oft gekocht, und für die Durchschnittshausfrau ist ein „Perlhuhn Viroflay" nach Art von *Lasserre* kaum nachkochbar. Auch die „Aalpastete" aus dem gleichen Schlemmerlokal gehört zu den großen Schöpfungen der feinen Küche, an die sich vernünftigerweise nur Profis wagen. Schließlich hat der exaltierte Gastro-Ästhet („Die Schildwache des Ekels ist stets gegenwärtig...") für die Vogelfreunde einen zwölffachen Schocker bereit: Auf ein Dutzend Artischockenherzen setzt er je eine gekochte Schwalbe, die vorher – Horst Stern soll schützen! – mit Gänsestopfleber gefüllt wurde. Dennoch gibt es zahlreiche Rezepte, die man gern in einigen der vielen bürgerlichen Kochbüchern wiederfinden würde. Das „Sauerkraut nach Art von Vater Hans", mit Bier gekocht, ist eine vorzügliche Variante des meistens so einfallslos zubereiteten deutschen Stammgerichts. Nur die darin zwei Stunden lang mitgekochten Beefsteaks dürften am Ende ihre Eßbarkeit verloren haben. Größere Popularität verdiente auch die – beherzigenswerte – Empfehlung Dalis, rohe Kalbsleber durchzupassieren und mit Rührei zu braten. Angenehm deftig zu sein „Ragoût vom Ochsenschwanz", das gewiß auch gut schmecken wird, wenn man auf den vorgeschriebenen halben Kalbskopf verzichtet und statt dessen einen Kalbsfuß mitkochen läßt. Und wer sich von den appetitanregenden Fotos verleiten läßt, den gefüllten Lammrücken des Restaurants *Maxim'* nachzukochen, wird feststellen, daß das eher aufwendig als schwierig ist. Gelegentlich muß man dem kochenden Dali allerdings merkwürdige Inkonsequenz vorwerfen: Für einige Saucen verlangt er zeitraubende Fond-Zubereitungen und kostspielige Trüffelbeigaben, andere dickt er leichtfertig mit Mehl und empfiehlt sogar Kartoffelpüree in Pulverform aus der Tüte. Vielleicht erklärt das den Hinweis der Herausgeber, die Rezepte seien von einem „Meisterkoch erprobt" worden, „der indessen die strengste Anonymität zu wahren wünscht". Jedenfalls findet sich auch für diese gastronomischen Greuel ein passendes Dali-Axiom: „Den Elan meiner Eingeweide halte ich für den höchsten Wegweiser." Deutschen Touristen, die sich mit Elan auf den Weg machen, um das in *Die Diners mit Gala* immer wieder zitierte *Bahnhofsrestaurant in Lyon* aufzusuchen, nützt jedoch auch der beste Wegweiser nichts: Der Verlag hat das Restaurant des Gare de Lyon nach Lyon an der Rhône verlegt – trotz ganzseitiger Abbildung dieses außergewöhnlich schönen und unvergeßlichen (wenn auch, was die Küche angeht, nicht so überwältigenden) Pariser Restaurants. Wahrscheinlich essen deutsche Lektoren auch in Paris nur in Pizzerias.

Ein Hund kam in die Küche

Würde man 25 Köche auffordern, die schriftstellerischen Früchte ihrer Freizeit zu veröffentlichen – sie könnten mit Nachsicht, wenn auch nicht mit großem Interesse der Leser rechnen. Anders ist es bei Autoren mit Koch-Ambitionen, deren Erfahrungen in der Küche „den Geist und Gaumen gleichermaßen erfreuen". Diesen doppelten Gewinn soll jedenfalls der Leser von „Da nahm der Koch den Löffel – Ein kulinarisches Lesebuch", herausgegeben von Gertrud Frank, nach dem Willen der Herausgeberin haben. 25 deutschsprachige Autoren berichten darin über ihre Eßerfahrungen (Peter O. Chotjewitz, Helmut Eisendle und Wolfgang Hildesheimer), bekennen ihre Einstellung zum kulinarischen Genuß (Jürgen Becker, Barbara Frischmuth und Siegfried Unseld), geben Rezepte preis (H. C. Artmann, Rudolf Bayr, Gerald Bisinger, Robert Wolfgang Schnell und Guntram Vesper) oder tun alles gleichzeitig.

Es heißt immer, Literaten kochen besonders gern und gut. Wahrscheinlich aber kochen sie nicht besser als andere Hobbyköche auch; sie schreiben bloß immer wieder darüber und sind daher in den Ruf gekommen, wählerische Feinschmecker zu sein. Sieht man sich die 25 Texte und einen Großteil der darin aufgeführten Rezepte an und beurteilt sie mit den Maßstäben eines professionellen Kochs, so muß man erhebliche Zweifel anmelden, ob das tatsächlich alles so delikat und köstlich ist, was da beschrieben wird. Denn – das darf man getrost verallgemeinern nach der Lektüre des Buches – unsere Autoren lieben das Deftige und preisen das Grobe. Von Verfeinerung halten sie alle nichts, mögen sie sonst auch noch so pingelig mit dem Wort umgehen und ihre Sätze ziselieren. Escoffier ist ihnen höchstens ein Anlaß zum Zitat; gekocht wird wie bei Muttern: Reibekuchen und schwarzer Kaffee. Und italienisch. Was die Autoren auf den 150 Buchseiten an Knoblauch, Zwiebeln, Tomaten, Peperoni, Auberginen und Olivenöl verbrauchen, wie sie südliche Gewürze händeweise in die Töpfe streuen, Lunge, Pansen, Herz und Nieren essen und, immer wieder, Spaghetti, das muß italienischen Exporteuren Freudentränen in die Augen treiben. Außerdem haben scharfe Chilisaucen und Peperoni einen Vorteil: Sie übertönen jeden anderen Geschmack, so daß die Esser hinterher guten Gewissens sagen können: Es hat wunderbar geschmeckt!

Natürlich nicht allen. Manche denken beim Essen eben auch an die, die nichts zu essen haben. (Wenn sie auch nicht so weit gehen, beim Schreiben an die Analphabeten zu denken.) Deshalb ist für Karin Struck „Ein Feinschmecker ... in Wahrheit ein grobschlächtiger Geschmacksmensch; *kuhwarme Milch* schmeckt herrlicher als *Fondue*." Und für Günter Herburger ist nur wichtig, daß er satt wird. Seiner Absage an die Gourmandise merkt man allerdings an, daß sie ursprünglich eine Auftragsarbeit für eine Illustrierte war: Genauso lustlos hätte er auch gegen Sport, Basteln oder das Tragen von Aktentaschen muffeln können. Sogar Günter Grass, dessen Rezept für eine Schweinekopfsülze ein literarischer Leckerbissen ist (und nachkochbar), beschreibt die Herstellung der

Sülze so luzid antikulinarisch, daß einem der Appetit darauf vergeht. Man begreift, daß er schon damals, mit der „Blechtrommel", vielen Lesern ihre Vorliebe für Aale austreiben konnte.

Herbert Rosendorfer spricht in seinem Beitrag von einem „quasi-asketischen Zug", und was er einem anarchistischen Koch in den Mund legt, ist möglicherweise eine brauchbare Erklärung für die bescheidenen Eßgewohnheiten unserer Literaten: „Alles, was nicht schmeckt, gilt als revolutionär, alles, was als Leckerbissen gilt, als reaktionär." Man darf annehmen, daß Rosendorfer seinen Text als satirischen Kommentar zu den antikulinarischen Bekenntnissen einiger seiner Kollegen geschrieben hat.

Wenn diese dann doch einmal ein sorgfältig zusammengestelltes Menü in ihren teuren Schmortöpfen kochen und sich vom Essen Genuß versprechen, so reden sie dabei wenigstens von den ausbeutenden Imperialisten wie die United Fruit Company und über die Multis, „die den Wohlstand und die Freiheit fressen" (Christian Wallner). Nun ja, Tischgespräche müssen nicht immer ums Essen kreisen. Man weiß das von Hitler.

Daß man schließlich alles, Kenntnisse von der feinen Küche, Sozialkritik, Rezeptbeschreibung und Satire, witzig und kulinarisch anrichten kann, beweist Urs Widmer mit dem letzten Beitrag des Buches. Obwohl in seiner Geschichte viel Tiefgefrorenes, Vorgefertigtes und Sterilisiertes gegessen wird, würde man am ehesten von ihm eine Einladung zum Essen annehmen.

P. S. „Da nahm der Koch den Löffel" ist auch ein leicht und angenehm lesbares Buch. Insofern erfreut es den Geist tatsächlich.

Mit Zähnen und Klauen

Kein Zweifel, der hungrige Deutsche ist ein Monstrum. Wenn er abends den Fernsehapparat ausschaltet und mit vollem Bauch ins Bett plumpst, hat er sich sechzehn Stunden lang falsch ernährt. Das beginnt mit dem Frühstück, wo er Brötchen mit Butter, Leberwurst und Marmelade bestreicht anstatt Schwarzbrot mit Quark, und seinen Morgenkaffee durch zwei Teelöffel Zucker in einen Giftbecher verwandelt. Das endet mit dem letzten Schokoriegel und der letzten Handvoll gesalzener Erdnüsse, die er mit einem letzten Bier hinunterspült. Dazwischen liegen Stationen disziplinloser Freßgier, unvernünftige Nascherein, Kantinenfraß, hemmungslose Kalorienzufuhr – mit einem Wort: zu viel und zu fett.

Das alles ist bekannt. Niemand macht sich Illusionen über die Eßgewohnheiten der Deutschen. Die Kuchenschlachten am Nachmittag, die Wurstbrote am Abend; die Fettärsche fünfzehnjähriger Mädchen, die Bierbäuche dreißigjähriger Männer – sogar ein Blinder würde am bundesweiten Gestank der Würstchenbuden und Schaschlikröstereien erkennen, daß hier eine Nation dabei ist, sich mit Messer und Gabel ein tristes Massengrab zu schaufeln.

Zu fragen wäre, ob der Wunsch nach Änderung dieser Misere überhaupt berechtigt ist. Es ist wie mit den Anschnallgurten im Auto: Soll denn nicht jeder die Freiheit haben, sich so zu ruinieren, wie es ihm paßt? Vielleicht ist es wirklich besser, mit sechzig an Verfettung zu platzen, als noch weitere dreißig magere Jahre der Pensionskasse oder den Enkeln zur Last zu fallen. Die Gesundheit kontrollieren, gewiß. Aber sie auch noch staatlich reglementiert zu wissen, das ginge wohl zu weit.

Solche Überlegungen stellen sich ein, wenn man den „Ernährungsbericht 1976" zur Hand nimmt, ein 480 Seiten dickes Buch, „herausgegeben von der Deutschen Gesellschaft für Ernährung im Auftrag des Bundesministers für Jugend, Familie und Gesundheit und des Bundesministers für Ernährung, Landwirtschaft und Forsten". Wenn man von dieser umfangreichen Studie neue Argumente und Formulierungshilfen gegen das kollektive Übergewicht erwartet – davon ist nichts zu entdecken. Eine Unmenge Fakten und Umfrageergebnisse sind da zusammengetragen worden, aber sich darüber Gedanken zu machen, wie das Dilemma, das sie illustrieren, zu ändern wäre, das betrachteten die Autoren wohl nicht als ihre Aufgabe. Und das ist schade. Denn was fange ich mit folgender Information an: „Da die Lagerung und der Transport des Fleisches bzw. das Auftauen allgemein unter Kühlung, wenn auch häufig unter unzureichender Kühlung, erfolgen, sind für den Oberflächenkeimgehalt psychrophile und psychrotolerante Mikroorganismen von besonderer Bedeutung, und zwar insbesondere gramnegative, aerobe Stäbchen der Familie Pseudomonadaceae sowie auch gramnegative, fakultative anaerobe Stäbchen der Familie Enterobacteriaceae." Aus solchen Mitteilungen nämlich besteht der Band vorwiegend (der Titel „Vergiftungsbericht 1976" wäre passender), wozu sich noch endlose Tabellen gesellen, die die *Retinolzufuhr männlicher und weiblicher Personen in mg, pro Kopf und Tag, gegliedert nach Alter und Lebensmittel* und andere Zufuhren betreffen. Wie kriegt man aber mit solchen Tabellen eine Hausfrau dazu, auf den gewohnten Nachmittagskuchen zu verzichten? Welcher Facharbeiter verweigert in der Werkskantine den Hackbraten, weil dessen Fleischbestandteile vielleicht gramnegative, aerobe Stäbchen der Familie Pseudomonadaceae enthalten, wo es ihm doch schmeckt, obwohl das Halbfleischprodukt in einer braunen Mehltunke schwimmt und mit zerkochten Büchsenbohnen und klebrigem Kartoffelpüree aus der Tüte serviert wird?

Wie soll ein Bericht, dessen Lesbarkeit noch hinter einer NATO-Studie über die Einsatzmöglichkeiten von Brieftauben im Kriegsfall rangiert, wie soll ein so zäher Brocken die Eßgewohnheiten der Bevölkerung ändern können, wenn sogar die Berufsinterpreten der Tageszeitungen aus den 480 Seiten immer nur zwei Tatbestände zitierbar fanden: Deutsche Mütter lieben ihre Babys *rundlich* und *pausbäckig,* also übergewichtig (bekanntlich der Anfang vom späteren Bierbauch), und sie kochen *monoton und innovationsfeindlich,* wie überhaupt die Gestaltung des häuslichen Speisezettels resigniert mit dem Wort *Ernährungsdilettantismus* bezeichnet wird.

Man sieht, in dem Bericht wird der hinlänglich bekannte Übelstand durchaus erkannt. Doch gleichzeitig beklagen die Autoren die Aversion der Konsumenten gegen Konservennahrung, Tiefgefrorenes und Fertiggerichte. Richtige Ernährung wird automatisch gleichgesetzt mit „moderner" Ernährung. Und das ist in einer Zeit, wo wir in regelmäßigen Abständen erfahren, welche bizarren Fremdkörper Hygienedetektive in der Konservennahrung finden. Auf Seite 255 wird auf die Nachteile der Massentierhaltung bei Hühnern hingewiesen, besonders wenn diese nach der Massenschlachtung (3000–10 000 pro Stunde!) in einem gemeinschaftlichen Wasserbad ausgekühlt werden, wobei es naheliegt, *daß es zu einer Kreuzkontamination, also zu einer Übertragung von pathogenen und toxinogenen Mikroorganismen von einigen infizierten Tieren auf zahlreiche andere Schlachttierkörper kommen kann.* Wer aber täglich auf den Markt geht, wo er die einzige Chance hat, ein frisches, noch nicht ausgenommenes und nicht wassergekühltes Huhn zu kaufen, anstatt den üblichen Eisklumpen, der verhält sich laut „Ernährungsbericht 1976" unrationell.

Daß sich der Bericht über weite Strecken wie die Inventurliste einer Apotheke liest, überrascht dagegen nicht. In einer Zeit, da es schon für den Bauern ein unzumutbares Risiko darzustellen scheint, daß eine Kuh auf natürliche Weise krank werden und sterben könnte, wundert man sich nicht, wenn die Erzeugnisse der Massentierhaltung dermaßen mit Pharmazeutika vollgepumpt werden, daß sie eigentlich rezeptpflichtig sein müßten. Auch diese Malaise unseres tägliches Lebens wird angedeutet. Hier, und nicht bei der schlechten Köchin, liegt der falsche Hase im Kunstpfeffer. Nicht den Wurstesser gilt es von seinen schlechten Gewohnheiten abzubringen, sondern den Wurstfabrikanten von seinen dubiosen Praktiken. Aber anstatt das deutlich zu sagen, anstatt die Verantwortlichen an ihre Verantwortung zu erinnern, flüchten die Autoren des Berichts in Andeutungen und Abschwächungen *(... eine abschließende Beurteilung ist z. Z. nicht möglich ... bedarf weiterer Untersuchungen ... ist dieses Untersuchungsergebnis noch weiter abzusichern ...),* so daß die Nahrungsmittelkonzerne einerseits und die Umweltverschmutzer andererseits (sofern sie nicht identisch sind) ihre Rechtsanwälte zurückpfeifen können: Die vorsichtigen Konjunktive machen eine Gegendarstellung überflüssig.

Daß Essen schließlich auch Lustgewinn bedeutet (bei einem überraschend großen Prozentsatz der Befragten) und nicht ausschließlich unter gesundheitlichen und rationellen Gesichtspunkten erledigt wird, ist für die Verfasser des „Ernährungsberichts" der Sündenfall der Konsumenten schlechthin. Diese sich durch den ganzen Report ziehende Grundhaltung stellt die Untersuchung auf eine Basis, die stabil genug sein mag, eine volkswirtschaftliche Theorie zu tragen, die aber den humanen Bedürfnissen keinen Platz einräumt.

Diese Bedürfnisse jedoch, mögen sie auch noch so unmodern sein, sind für die psychische Kondition des Konsumenten wichtiger als eine ausgewogene Polysaccharidzufuhr beim Verzehr von Trockenobst für seine Physis. Wenn der überwiegende Teil der Esser die Nahrungsmittel zunächst danach beurteilt, wie sie ihm schmecken, so ist diese fragwürdige Prämisse außerdem eine verläßliche Garantie dafür, daß wir uns in Zukunft nicht doch noch von Pillen ernähren müssen.

Statt sich auch beim Essen einem gesellschaftlich motivierten Leistungszwang zu unterwerfen, verteidigt der Konsument den ihm verbliebenen Rest von Selbstbestimmung: Sein Bauch gehört ihm. Somit erklärt sich die fetttriefende Schweinshaxe auch als Symbol der Verweigerung, die nationale Übergewichtigkeit als kollektiver Kummerspeck.

Da auch morgen keine Gesellschaftsordnung den Schlüssel zur allgemeinen Glückseligkeit finden wird, werden sie weiter zu viel essen, die Disziplinierten und Angepaßten, und ich bitte für sie um Nachsicht, wenn sie das letzte bißchen Freiheit zur Unvernunft mit Zähnen und Klauen verteidigen.

Zum guten Schluß geht's in die Luft

Drei Mann in einem Ballon, vom Perlhuhn ganz zu schweigen

Was machen Ballonfahrer, wenn sie mal müssen? Diese Frage beschäftigt mich vor unserem Start mehr, als alle anderen möglichen Probleme. Hier war er wieder, dieser weiße Fleck auf der Literatur-Landkarte. Schon als Kind hatte ich mich bei der Karl-May-Lektüre gewundert: Mußte Winnetou denn nie aufs Klo? Genauso schamhaft wird das Problem bei Jules Vernes Beschreibung einer fünfwöchigen Ballonfahrt verschwiegen, wie es auch in den von Uwe Nettelbeck gesammelten Meldungen zur Geschichte der Ballonfahrt nicht zur Sprache kommt.

Fritz Meckseper vermutet, daß in die Seitenwände des Korbes Klappen eingelassen seien wie bei den Schlachtschiffen Admiral Nelsons, durch die die Kanonen auf den Feind feuerten. Ich gab zu bedenken, daß weibliche Passagiere in der Gondel mit dieser Methode kein Trafalgar gewinnen könnten. Wir beruhigten uns mit der Fahrtdauer, die wir auf höchstens drei Stunden angesetzt hatten.

Dem Maler Friederich Meckseper glaubt man sofort, daß er schon seit Jahren davon träumt, einmal Ballon zu fliegen. Es sieht aus, als habe er bereits 1870/71 einen der 65 Ballons gesteuert, mit denen sich französische Patrioten aus dem belagerten Paris retteten. Auch fasziniert ihn offenbar das Riskante: Neben seiner Kunstproduktion hält er eine eigene Schmalspurlokomotive unter Dampf und tuckert an ruhigen Sonntagen zur Verwunderung der Spaziergänger bei Worpswede in einem selbstgebauten Dampfboot über die Hamme.

Ich dagegen halte schon das Vertrauen in solch einen altmodischen Heizkessel für bodenlosen Leichtsinn; daß ich mich einem freischwebenden, praktisch unkontrollierbaren Gasballon anvertrauen könnte, schien mir nur im Alptraum möglich. Doch die Tollkühnheit, die auch vorsichtige Naturen gelegentlich überfällt wie eine Sommergrippe, traf mit Mecksepers Einladung zu einem Champagner-Frühstück im Ballon zusammen. Da sagte ich zu.

Freiballons kann man zwar nicht mieten wie Taxis, aber wer unbedingt will, findet schon eine Möglichkeit zur Ballonfahrt. (Es heißt *Fahrt* und nicht *Flug,* und man *fliegt* auch nicht, wie ich vorhin schrieb, sondern *fährt* Ballon. In tradiontionsbewußten Ballonfahrerkreisen muß man für solche Versprecher eine Runde ausgeben. Die organisierten Clubs sind manchmal recht froh, wenn sich zahlende Gäste um einen Platz im Korb bewerben. Zu zahlen sind dabei nur die Unkosten, die vor allem aus der Gasfüllung bestehen (200 bis 250 Mark pro Person) und den relativ geringen Kosten für den Rücktransport der leeren Hüllen. Zeitaufwand, zusätzliche Helfer beim Start, das alles wird kaum, wenn überhaupt, berechnet. Die Anschaffung der clubeigenen Ballons (zirka dreißigtausend Mark) wird zur Hälfte durch aufgemalte Firmenreklame finanziert.

Länger jedoch als die Namen der Strumpf-, Tabletten- und Dachziegelhersteller bleiben dem Wanderer, der, mit sicherem Boden unter den Füßen, einem dahintreibenden Balon nachschaut, die spektakulären Katastrophen im Gedächtnis, die die Geschichte der Ballonfahrt dekorieren wie die immer zahlreicher werdenden Kerzen einer Geburtstagtorte. Von den Messieurs Rozier und Romain über Madame Blanchard, die sich schon im frühen 19. Jahrhundert beim Absturz die Hälse brachen, bis zu den überm Atlantik verschollenen, rekordsüchtigen Ballönern unserer Tage, machten vor allem tragisch mißglückte Ballonfahrten Schlagzeilen.

An dieser Art von Publicity lag nun weder dem Maler Meckseper noch mir, und so baten wir den Augsburger Alfred Eckert, unseren Ballon zu steuern. Eckert ist eine Art Luis Trenker der Lüfte, er hat mehr Ballonstarts hinter sich gebracht, als sonst jemand auf der Welt. Da er jede Gelegenheit zu einem neuen Start ergreift, wurden wir einig. Augsburg hatte als Startplatz einen weiteren Vorteil, weil ich im nahen München ein paar ausgezeichnete junge Köche kenne, denen wir die Zusammenstellung des

Picknicks überließen, wodurch das kulinarische Risiko praktisch ausgeschaltet wurde. Als ich am Morgen unseres Starttages das englische Taxi des Kochs vom Feinschmecker-Restaurant *Le Gourmet* neben dem verankerten Ballon stehen sah, hielt ich die Fahrt schon fast für geglückt.

Allerdings versetzte mich die zweite Entdeckung, die ich bei der Besichtigung des ankernden Ballons machte, in nicht geringe Unruhe. Von den vermuteten Klappen für die Schiffsartillerie war in den Korbwänden nichts zu entdecken. Auch war der Korb von unerwarteter Winzigkeit, 110×120 cm, also ein besserer Einkaufskorb für eine Großfamilie. Wie in ihm drei erwachsene Männer mehrere Stunden lang mit entsprechender Ausrüstung einigermaßen komfortabel durch die Lüfte segeln sollen, kann man sich zunächst nicht vorstellen. Tatsächlich segelt man auch nicht komfortabel durch die Lüfte, man kann sich nicht einmal setzen. Aber weil das dann alles so aufregend ist, weil es so viel zu sehen gibt und man so viel beachten muß, wenn man, lautlos in der Luft schwebend, an kaum mehr als einem Dutzend alter Stricke hängt, spielt im Korb die Bequemlichkeit keine Rolle. Vorläufig schwebten wir jedoch noch nicht. Zunächst mußte sechzig Minuten vor dem Start der Flugsicherung München gemeldet werden, daß Starfighter, Jumbo Jets, Hubschrauber und was sonst die Luft unsicher zu machen pflegt, damit rechnen müßten, mit einem Freiballon zusammenzustoßen. Sodann tranken wir auf das Gelingen unserer Fahrt – aber auch, weil Meckseper und ich das Gefühl hatten, etwas zusätzlicher Mut könnte jetzt nicht schaden – eine Flasche Krug Privat Cuvée. Dazu ist zu sagen, daß Champagner das klassische Ballonfahrergetränk ist wie Grog bei der Marine; die feine Sorte glaubten wir der Gelegenheit schuldig zu sein. Mit einem Mutalkohol von 0,33 Liter Champagner pro Person kletterten wir schließlich ins Körbchen und ließen uns die von Meisterhand zusammengestellten kalten Platten hineinreichen. Dazu kam ein nicht gerade sehr modern wirkendes Funksprechgerät sowie etwas, das aussah wie ein umgebautes Ofenrohr und sich als eine Anzeige für die Steig- bzw. Fallgeschwindigkeit entpuppte.

Das dritte, wichtige Instrument, den Höhenmesser, trug Eckert am Hals. Er klemmte sich sein Monokel ins Auge und gab zwei Helfern, die mit der Verankerung des Ballons hantierten, verschiedene Anweisungen. Die Mühe, alle Picknickutensilien und das technische Zubehör zwischen unseren Beinen und in einigen Kartentaschen an den Wänden zu verstauen, lenkte mich so sehr ab, daß ich kaum merkte, wie wir plötzlich, endlich, in die Luft gingen. Denn erwarteten Fahrstuhleffekt, der einem den Magen nach unten drückt, gab es jedenfalls nicht. Der Ballon schoß ziemlich schnell und ziemlich schräg davon.

Auf den ersten hundert Metern gewann er kaum an Höhe. Ich erinnerte mich kurz an einige Fabrikschornsteine, die ich vor uns gesehen hatte, aber das, dachte ich trotzig, ist ja Sache des Ballonführers, und winkte den Zurückgebliebenen am Boden zu. Vielleicht winkte ich auch nicht; wahrscheinlicher ist, daß ich mich krampfhaft an den nächsten besten Strick klammerte, und daß das nicht der Strick war, der das Gasventil am Ballon öffnet, war rein zufällig. Inzwischen hatte Alfred Eckert einen Sandsack über die Bordwand entleert, und es ging aufwärts. Seit dem Start war nicht einmal eine Minute vergangen, da waren wir schon so hoch wie zwei gotische Kathedralen – und mir war nicht schwindelig – mir war überhaupt nicht schwindelig. Meckseper sah mich grinsend an und sagte: „Nun, wir haben es ja gewollt!" Eckert aber fand in richtiger Einschätzung unserer Verfassung das erlösende Wort: „Dann machen Sie mal eine Flasche auf!" Das ließ ich mir nicht zweimal sagen, denn die Gelegenheit, mich ohne Verlust an Würde einmal, und sei es auch nur für Sekunden, unterhalb des Korbrandes bücken zu können, war mir nicht unangenehm. Doch als ich auch die Gläser hervorkramte, winkte er ab: „An Bord trinkt man aus der Flasche!" Also auch hier diese Eigentümlichkeit der Menschen, daß sie unter dem Begriff „zünftig" zunächst einmal die Erlaubnis verstehen, auf gewohnte Tischsitten zu verzichten.

Der Korken knallte in genau 520 Meter Höhe über dem Boden. Ich sah mich zum ersten Mal gründlich um. Es war ein schöner,

frühsommerlicher Tag, sonnig, nur teilweise bewölkt, reger Flug-
verkehr neben und unter uns. Der Korb machte nicht die geringste
Eigenbewegung, und es war, da wir mit Windgeschwindigkeit
schwebten, kein Lufthauch zu spüren. Auch im Magen spürte ich
nichts, schien körperlich überhaupt ohne Befund, wie die Medizi-
ner sagen.

Wenn ein Starfighter an uns vorbeiflog, wackelte er mit den
Tragflächen. „Der sagt jetzt seinen Kollegen, wo wir sind“,
erklärte Eckert erfreut und meldete der Flugsicherung unseren
Standort und unsere Höhe. Ich griff zum *San Daniele,* der, in
hauchdünne Scheiben geschnitten, anmutig um ein getrüffeltes
Perlhuhn dekoriert war. Der Schinken war wunderbar trocken und
aromatisch und voll Sand. Wo der herkam, war kein Geheimnis.
Von Zeit zu Zeit warf Eckert eine Schaufel Sand über Bord, und
wir stiegen weiter. Er studierte eine Landkarte und äußerte sein
Mißfallen. Offensichtlich trieben wir in Richtung Dachau, wo das
Münchener Sperrgebiet beginnt, vor dem jeder Ballon landen
muß.

„Schon?“ sagte ich bedauernd und dachte an die vielen Gänge
unseres Frühstücks, die in einer Korbecke übereinandergestapelt
warteten. Wir machten uns also schnell über die Spargelspitzen in
Vinaigrette her und probierten den Hummersalat, der zusammen
mit Artischockenböden von einer Kerbelmajonnaise bedeckt war;
etwas zu sehr bedeckt, wie ich fand, aber der Hummer war
wunderbar zart und saftig. Als leichter und erfrischender erwies
sich ein Salat aus grünen Böhnchen, der kräftig mit zerbröselter
Foie gras gewürzt und mit Trüffel aromatisiert war, eine Salatvaria-
tion, die durch die *Nouvelle Cuisine* sehr in Mode gekommen ist.
Ich öffnete eine zweite Flasche Krug, und unser Mutalkohol
erreichte den Halbliterwert. Meckseper hatte ein verklärtes
Lächeln auf dem Gesicht und schien sich vor Glück in die freie Luft
stürzen zu wollen. Doch unser Ballonführer holte ihn auf die Erde
zurück, das heißt, die Erde auf ihn. Denn jetzt wurden wir getauft.
Was am Äquator recht ist, soll im Ballonkorb billig sein. Alfred
Eckert ließ mir nach einigen feierlichen Sätzen eine Handvoll Sand

auf den Scheitel rieseln und richtete dort mit Hilfe des Champagners einen dünnflüssigen Brei an, der mir prompt in die Augen rann. Mir wurde der Beiname „Reichsgraf von Unterschöttenbach" verliehen, weil wir gerade eine unbeteiligte Ortschaft dieses Namens überquerten, die ich jedoch wegen der brennenden Augenverschmutzung nicht sehen konnte.

Später gingen wir wieder etwas herunter, und Alfred Eckert zeigte uns einige schöne, alte Dorfkirchen, die wir sonst nicht entdeckt hätten. Ins Auge fallen von oben nämlich vor allem Kraftwerke und Fabriken, sodann Autoschnellstraßen, Kläranlagen und Sportplätze, und das ist auch die Reihenfolge ihrer landschaftzerstörenden Bedeutung. In der Gegend von Aichach kosteten wir mit Kaviar gefüllte Kiebitzeier, eine sehr raffinierte Schöpfung des *Le Gourmet,* deren Besonderheit aber eher im Artistischen zu suchen ist als im Kulinarischen. Dagegen waren die Perlhühner, abgesehen von der unvermeidlichen Sandschicht, makellos. Von kräftigerem Geschmack als normale Hühner, *à point* gebraten, das heißt, herrlich saftig und zart, schmeckten sie so gut, wie kaltes Fleisch überhaupt schmecken kann. Dazu hörten wir, wenn wir tief genug waren, Autogeräusche, die aber von Kindergeschrei mühelos übertönt wurden. Inzwischen – zwei Stunden waren wie im Flug vergangen, (wenn man dieses Wort im Zusammenhang mit einer Ballonfahrt überhaupt verwenden darf) – hatte uns der Wind tatsächlich an den Stadtrand von Dachau getrieben. „Wir müssen landen", eröffnete uns Alfred Eckert, und man sah ihm an, wie sehr er diese Tatsache bedauerte. Dann aber klappte es nicht so, wie es sollte. Als wir tief genug waren, verwehrten uns Hochspannungsleitungen die Landung, dann wieder waren es zu dicht besiedelte Vororte. Und als sich der Wind ein wenig zu drehen schien, so daß etwas Hoffnung bestand, er könnte uns an der Grenze des Sperrgebietes entlang treiben, gingen wir wieder höher.

Möglicherweise gab es auch zwei verschiedene Winde oder gar keinen Wind, ich halte mich nach dieser ersten Fahrt nicht für kompetent, das nachträglich beurteilen zu können. Sicher ist aber, daß wir plötzlich direkt über den nördlichen Stadtteilen von München dahintrieben und Kurs auf den Flugplatz Riem hatten. Es entwickelte sich ein intensiver Sprechverkehr mit der Bodenstelle, die uns jetzt, über den Häusern, natürlich auch nicht mehr zu Landung auffordern konnte. Angesichts der Tatsache, daß ein Freiballon in diesem Luftraum für die ein ähnliches Ereignis sein mußte wie ein bayerischer Leberkäs in einem französischen Drei-Sterne-Restaurant, zeigte die Bodenstelle eine bewundernswerte Gelassenheit.

Im Korb machte sich dagegen eine gewissen Spannung breit, die ich mit größer Eßgeschwindigkeit zu bekämpfen versuchte, was mir auch zum Teil gelang. Ein in dünnen Nudelteig eingebackenes, mit Schinken und Gänseleber gewürztes und getrüffeltes Lammbries erwies sich als eine ebenso schmackhafte wie beruhigende Speise, die ich allen künftigen Ballonfahrern nur empfehlen kann, weil sich der Sand leicht von ihrer Oberfläche abwischen läßt.

Wenn man eine Landkarte von Bayern nimmt und sich vorstellt, wie unwahrscheinlich es ist, daß ein in Augsburg gestarteter Ballon ausgerechnet zum Flugplatz Riem getrieben wird, dann wird man unsere Aufregung begreifen können, als wir um drei Uhr nachmittags an diesem teils heiteren, teils bewölkten Frühsommertag senkrecht über der Landepiste von Riem standen – in 2700 Meter Höhe. Da hinauf hatte uns die Bodenstelle beordert, damit die ununterbrochen landenden und startenden Jets wenigstens unter uns durch kämen. Um die Einzigartigkeit dieser Nachmittagsstunde voll zu machen, schlossen sich um uns herum riesige, weiße Wolkenberge immer enger zusammen – ein Anblick von einmaliger Schönheit. Man erwartete jeden Moment den Strauß-Walzer „An der schönen blauen Donau" zu hören, der seit Kubricks „2001" ja eine Art Weltraum-Hymne geworden ist. Und, ich gebe es zu, ich erwartete auch den Durchbruch einer Boing 707 aus einem Wolkenberg.

Sogar der Luis Trenker der Lüfte schien Ähnliches zu empfinden. Denn er, der in der letzten Stunde wegen des intensiven Sprechverkehrs mit der Bodenstelle praktisch nicht an unserem

Picknick teilnehmen konnte, äußerte plötzlich den dringenden Wunsch nach einem Schluck aus der Flasche. Bereitwillig öffnete ich die dritte Flasche, und wie um unserem Abenteuer auch noch diese Aufregung hinzuzufügen, schoß ein dicker Strahl Champagner in die Luft und ergoß sich auf das Sprechgerät. Funkstille ...

Ich probierte eiligst eine Perlhuhnbrust, durch deren dünne Haut die runden Trüffelscheiben appetitanregend schimmerten. Nun schlossen sich auch die Wolkenberge um uns. Wir schwebten wie in Watte. Wenn wir überhaupt noch schwebten. In der Wolke eingeschlossen, ohne jedes Gefühl für Höhe oder Entfernung, also irgendwo im Nichts, in einem einkaufskorbgroßen, halbantiken Produkt des Korbflechtergewerbes, mit brüllendem Düsenlärm aus wechselnden Richtungen, verbrachten wir die nächsten zehn oder hundert Minuten. Ich reichte Stangenbrot mit gesalzener Butter und wunderte mich über den fehlenden Käse.

Alfred Eckert hatte inzwischen das Sprechgerät getrocknet und zu neuem Leben erweckt; aber das nützte uns wenig, denn über Riem herrschte in unserer Höhe Windstille. Nur sehr, sehr langsam trieben wir in südöstlicher Richtung ab, und erst, als wir tiefer gehen durften, schwebten wir endlich flott davon. Ich bekam die Anweisung, im Falle einer Landung das Schleppseil zu werfen, einen sechzig Meter langen, dicken Strick, der dem Ballon als Bremse dient.

Ein kleiner Wald kam in Sicht. Eckert zog an der Ventilleine, wir sanken und trieben schnell mit dem Wind. Mir fiel ein, daß wir noch kein Dessert gegessen hatten, und ich begann eine lockere *mousse au chocolat* zu löffeln – sie war von delikater Bitterkeit, mußte sie aber auf Anweisung des Ballonführers mit den anderen Utensilien in den Segeltuchtaschen an den Korbwänden verstauen. Dann ging alles sehr schnell. Er rief „Schleppseil los!", und ich hakte eine außen hängende Stofftasche los, die das Seil enthielt. Aber es passierte nichts. Ob es nun meine Ungeschicklichkeit war, oder warum sich das Seil nicht vorschriftsmäßig entrollte, das wurde später nicht weiter erörtert. Jedenfalls fiel das Seil nicht wie geplant in die Bäume, sondern wir. Als die Fichtenwipfel um unseren Korb rauschten und raschelten, als es über mir (ich hockte mit Meckseper natürlich auf dem Boden, während Eckert irgendwo in den Seilen hing oder auf dem Korbrand stand oder wer weiß wo herumturnte) so botanisch grün wurde, ohne zu rucken und ohne einen spürbaren Stoß, war ich angenehm überrascht. Doch dann ging der Ballon wieder in die Luft, der Wald verschwand, unter uns war Wiese, und Kinder liefen uns nach. Ein Zehnjähriger hing sich an das Seil, das ich nun meterweise nach draußen beförderte, und dann rief Eckert: „Achtung, jetzt bumst's!" Das tat es dann auch, und noch einmal schwebten wir, und dann bumste es ein zweites Mal, und der Korb fiel um, rutschte noch einen oder zwei Meter, und Meckseper und ich lagen auf dem Rücken, und es war alles still, und mir rann die *Mousse au chocolat* über die Hose.

In Ballonfahrerkreisen nennt man sowas eine Reißbahnlandung, weil dabei durch eine Art Reißverschluß das Gas auf einen Schlag entweicht – eine etwas rauhe und nicht sehr elegante Möglichkeit, den Boden wieder zu betreten, die besonders bei übrig gebliebenen Speisen von halbflüssiger Konsistenz ihre Nachteile hat.

Die Kinder staunten jedenfalls und halfen beim Einpacken der Hülle. Dafür bekamen sie von Alfred Eckert schöne Anstecknadeln. Dann erschien der Bürgermeister im Sonntagsanzug auf der Wiese, und wir fragten nach der nächsten Dorfwirtschaft. Es galt nun, jemanden anzurufen, der uns abholen würde, und etwas Warmes essen wollten wir schließlich auch.

P. S. Im Notfall, der auf unserer Fahrt allerdings nicht eintrat, stellt sich Admiral Nelson auf einen Sandsack, um die Korbbrüstung in der richtigen Höhe vor sich zu haben, während Lady Hamilton ein leerer Sandsack angeboten wird.